# 洛克菲勒家族传

邱　伟◎编著

中国商业出版社

图书在版编目（CIP）数据

洛克菲勒家族传 / 邱伟编著. — 北京 : 中国商业
出版社, 2022.8
ISBN 978-7-5208-2105-6

Ⅰ.①洛… Ⅱ.①邱… Ⅲ.①洛克菲勒（
Rockefeller, John Davison 1839－1937）－家族－传记
Ⅳ.①K837.120.9

中国版本图书馆CIP数据核字（2022）第114457号

责任编辑：杜辉

中国商业出版社出版发行

（www.zgsycb.com　100053　北京广安门内报国寺1号）

总编室：010-63180647　编辑室：010-83118925

发行部：010-83120835/8286

新华书店经销

三河市华晨印务有限公司印刷

＊

880 毫米 × 1230 毫米　32 开　13.25 印张　308 千字

2022年8月第1版　2022年8月第1次印刷

定价：48.00元

＊＊＊＊

（如有印装质量问题可更换）

# 序言

## 天使与魔鬼

1927 年，约翰·戴维斯·洛克菲勒已经 86 岁了。他居住在离纽约市区 100 公里、占地 4000 英亩的洛克菲勒庄园里。

几十年前，洛克菲勒的父亲在哈得孙河畔买下了一块土地，而后，洛克菲勒的弟弟威廉又在父亲的土地附近建造了占地上千英亩的庄园。1893 年，决定退休的洛克菲勒又进一步扩大了庄园的规模，使其成为现在我们所看到的模样。

退休之后，洛克菲勒就一直住在自己的庄园里，过着隐居式的生活。在他内心里，自己永远是一个乡下孩子，与喧嚣繁华的城市生活相比，他更喜欢视野开阔、依山傍水的田园生活。

在静谧的庄园里，洛克菲勒过着清教徒般的生活：每天在固定的时间起床、吃饭、睡觉，食物只摄取炼乳与蔬菜水果……洛克菲勒之所以这么做，是因为他毕生有两大愿望，其中之一便是活到一百岁。因此，他长久以来养成了非常良好的生活习惯，即便是年轻时，也从未纵情声色。

他的另一个愿望是赚到 10 万美元。这个愿望早在 1870 年，他刚过 30 岁的时候就实现了。那时候，他已经拥有了全美国最大的炼油厂，称得上是年轻有为。之后的 30 年时间里，他的资产规模继续膨胀，终于达到了令人吃惊的地步。如果折合成现在的美元，洛克菲勒的个人资产最多时曾经超过了 3000 亿美元，堪称历史上最富有的美国人。

比尔·盖茨说，当你有了一亿美元的时候，你会发现，钱只不过是一种符号。而对于洛克菲勒来讲，金钱或许更像是一把用来衡量成功的尺子，他用这把尺子衡量自己在事业与人生中所达到的高度。唯有如此，我们才能解释洛克菲勒为何要穷一生之功，费尽心机地去追求金钱，但却始终远离纸醉金迷的生活，而且还将辛苦赚来的钱慷慨地投资在毫无收益的慈善事业上。

无论洛克菲勒如何看待金钱，巨大的财富还是给他和他的家族带来了无尽的荣耀和地位。当他在庞大的家族庄园中颐养天年时，儿子小洛克菲勒正执掌着父亲留下的石油帝国，在商业领域呼风唤雨，并且频繁地出入白宫，用家族的权势和地位影响着美国政治。

洛克菲勒的孙子们则凭借着家族的力量，在各自的领域大展拳脚。劳伦斯·洛克菲勒在华尔街运筹帷幄，号称"风险投资之父"；大卫·洛克菲勒作为第三代人中最有希望执掌家族门户的人，在商业领域的成就也早已非同凡响；纳尔逊·洛克菲勒则投身政治，并最终成为美国政界举足轻重的人物……

就在家族的力量已经渗透于美国社会的方方面面之时，作为家族的奠基者和掌舵者，约翰·洛克菲勒正渐渐老去。

对于一个风烛残年的老人而言，回忆往事往往是他生活中最重要的事情，而这也是人类共有的特点。很多时候并不是因为人在寻找回忆，而是回忆强行闯入人的思绪。对于洛克菲勒而言，尤其是在接到早年共事者的讣告时，回忆的闸门就会不由自主地打开。

洛克菲勒18岁投身商海，当年一起创业的伙伴甚至下属的年纪都比他大。随着洛克菲勒的老去，这些人纷纷离开人世。

弗拉格勒不在了，亨利·罗杰斯不在了，弗雷德里克·盖茨不在了，就连和洛克菲勒争斗半生的老对手J.P.摩根也不在了。

这里的每一个名字，都在美国历史上占据一席之地。弗拉格勒靠一己之力振兴了一座城市，亨利·罗杰斯是商业史上不可多得的天才。J.P.摩根则更不用说了，作为美国金融史上的巨人，离世后华尔街为他降下半旗。

洛克菲勒的一生与这些人紧密地联系在一起，他们之间的恩怨情仇构成了美国历史上最为激荡人心的商业往事。

波澜壮阔的昔时岁月，随着主人公们的渐渐老去，也最终归于平静。老年的洛克菲勒，似乎对一生的风雨波折看得很淡了。这一点，可以从他写的那首自传诗中看出端倪：

I was early taught to work as well as play.（我很小就被教导既要工作也要娱乐）

My life has been one long, happy holiday.（我的人生就是一个悠长假期）

Full of work and full of play.（全力工作，尽情玩耍）

I dropped the worry on the way.（我在途中放下了一切忧愁）

And god was good to me everyday.（而上帝无时无刻不善待着我）

恬淡平和的诗句，似乎宣告着这位曾经叱咤美国历史的传奇人物已经英雄迟暮。但是，这并不妨碍人们对于发生在他身上的故事津津乐道。谈起这些事，有人钦佩不已，有人愤恨不已。夸赞者如比尔·盖茨，把他说成"美国历史上最伟大的赚钱英雄"；贬损者如艾达·塔贝尔，则称洛克菲勒"集专制、狡猾、残酷和某些令人反感的特征于一身"。

哪个才是真正的洛克菲勒？或者二者兼而有之？或许正如传记作家罗恩·切尔诺所说："他（洛克菲勒）使人们陷入思考的原因以及他为何永远引起世人诸多争议的原因，就是他好的一面实在好到不能再好，但坏的一面很坏。历史上很少出现这样的人物。"

至于洛克菲勒究竟是个什么样的人物，相信在了解了他的一生和他所建立的那个庞大家族之后，作为读者的你，心中自有评断。

# 序章

## 一场政府与家族之间的战争

几乎每一个生活在 19 世纪后半叶的美国人，都会与洛克菲勒家族产生联系。

在当时，洛克菲勒的标准石油公司控制了美国 91% 的石油产量、85% 的石油销售，拥有超过 10 万名的雇员。同时，标准石油公司生产跟石油相关的产品超过 300 种，包括沥青、油漆和凡士林……

总而言之，洛克菲勒有办法从任何一个美国人身上赚到钱。

庞大的商业帝国，带给洛克菲勒无尽的财富与权势。作为人类历史上第一个亿万富翁、世界首富，洛克菲勒在 1890 年时，就拥有了超过一亿美元的财富。要知道，当时美国一年的生产总值不会超过 50 亿美元。也就是说，美国人每创造 50 美元财富，就有 1 美元装进了洛克菲勒的腰包。

然而，正所谓"盛极而衰"，当洛克菲勒和标准石油公司到达巅峰之时，空前的危机也悄然而至。

1888 年的某一天，洛克菲勒正在自己家里休息。一个司法人员来到了他家，想把一张法院的传票亲自送到他手中。洛克菲勒以"不见客"为由暂时回绝了他。司法人员当晚便在洛克菲勒家的门廊下待了一个晚上，似乎在对洛克菲勒示威：无论如何，你是逃不掉的。

无奈之下，洛克菲勒接受了传票。

这张传票，是要洛克菲勒参加一个反垄断听证会。而这次听证会的目的只有一个——证明洛克菲勒已经全部垄断美国的石油行业。虽然这在当时已经是显而易见的事情，但是注重"证据"的美国司法部门还是希望洛克菲勒本人能亲口承认。

为了帮助洛克菲勒度过这次危机，标准石油公司聘请了一位名叫约瑟夫·乔特的著名律师。

见面时，洛克菲勒先是热情地同律师打了招呼，而后便歪在长椅上露出一副无精打采的样子。显然，洛克菲勒并不认为自己需要律师的帮助。

随后，这位叫乔特的律师又试图就公司事务问题征求他的意见。洛克菲勒却顾左右而言他，没有透露关于标准石油公司的任何信息。

1888年2月的一个上午，48岁的洛克菲勒在乔特的陪伴下来到纽约市最高法院。

当洛克菲勒步入法庭时，旁听席上已经是人山人海。这些人都想亲眼看一看传说中富可敌国的石油大王。

早已习惯了大场面的洛克菲勒，没有表现出一丝的慌乱。他信步走向法庭的中央，在写着自己名字的座位前落座。


听证会开始。

代表政府与洛克菲勒正面交锋的是法律顾问罗杰·普赖尔。这个人对垄断财阀非常痛恨，在他眼里，这些有钱人是不择手段的贪婪家伙。他义正词严地质问洛克菲勒：你的标准石油公司是否已经形成了垄断？

对于这样的问题，洛克菲勒已经听过很多遍了，早就有了应对的办法。他一方面给出了模棱两可的回答，另一方面故意扮成一个茫然、健忘、有点思维混乱但又和蔼可亲的人。

洛克菲勒详细地描述了自己的标准石油公司，甚至公开了8位现任受托人的姓名，透露了公司当时拥有的700位股东。最令人吃惊的是，他列出了属于托拉斯的41家公司——其中有许多在此之前从未公开过这层关系。但是，政府的那些听证人员依旧不能从中抓住洛克菲勒的任何把柄。总而言之，他们没有从他的话里得到任何想要得到的信息。随着听证会的继续，所有人似乎都迷失在标准石油公司巨大的迷宫里，他们似乎忘记了自己来这里的目的，是要"证明洛克菲勒有罪"。

面对这种状况，罗杰·普赖尔非常愤怒。他盯着洛克菲勒，用手指着他，吼道："你不要说这些没用的话，我们只想知道，你是否垄断了石油市场！"

面对"对手"的无理，洛克菲勒提交了一份111家与其竞争的炼油厂的名单。而后，开始述说他与俄罗斯石油商人展开激烈竞争的"动人"故事。

一个气急败坏，一个气定神闲。这一刻，他们两个人的形象是如此的不同。事实上，这也正是洛克菲勒想要达到的效果。后来，他曾经回忆说："我就是要让公众看到，我和普赖尔律师之间这种强烈的对比，他的愚蠢与无知才更能反衬出我的从容与智慧。"

就连坐在听审席上的约瑟夫·乔特也对洛克菲勒的表现感到吃

惊，或许，此时他才意识到洛克菲勒为什么不愿和他说得更多——因为洛克菲勒根本不需要他。

洛克菲勒靠自己的老练与睿智成功地应对了这次听证会，但是他无法平息社会上反对的声音。用洛克菲勒自己的话说："在 1888 年到 1890 年的两年中，上到总统先生，下到普通公民都认为垄断组织形式是对企业自由竞争的剥夺。人们对托拉斯群起而攻之，形成了一种打官司风潮，《谢尔曼反托拉斯法》也是这股风潮的产物。"

确实，面对托拉斯的强权，民众的抗议声日渐高涨。为改变现状，各地民众聚集到一起，参与到后来被称作"民粹主义与进步主义"的运动中来。

1890 年，美国国会通过了《谢尔曼反托拉斯法》，这是美国历史上第一部反垄断法。该法规定：凡以托拉斯形式订立契约、实行合并或阴谋限制贸易的行为，均属违法。违反该法的个人或组织，将受到民事的或刑事的制裁。

《谢尔曼反托拉斯法》主要针对的是"托拉斯商业体"，所谓托拉斯商业体，是指生产同类商品或在生产上有密切联系的垄断资本企业，为了获取高额利润而从生产到销售全面合作组成的垄断联合。而托拉斯的首创者，正是洛克菲勒；美国第一个托拉斯商业体，正是标准石油。

如此一来，事情就非常明显了：这部法律所指向的目标，正是洛克菲勒和他的石油帝国。

当洛克菲勒得知这一消息后，一点也不吃惊。因为在此之前，美国政府就已经有了"整治"标准石油的意图。洛克菲勒知道，如果任由"政府"被反对者操控，那么标准石油帝国一定会土崩瓦解。所以，他决心操控政府。

1896 年是美国的选举年。总统候选人之一布赖恩为了赢得这次选举，开始了一段"吹哨即停车"的竞选之旅。他乘坐火车来到每一个选民聚集的地方，发表振奋人心的政治演说。为了迎合选民，他摆出一副与大公司不共戴天的架势，宣称："托拉斯被根除的那一天，终会到来；公司视自己大过创造它的政府的那一天，终会到来。"这个人，显然是洛克菲勒的敌人。

敌人的敌人就是朋友，当时与布赖恩竞争的另一位总统候选人叫作麦金利。洛克菲勒认为这个人可以为己所用，所以他为麦金利的竞选注入了大笔资金。

"商人们把支持麦金利竞选的运动演变成了一场清除反托拉斯叛徒的圣战。"洛克菲勒的传记作家荣·切尔诺这样写道。仅仅标准石油就为麦金利的保险柜送进了 25 万美元，洛克菲勒本人也捐献了 2500 美元，并且公开声明支持麦金利，这还是他在成名以后第一次公开宣称支持某位总统候选人。洛克菲勒在一次采访中说："要想服务国家、捍卫荣誉，（除了支持麦金利）我看不出还有什么其他途径。"

有了大财团的资金支持，麦金利在选举中挥金如土。他雇用了数千名演讲员，印发 2.5 亿册宣传材料，并在纽约和芝加哥设立了两个竞选总部以协调各地的竞选活动。

西方的选举从某种层面上来看，是一场资本的比拼，那个更有钱的竞选人往往会先声夺人，取得巨大的优势。这一次也不例外，竞选结果显示：麦金利比布赖恩多出了 57 万张普通选票和 95 张选举人票。麦金利最终登上了总统的宝座，布赖恩输得很不服气。他说："垄断意味着腐败，意味着压制。通过大把撒钱支持候选人，垄断者买到的是对限制性法律及其执行的免疫力。他们雇用的工人数量堪比军队，所以可以影响到选举……经济上，他们是危害分子；政治上，他们是腐败因素。他们威胁到了人民政府的存在。"虽然这些话句句在理，但是却毫无作用。

麦金利的确没让他的"资本家后台"们失望。在其任内，全美范围内涌现出了更多的托拉斯，而标准石油帝国也获得了暂时的安宁。

为了让这些大公司获利，麦金利伙同资本家们将美国推向战争。1898 年，美国国会对西班牙宣战。数月后，美国人赢得了战争。在 12 月双方签署的和平协议中，西班牙以 2000 万美元的价格将关岛、波多黎各和菲律宾让给了美国。对于这场战争的意义，美国贸易部外贸局局长坦承："美西战争不过是美国扩张大业中的一步……我们需要为美国的产品找到海外市场，也需要进入这些市场更方便、更经济、更安全的手段。因此，这场仗不得不打。"参议员亨利·卡伯特·洛奇也在为这场战争辩护，他说："它维护了我们的贸易利益。鉴于我们在太平洋的贸易优势地位，我们需要控制夏威夷岛并维持在萨摩亚岛的影响力……尼加拉瓜海峡建成后，古巴岛也势必拿下。"

洛克菲勒的标准石油自然也属于那些渴望打开海外市场的美国公司。事实上，在所有美国公司中，标准石油是第一家真正意义上的跨国公司。在 1891 年，标准石油控制着世界石油市场 70% 的份额，而石油是美国第二大出口商品，仅次于棉花。

从这场战争可以看出，以洛克菲勒为代表的资本利益集团，对美国政府的影响力是无以复加的。当年报纸上的一张漫画是这样描绘美国参议院的：参议员们正襟危坐，托拉斯们高高在上。托拉斯们个个肥头大耳，身材是正常人的三倍，戴高帽，长尾巴。当中最显眼的莫过于标准石油，它是唯一一家以公司名称命名的托拉斯，其他的托拉斯都叫"铜""铁""糖""锡""煤""纸袋",诸如此类。画面的上方有一条标语:"这里是垄断者拥有、控制和牟利的参议院!"画面左下角有一块招牌,上书"人民入口",招牌下的那扇门却被闩住了,门上写着"此门不通"。

虽然洛克菲勒此时占据了先机,但是那些来自社会反对者的呼声却逐渐高涨,从微小的力量聚合成一股不可忽视的强大力量。而一贯反对洛克菲勒的女记者艾达·塔贝尔将所有的事实片段串联起来,连成一个完整的故事,揭露出新的秘密,并选择一个适当的政治时机,在全国的舞台上将它展示出来。在全国已经做好行动准备时,这些指控对标准石油的破坏力可想而知。艾达·塔贝尔的文章鼓舞了对托拉斯本已同仇敌忾的民众,他们联合起来面对一个共同的敌人,那就是标准石油。

美国阿利根尼大学历史学教授保拉·苏科勒说:"19世纪末期,一批以中产阶级为主的美国人开始思考,如何使大多数美国人从国家高速增长的工业化进程中获益。他们希望能够改善政府管理,消除城市腐败,为工人谋求福利而不是仅仅对他们进行管理。一些抨击企业垄断、财政腐败、食品掺假的文章陆续出现,消除社会丑恶现象、建立合理的市场秩序的努力,在20世纪初逐渐演变成为一场社会运动,并一直持续到20世纪的20年代,被历史学家们称为美国的进步运动。"

此后,塔贝尔开始调查和揭露那些掩藏在财富背后的社会黑幕。她连续两年发表了长篇系列报道《标准石油公司的历史》,详细描述了这位石油大亨怎样依靠残酷的手段积累财富,建立起垄断帝国。这个系列报道后来被编订成书,在美国畅销一时。

或许是厌倦了与民众无休止的争斗,1896年,57岁的洛克菲勒退休。次年，洛克菲勒的儿子小约翰·洛克菲勒进入标准石油工作。

在之后的几年里，洛克菲勒家族完成了权力的交接。小约翰·洛克菲勒逐渐成为标准石油新的领头人。

而老洛克菲勒则把精力放在做慈善和应付政府这两件事情上。

时间到了1901年。这一年，发生了两件对洛克菲勒家族具有深远影响的重要事件。

第一件事是小约翰·洛克菲勒与美国国会多数党领袖、共和党人内尔森·奥尔德里奇（当时号称"国家的总经理"）的女儿结婚，这是"美国最强大的两个家庭的联姻"，也为洛克菲勒家族第三代涉足政界打下了基础。

第二件事是总统麦金利被无政府主义者刺杀，42岁的副总统西奥多·罗斯福成为新一任美国总统。

对洛克菲勒家族来讲，西奥多·罗斯福当总统可不是什么好事儿，因为他是一个不折不扣的反垄断者。

作为美国历史上最年轻的总统，西奥多·罗斯福所要面对的环境是非常复杂的。当时的美国，最严重的矛盾就是社会大众与垄断寡头之间的矛盾。

西奥多·罗斯福上任之后就宣布，标准石油公司是其他垄断者的榜样，所以他们要为此付出代价。他说："我们正面临着财产与人类福利的新看法……有人错误地认为，一切人权同利润相比都是次要的。现在，这样的人必须给那些维护人类福利的人民让步了。每个人拥有的财产都要服从社会的整体权利，按公共福利的要求来规定使用到什么程度。"

在西奥多·罗斯福的主导下，美国政府发起了对标准石油公司的垄断调查。老洛克菲勒不得不再次走上法庭为自己的石油帝国辩护。

当执行官敲响小木槌开庭以后，老洛克菲勒开始了长达15分钟的辩护。那是公司的律师们为他精心设计的一段"演说"，"这段演说词风格奇特，充满了含混不清推诿扯皮，像是中学生熬夜赶出来的作业"（老洛克菲勒语）。

兰迪斯法官开始提问。第一个问题是："洛克菲勒先生，所谓的新泽西标准石油公司是经营什么的？"

新泽西标准石油，其实是标准石油帝国的一个子公司，但它又是以独立面貌出现的。洛克菲勒显然不想让人们知道自己与这家石油公司有任何联系，他一边故作思考状，一边摆弄着手杖，一边跷起二郎腿，试着回答说："我认为，大人，他们在新泽西开了一家炼油厂。"

接下来，老洛克菲勒在回答所有问题的时候都是这样拖拖拉拉，前言不搭后语，搞得法官根本无法从他的证词中获得任何有价值的线索。最后，兰迪斯法官不得不给予他免予刑事诉讼的资格，这让老洛克菲勒免除了牢狱之灾。

但其他处罚却在所难免。1个月以后，兰迪斯法官做出了惊人的决定：处以标准石油公司2924万美元的罚款。

2924万美元，在当时来讲是个什么概念呢？用这笔钱，可以造5艘军舰，换成银圆能装满177节平板货车，还可以用来每年雇4.873万名城市街道工作者。它比联邦政府每年印制的货币总量的一半还多一点。

当罚款的消息传来，老洛克菲勒正在克利夫兰进行一场高尔夫双打比赛。一个信使手里攥着一个黄信封飞奔过球道，老洛克菲勒接过信，给了那孩子10美分，不动声色地看完了判决书。最后，他把信放进衣袋，对球伴们说："好了，先生们，我们接着玩好吗？"说完，他打出漂亮的一击，球沿着球道飞出大约 160 码。

反倒是与老洛克菲勒一起打球的其他人沉不住气了，小心翼翼地问道："罚了多少钱？"

"2924 万，我想这是最高的罚款了。"老洛克菲勒平静地回答，随后挥了挥手，"先生们，轮到你们了。你们还想不想打了？"

老洛克菲勒那天状态极佳，只用 53 杆就打完了 9 个洞。

打完球之后，洛克菲勒立即发表了一则严厉谴责法庭的声明，声称标准公司受到了极不公正的待遇。

同时，他还谴责西奥多·罗斯福总统在暗中支持兰迪斯法官，称对方的行为是"以法律形式进行的令人震惊和不计后果的掠夺行径"。

随后发生的事情，证明了洛克菲勒家族在美国的权力与地位。9 月，一家联邦上诉法院不但驳回了这笔罚款，还严厉批评了兰迪斯把每车皮石油单独定罪的做法，并下令对此案重新进行审理。在后来的判决中，标准石油公司被宣布无罪。

看来，就连美国总统也无法轻易扳倒标准石油！

西奥多·罗斯福总统得知此事后，对上诉法院的做法暴跳如雷。他认为兰迪斯的罚款尽管过分，但审判本身是公正的。同时，他宣布政府将再次起诉标准石油公司收取回扣的行为。

1908 年，罗斯福再度发难。

他在给国会的特别咨文中指出，"一些富豪的愚蠢的投机行为和明目张胆的欺骗行径"已经使公众对国家财政状况失去信心，并且斥责标准石油公司领导层在用"极端无耻的花招"对抗改革措施。

这一次，罗斯福几乎是倾尽全力——大约 444 名证人提供了 1100 万字的证词，案情记录里有 1274 件物证，长达 1.2 万页，装订成厚厚的 21 册。一位记者评论道："这是在美国历史上从未有过的企业界与政府之间的一场影响深远的斗争。"

这时候的老洛克菲勒，已经是个 70 岁的老人。当初与他共同创建标准石油帝国的"战友"们，大部分已经相继去世，他成为标准石油帝国唯一的捍卫者。不知这个风烛残年的老人，站在法庭上的时候，是否会有一些物是人非的悲怆感。

洛克菲勒家族为了打赢这场司法战争，聘请了多位著名律师，华尔街的约翰·米尔本和埃利奥特、匹兹堡的沃森、芝加哥的莫里茨·罗森塔尔，以及费城的约翰·约翰逊等人，都加入了标准石油的律师团队中。

但无论律师团队多么强大，如果一个政府想要用司法手段扳倒一个公司，最终胜利的总会是政府，因为司法本身就在政府的控制之下。

1909 年，圣路易斯的一个联邦巡回法院一致裁定新泽西标准石油公司及其 37 家子公司违反了《谢尔曼反托拉斯法》，勒令其在 30 天内与子公司分离。

此后，曾经垄断了全美国石油供应的标准石油公司被肢解成了 38 家独立的公司。人类历史上第一个可能也是最强大的托拉斯帝国轰然倒塌。

获得这个消息后，洛克菲勒确实度过一段非常艰难的时期。他就像是在自己家里坐牢，切断了与外界的联络，不敢走出家门一步，唯恐全美十几场的官司送传票来。各种社交活动，他统统不参加。这位一手缔造了标准石油的人如今极力撇清自己与这家公司的关系，他的同事们却不能容忍他的行为。当洛克菲勒再三尝试摘掉自己头上的总裁头衔时，副总裁亨利·罗杰斯说："我们跟他说过了，（这个头衔）他要也得要，不要也得要。现在这些控告我们的官司仍然悬而未决，我对他说了，如果我们要去坐牢，他也逃不掉！"

最终，没有人进监狱。

1911年5月，最高法院裁定标准石油为一家非法的托拉斯组织，命其在6个月内解散。这一次，标准石油不能转战他州，也不能尝试其他的商业模式了。

在标准石油解散的过程中，尽管有很多工作做得不够，如对判决的执行力度不够，但它仍为今天的政府提供了重要的借鉴：全美人民联合起来，反对世界第一大公司的势力；民众推动政府出台全新的政策，为国家催生出一些重要的劳动、反垄断和竞选经费的法规，至今人们仍然从中受益。

在标准石油解体后的几年内，除了颁布《蒂尔曼法》和《公布法》，设立劳工部及企业局之外，联邦政府还通过了8小时工作制、工人赔偿以及禁用童工的相关法令，以此对进步主义组织几十年来的呼吁进行了回应。在随后的80年里，《谢尔曼反托拉斯法》一直被用来限制公司势力，其执行虽不能说完美，但也颇见成效。

尽管标准石油遭到肢解，然而在接下来的一个世纪里，它的后代公司依然繁荣，继续证明着石油和石油公司在美国政治中发挥的特殊作用。老洛克菲勒用30年时间构建这个庞大帝国的过程，也是商业史上不可复制的传奇。现在，我们不妨回到1854年，去看看洛克菲勒是如何一步步将一个小公司变成托拉斯的……

# 目 录

## 第1章
## 石油新贵

## 第2章
## 大资本家时代

# 第1章
# 石油新贵

　　从 1863 年到 1872 年短短 9 年时间里，石油界的"后辈小子"洛克菲勒就把自己的标准石油公司发展成了一家每天产油 10000 桶，拥有 34 家大小炼油厂、1600 名员工的集团公司，并垄断了整个克利夫兰的炼油业。成功来得如此迅速，但却也并非容易。

# 1000 美元，利息 10%

约翰·戴维斯·洛克菲勒出生于 1839 年 7 月 8 日。他的祖籍原在法国南部，但因属哈格诺改革派，为避免遭到迫害，逃到了德法交界的莱茵河一带安家。后又移居美国，在美丽富饶的纽约州落户，过着日出而作日落而息的宁静的田园生活。这里的移民大多来自英国，相互通婚，到洛克菲勒这一辈人出生的时候，他们的血统里至少有了法、德、英三国的成分。

洛克菲勒的父亲威廉，是个生性好动、性格开朗的人。头脑灵活，眼光独到，有强烈的拜金主义思想，信奉哪里有钱就往哪里奔的哲学。母亲伊莱扎·戴维森·洛克菲勒是一个虔诚的浸信会教徒。她在洛克菲勒很小的时候，就不厌其烦地向他灌输基督教教义中勤俭美德的信念。

洛克菲勒家在纽约州搬了好几个地方，最后在纽约的摩拉维亚镇安定下来。在这里，父亲威廉凭借着自己的聪明和智慧，没过多久就置下了约 11 万平方米的土地，拥有 10 多间房屋的房产。洛克菲勒一家在这段日子里过着幸福的生活。

然而，这种生活在洛克菲勒十一岁这一年却戛然而止了。威廉涉嫌一起严重的偷马案。根据当时的法律，犯了这样的罪得上绞刑架。为了避免被捕入狱，威廉当机立断，决定三十六计走为上，他抛下妻子和年仅十一岁的洛克菲勒，过起了逃亡的生活。在那以后的很长一段时间里，洛克菲勒就很少与父亲见面了，直到几年后"风声过去"，父亲才又回到家中。

但是在 1858 年的一天，约翰·洛克菲勒却突然去拜访威廉。

此时的约翰·洛克菲勒刚刚年满十八岁，但当他坐在父亲的面前时，已经显得非常老练。他刻意用一种生意人的口吻与父亲谈话，因为他需要从父亲这里获得一笔 1000 美元的贷款，开一家自己的公司。

威廉是自由职业者。他倒卖粮食、药品和其他所有能赚到钱的东西，有时候还会假冒医生，为别人"治疗"癌症。生意不好的时候，就打着"神枪手"的幌子，四处参加射击比赛。不过，他的枪法也确实不错，经常能拿到名次，获得奖金。

威廉是一个"浪子"，他放荡不羁，喜欢四处漂泊，一年难得回家几次，很少履行作为丈夫与父亲对于家庭的责任。

虽然人品堪忧，但威廉·洛克菲勒也有一个优点，他极其重视合同，对于写进合同里的条款一定会遵守。

威廉算不上是个成功的商人，手头有些存款，所以约翰·洛克菲勒才会找他借钱，并且对他说："父亲，我要开一家公司，需要向你借 1000 美元，而且，我会给你利息。"

一个合格的商人应该明白一件事情：亲情和生意是两码事。约翰·洛克菲勒在很早以前就明白了这个道理，他小时候靠给别人养火鸡赚了 50 美元，然后他把钱借给了父亲，并且要求父亲在半个月以后要连本带利偿还 54 美元。

现在轮到他向父亲借钱，所以他主动提出要支付利息。

看到儿子越来越像一个生意人，威廉很高兴，他也用一个生意人的口吻回答说："我可以借给你 1000 美元，但是，我要 10% 的利息。你肯定知道，这比向银行借钱的利息更高，你考虑一下。"

约翰·洛克菲勒想了想说："我接受。"

约翰·洛克菲勒之所以答应父亲如此苛刻的条件，是因为他别无选择。他所在的城市克利夫兰虽然有很多家银行，但是又有哪家银行愿意把钱借给一个一文不名的穷小子呢？况且，约翰·洛克菲勒知道，自己的公司一定会赚钱的，只要能让事业起步，10% 的利息不算什么。

从父亲手中接过钱之后，约翰·洛克菲勒说："一年之后，我会连本带息把钱还你的。"

威廉哈哈大笑，拍着约翰·洛克菲勒的肩膀说："小子，你越来越像一个商人了，这很好，你能成功的。"

约翰·洛克菲勒不是一个人开公司，他有个合伙人，叫克拉克。

约翰·洛克菲勒与克拉克是在福尔索姆商学院学习时认识的。1855 年，当时 15 岁的洛克菲勒离高中毕业还有两个月，但是他却选择了退学。之后，他花了 40 美元到福尔索姆商学院进行了为期三个月的学习。在那里，他认识了比自己大十岁的克拉克。

从福尔索姆商学院毕业之后，洛克菲勒就在一家叫作"休伊特"的农产品贸易公司上班，从事记账员的工作，与克拉克再无交集。

在休伊特公司上班的两年时间里，洛克菲勒表现出了一些超乎常人的作风。

首先，他非常细致，对于数字（或者我们可以直接说成金钱的数额）非常敏感。有一次，公司老板交给他一份长长的、未经核对的管道铺设费用账单，漫不经心地说："请把这份账单核对一下。"几分钟之后，洛克菲勒就从账单中发现了仅有几分钱的差错。

对于洛克菲勒"有些过分"的细致和敏感，老板感到非常吃惊，但是他又很瞧不起这种做法。在他看来，几分钱的差错根本就算不上什么问题，完全没有必要纠正。

当公司其他人得知此事之后，也认为洛克菲勒简直"死板"得可笑，便用一种十分夸张的嘲笑态度把这件事宣扬了出去。

虽然被嘲笑，但是洛克菲勒却丝毫不觉得自己做错。相反，他对老板和同事们这种大大咧咧、满不在乎的态度感到非常震惊。在他看来，工作哪里能这样草率？

嘲笑者和被嘲笑者究竟谁更伟大？或许尼采的一句诗能给出答案——"他沉沦，他跌倒。你们一再嘲笑，须知他跌倒在高于你们的上方。"

其次，洛克菲勒超人的商业天赋也在最初两年的工作中有所体现。1855 年 11 月，休伊特公司需要把一批佛蒙特州产的大理石运到克利夫兰。这项看似简单的业务要涉及铁路、运河和湖上运输等各种相对成本的复杂计算。17 岁的洛克菲勒费尽心机来解决这个问题。一天后，他把三种运输方法的路线列出来，并且设计了 7 条运输路线，继而从中找出价格最低廉的线路。

洛克菲勒最终选择的运输线路是所有人都没有想到的，利用了新开通的一段铁路和一段常被人忽略的湖上路线，如此一来，每趟下来，公司至少节省支出 400 美元，而且运输时间也缩短了一半。

尽管洛克菲勒细致而周密，但是千万不要因此认为他缺乏决断力。事实上，那正是他的第三个优点。洛克菲勒曾经"自作主张"囤积了一大批粮食，理由是他认为不久之后，英国会出现粮荒。这件事情被老板知道后，老板大发雷霆，认为洛克菲勒是在胡闹。但几个月之后，洛克菲勒的判断得到了验证，粮荒出现，粮价上涨，休伊特公司因此大赚了一笔。

在休伊特公司工作的两年多时间里，洛克菲勒的优异表现，让他在行业内获得了一定的知名度。

随着在公司中扮演的角色越来越重要，洛克菲勒向老板提出了加薪的要求，他希望自己每年能获得 800 美元的薪水。但是，这个要求却被老板拒绝了。

就在洛克菲勒为加薪问题与老板产生冲突，并考虑要不要继续留在休伊特公司的时候，老同学克拉克找到了他，希望两人能合伙开一家农产品贸易公司。

事实上，洛克菲勒和克拉克之前并无多少交集，他们不是朋友，虽然是同学，但是也不过在一起学习了三个月。克拉克之所以会想到让洛克菲勒做自己的合伙人，是因为他认为洛克菲勒"具备非同一般的能力和可靠性的年轻簿记员的名声"。

面对克拉克的邀请，正在考虑新出路的洛克菲勒没理由拒绝。经过一番磋商，他们决定每人投资 2000 美元，成立克拉克·洛克菲勒公司。（由于当时洛克菲勒手头只有 1000 美元的积蓄，所以他才不得不去向父亲借钱。）

应该说，克拉克这个人，在洛克菲勒的一生中，所占篇幅不大。可以确定，即使没有克拉克的邀请，洛克菲勒也是迟早会"自立门户"的。但就当时而言，克拉克的建议和投资为洛克菲勒正式进入商界打开了第一扇门。

金鳞岂是池中物？一遇风云便化龙！

对于克拉克这个人，洛克菲勒也有自己的看法，他认为："（克拉克）身上沾染了些富家子弟游手好闲、不珍惜时间的毛病，同时又具有美国北方许多实业家身上的野心和扩张欲望的性格。他既希望自己成为一个真正的绅士，同时又认为刻板的生活对自己向往自由的天性是一种莫大的束缚。就在我们对将来的实业大加讨论的过程中，我不止一次地发现，问题通常是由他提出，困难也总是由他

先看到，而最后决定两个人行动方向的往往是尚比他小几岁的我。"（摘自《洛克菲勒日记》）

由此可见，在洛克菲勒眼中，克拉克虽然有一定的才能，但缺乏解决问题的手段，而且身上还有一些不好的习气。

或许，洛克菲勒与克拉克日后的决裂，从一开始就已经注定。

1858 年 4 月 1 日，在临河大街 32 号，克拉克·洛克菲勒公司正式开业。

年方 18 岁便跻身贸易代理行合伙人之列，成为一家拥有 4000 美元资本的公司的合伙人，这让洛克菲勒感到非常满意。

如今来看，4000 美元着实算不上什么大数目。但是在 19 世纪，当时美元还处于"金银复本位制"的货币体系之下，一美元的价值与 24.057 克纯银或 1.6038 克纯金相等，4000 美元相当于今天的 40 万美元左右。一个 18 岁少年，能拥有这样一家公司，确实是一件值得骄傲的事情。

公司开业十天之后，做成了第一笔生意。

克拉克在威斯康星州发现了一种高产的玉米种子，由于没有运输公司愿意长途运送种子，所以玉米种子虽然名气很响，但是在其他州却没有销售。洛克菲勒想了个办法——将路程分成三段，包给两个公司。

这么做虽然在运输上的花费高了一些，但是因为威斯康星州的农场主考虑到玉米种子供过于求的状况而降低了种子的价格，所以运输费的增额完全可以从成本的削减中找到平衡。

克拉克·洛克菲勒公司从这笔生意中得到了 500 美元的利润。应该说这是个良好的开端。

之后的几个月里，洛克菲勒的公司接到了许多订单。就连做事情一向有条理的洛克菲勒，一时间也无法预知自己的能力能否应付这些订单，更无法预算出这些订单到底能给公司带来多少收益。为了应对接踵而至的生意，洛克菲勒又雇用了几个职员，来给自己打下手。

不久，克拉克·洛克菲勒公司就获得了克利夫兰商界的认可。《克利夫兰先导报》报道说："我们建议本报读者垂顾由这两位经验丰富、负责任和交货及时的商人开办的商号（指的正是洛克菲勒的公司）。"

这是洛克菲勒第一次上报纸。

在接下来的一年时间里，克拉克·洛克菲勒公司发展得顺风顺水，除了因为霜冻而导致了 600 美元的损失之外，他们得到了除成本外的 4400 美元收益。一年就拿回了超过投资一倍的收益，这绝对算得上是一个良好的开端了。

对于一个 18 岁的年轻人而言，名誉和金钱似乎来得太快了一些。在名利中如何自处，是每个成功者面对的第一道关卡。很显然，洛克菲勒没有为眼前小小的成功所迷惑，他问自己："今天的状态到底算不算成功呢？如果是，难道我就可以忘乎所以吗？"而后自答："首先，我认为这些订单和收入远未达到我所认同的成功的程度，它们只是完成得比较顺利罢了。而且，骄兵必败，不断地同虚荣和狂妄作斗争是最好的习惯。"

洛克菲勒就是这样一个人，他如同一只豹子，谨慎、细致，时时警惕着周遭可能发生的危险。但是，当他瞄准猎物，发起攻击的时候，又能突然间爆发出惊人的力量。这种性格，伴随了他的一生，促进着他的事业。

# 天时地利

人的第一属性是社会性，基于此，任何一个人的命运，成功或者失败，除了自身的因素之外，也必然会受到社会环境的制约。

对于刚刚赚到人生第一桶金的洛克菲勒而言，他面临着怎样的社会环境？这些环境又对他产生了怎样的影响？

让我们先把目光从洛克菲勒身上转移出来，看一看当时的美国社会。

当年轻的洛克菲勒忙着发展事业的时候，同样年轻的美国也在忙着扩张自己的实力。

在 1776 年以前，没有美国这个概念，它仅仅是被英国人统治的一块北美殖民地。在这里生活着的，除了土著印第安人之外，大部分是来自世界各地的"游民"。

对于英国统治者而言，北美大陆就如同一个"提款机"——没钱就找他们收税。

1764 年，英国颁布《糖税法》，对过去每加仑征 6 便士的外国糖蜜税减为 3 便士，但撤销各殖民地原来享有的某些免税待遇，对输入美洲的外国食糖和奢侈品（如酒、丝麻）收取附加税。

1765 年，英国颁布《印花税法》，税法规定：但凡报纸、证书、票据、期票、债券、文告、历书及一切印刷品、小册子、法律文件，都得贴上半便士至 20 先令的印花税票，甚至连结婚证书和扑克牌都得缴印花税。

英国统治者的剥削终于激怒了生活在北美大陆的人们，这些来自世界各地的人，团结成了一个新的民族——美利坚民族，一同反抗英国的殖民统治。

1773年，发生了著名的波士顿倾茶事件。英国认为这是一起叛乱，于是便派兵进入美洲，准备随时平叛。

1775 年，战争爆发，史称"美国独立战争"。

1776 年，美利坚联合军队打败英国军队，美国人发表了"独立宣言"，美国正式建国。

也就是说，当18岁的洛克菲勒于19世纪中期在商界大展拳脚的时候，美国才刚刚成立了不到80年。

独立之初，美国的经济形势并不乐观：出口萎缩、市场缩小、商人、农场主纷纷破产，债务链条断裂，甚至由此造成了社会的动荡，许多地区甚至爆发了农民起义。究其原因，是因为当时的美国经济还依附于英国，且英国在战后又对其实施了经济制裁。

1812年，继独立战争之后，美英两国之间又爆发了第二次战争。结果，双方打成了平手。在美国历史上，这场战争被称为第二次独立战争。如果说第一次独立战争是政治独立之战的话，那么我们可以把第二次独立战争视作美国的经济独立之战。此战过后，美国制造业开始迅速发展，在经济上摆脱了对英国的依附。

在美国国力逐渐走向强大的同时，其领土版图也在迅速扩张。今天，我们看到的美国地图是 13 杠 50 星，而在美国刚刚独立之时，国旗上只有 13 杠 13 星，13 星代表美国独立之初共有 13 个州。以后每增加一个州，国旗上就多一颗星。

美国扩张领土的方法有三种：

一是发动战争。例如，对墨西哥发动战争，占据了墨西哥领土的 55%。

二是花钱买。例如，美国人花 1500 万美元，从拿破仑手中买下了路易斯安那州，每平方公里土地的价格仅为 12.7 美元。

三是开拓荒地。19 世纪初期，美国发动了著名的"西进运动"。大量的美国人在政府的支持下涌入美国西部，在那里开拓家园。在此过程中，美国人屠杀了大量的美洲土著——印第安人，同时也获得了巨大的利益——大批廉价劳动力和熟练技术人员以及源源不断的资金投入，使得美国西部的工业和农业迅速发展，为美国经济的发展提供了强大的动力。

以上所提到的历史事件，大部分都发生在洛克菲勒创业前后。由此，我们似乎可以得出这样的结论——洛克菲勒所处的时代，正是美国扫平障碍，走向大发展的一个关键时期。

英雄造时势，还是时势造英雄，历来是一个难以诠释的历史难题。最恰当的答案恐怕是：英雄往往出现在社会变革的时代，而他们的出现又往往左右了时代变革的轨迹。

有利的时代背景，可称为"天时"；而有利的地理条件，则称为"地利"。洛克菲勒占据天时，也享有地利。

洛克菲勒创业的克利夫兰市是俄亥俄州第一大城市，地处美国第四大湖伊利湖畔，俄亥俄、宾夕法尼亚、纽约三州交际之地。1830 年，连接伊利湖和俄亥俄河的运河通航，克利夫兰成为水路运输的重要城市。1851 年，铁路通达，又成为陆路运输之重镇。从此，克利夫兰就变成了美国的"转运中心"，城市也因此迅速发展起来。更为关键的是，克利夫兰的地下还蕴藏着大量的矿产资源，包括石油，为这里发展重工业提供了优越的条件。

坐拥天时，占据地利，洛克菲勒何其幸运！连他自己也认为："我感觉到自己生在美国是一件十分幸运的事。因为当整个美国开始不断膨胀和发展的时候，它的每一个公民都切实地感受到了国家的发展给自己带来的好处。种植业的发展造就了一批农场主，采矿业的发展使一群人成了矿产主，而铁路、水路、公路的四通八达使得交通运输这个过去不被重视的事情也成了有利可图的行业。美国对于每个人的意义不在于它能给我们多少钱而在于它可以给我们多少机会，而我认为机会对每个人来说是一样的。我坚信我会发财的，因为在今天的北部拥有万元身价的人已经到处都是了。"（摘自《洛克菲勒日记》）

## 生意与原则

仅有幸运是不够的，还需要有把握命运的能力。正如洛克菲勒所说："我不靠天赐的运气活着，但我靠策划运气发达。"

时间到了 1859 年，这一年发生了一件大事——"石油鼻祖"德里克在西北部的泰特斯维尔用钻井的方法打出了世界上第一口真正意义上的"现代油井"。从此，石油工业的大门被开启了。

事实上，人类利用石油的历史，可以追溯到公元前 10 世纪，古埃及、古巴比伦和印度等文明古国已经能够采集天然沥青，并用于建筑、防腐、黏合、装饰、制药。

到了中国宋朝，科学家沈括发现了一种褐色液体，并搞清了这种液体的性质和用途，给它取了一个新名字，叫石油，并动员老百姓推广使用，从而减少砍伐树木。沈括在《梦溪笔谈》中写道："鄜、延境内有石油……颇似淳漆，燃之如麻，但烟甚浓，所沾幄幕甚黑……此物后必大行于世。"

沈括"此物后必大行于世"的预言，随着现代油井的出现，逐渐成了现实。

作为一个商业嗅觉异常灵敏的人物，洛克菲勒对石油这种新兴能源产生了浓厚的兴趣。他决定亲自去一趟克利夫兰的石油产地，考察石油工业的前景。

当洛克菲勒看到无数投机者涌入开采石油的行业中，数以千计的油井似乎在一夜之间出现在了田野之上时，洛克菲勒得出结论：石油行业虽然大有可图，但目前还不是进入的最佳时机。而且，他还预言："原油价格必将大跌，真正能赚到钱的是炼油，而非采油。"

现在的很多商业类丛书，都将那些刚刚出现的朝阳产业视为投资者盈利的天堂。但是，当时的洛克菲勒却没有这么做，究其原因，可能有三：

第一，他需要更长时间去考察这个行业的未来。作为一个商人，洛克菲勒属于那种非常谨慎的类型，他不是一个投机主义者，不喜欢赌博式的经营。

第二，洛克菲勒的资本还不足以支撑他做这项投资。我们知道，做实业所需投资更大，收益周期更长。而刚刚赚取第一桶金的洛克菲勒，显然不具备承受这种风险的能力。

第三，当时的炼油技术并不成熟。

在石油产区转了一圈之后，洛克菲勒回到了克利夫兰，继续与克拉克一道经营自己的贸易公司。随着公司业务的扩大，洛克菲勒需要越来越多的资金，所以在1859年刚开始的时候，洛克菲勒主要的工作就是来往于克利夫兰的各大银行之间，希望从中可以获取资金上的援助。

虽然此时的洛克菲勒已小有名气，但是涉及贷款的事情，处处谨慎的银行家们还是不愿意把钱借给这个不到 20 岁的毛头小子。这让洛克菲勒有些恼火，有一次，他甚至气恼地对一个银行家说："我迟早会成为天下首富的。"

现在看来，洛克菲勒的这句话是自信的表现。但是在当时，一个毛头小伙子在一个银行家面前宣称自己将成为世界首富，着实是一件让人感到惊讶的事情。

事后，洛克菲勒也觉得自己的行为不妥，他告诫自己说："你刚刚开了个头，别以为自己已经是个不错的商人了。要小心，否则你会忘乎所以，要稳步前进。睁大眼睛，别乱了方寸。"

就在洛克菲勒忙着与银行家打交道的时候，他的公司发生了一些状况。一个客户要求洛克菲勒在拿到提货单之前，就先付钱给他，这是违反商业流程的。

洛克菲勒断然拒绝。

合伙人克拉克得知这一消息之后，非常恼火，对洛克菲勒说："他是我们最大的客户，现在你拒绝了他，他很生气，我们可能因此失去很大一部分业务，公司也将遭受损失。"

商业原则和商业利益，究竟哪个更重要？这是个问题。洛克菲勒不愿意违背原则，但也不希望失去客户，所以他决定亲自找那位大客户谈一谈，或许可以挽回局面。

当洛克菲勒找到那位客户的时候，还未及开口，客户便气势汹汹地大声责难道："我和你们合作了这么长时间，难道你们一点都不相信我吗？"

洛克菲勒说："先生，不是我们不相信你，而是我们必须按照原则做事情。"

"让你的原则见鬼去，"客户的怒气非但没有平息，反倒再次升级，他怒声道，"要么把钱给我，要么终止合作。"

"在没有拿到提货单之前，我不能给你钱。"洛克菲勒的态度很坚决。

客户挑起眉毛，反问道："那你的意思是，要终止合作了？"

洛克菲勒回答道："这是您的意思，我们非常希望能继续合作下去，但必须是在遵守商业规则的前提之下。"

"那请你离开，我们没有什么好谈的。"

回到公司之后，洛克菲勒有些沮丧地对克拉克说："我失败了，我们失去了那个客户。"

克拉克明显有些不快，闪烁其词地说："守规矩当然很好，可是，为此付出如此严重的代价，真不知道值不值得。"

洛克菲勒没有回答这个问题。他知道，每个人的价值取向是不一样的，你认为很重要的东西，也许在旁人眼里根本算不了什么。不要妄图说服他们，或许时间能够证明一切。

当洛克菲勒还在为失去了一个重要客户而气馁的时候，一个叫楚曼·汉迪的银行家派人告诉他："希望你有时间的时候，来我的办公室一趟，我们可以谈一谈。"

这是个好消息，银行家主动找上门，说不定是借款的事情有了着落。洛克菲勒马上抽出时间，去拜访楚曼·汉迪。

楚曼·汉迪60多岁，看起来和蔼、仁慈，从他的身上流露出作为一个成功商人所应该具备的精明和睿智。他除了是一家银行的总经理之外，还担任一所宗教学校的校长。

当洛克菲勒来到他办公室的时候，楚曼·汉迪笑盈盈地指着办公桌前的沙发，说："请坐，年轻的洛克菲勒先生。"

等到洛克菲勒落座之后，楚曼·汉迪再次发话："我知道你需要一笔钱，你之前曾经为此找过我，当时我没有答应借钱给你。不过，今天我可以告诉你，你可以从我这里拿到钱，去做你想做的事情。"

面对突如其来的喜讯，洛克菲勒简直有些欣喜若狂，但是他却不知道好运为什么降临到自己头上，他说了一句"非常感谢"之后，便用疑问的目光看着楚曼·汉迪。

楚曼·汉迪自然明白，洛克菲勒想要知道自己为什么会突然决定借钱给他。老银行家的眼神里透露出一丝狡狯而顽皮的神色，并对洛克菲勒说："年轻人有闯劲，有魄力，未来是属于你们的。但是，现在的年轻人往往太过聪明，而放弃了最基本的原则。如果把钱借给这种人，将是一场灾难。让我感到高兴的是，你不是这样的人。"楚曼·汉迪顿了顿，接着说，"据我所知，几天之前，你拒绝了一个大客户不合规矩的要求，因而失去了这个客户。这足以证明，你是个有原则的年轻人。"

洛克菲勒不明白，这件事情为什么会这么快传到楚曼·汉迪的耳朵里，但他还是躬身言道："谢谢您的夸奖，我不过是做本分的事情罢了。至于失去了客户，我也非常沮丧，不过那也是没有办法的事情。"

楚曼·汉迪笑得很有深意，说："你的那个客户嘛，我是认识的，而且他和我的交情还算不错。你不妨再去找他，相信他会非常愿意和你合作的，你们之间早先发生的事情或许只是个误会。"

听到这番话，洛克菲勒才猛然明白，那个客户之所以会突然发难，很可能是这个老银行家事先安排的一场戏。如果自己违背了商业原则，把钱提前支付给客户，那么自己将在银行家的"考核"中成为一个"被淘汰者"。

虽然被暗中考察了一番，但洛克菲勒仍对老银行家充满敬意。

他感觉到："在克利夫兰金融界结识了第一位对自己将影响匪浅的良师益友。"（摘自《洛克菲勒日记》）

# 南北战争

1861 年，美国爆发了南北战争。

战争中，由于交战双方都需要用最短的时间调动大批军队，因此铁路系统必须相应地扩大。政府为了迅速发展铁路，将大片的土地无偿赠予铁路公司。一时间，众多的铁路公司便如雨后春笋般涌现，继而又都以压低运输价格的手段来争取市场。而且，南北战争导致密西西比河水路货运通道全部中断，经由河流和五大湖区的东西方向水路货运量相应增加。而处于伊利湖南岸、凯霍加河口、距离前线较近的克利夫兰，则成为战争中最为重要的交通枢纽。这对于从事商品贸易的洛克菲勒而言，自然极为有利。

战争给洛克菲勒带来了财富。在 1861 年，公司的利润猛增至 1.7 万美元，几乎是战前年利润的 4 倍。

除了金钱之外，洛克菲勒在"战争贸易"中收获了他终身的挚友、商业上的最佳拍档——亨利·莫里森·弗拉格勒。

1894 年，当时已经是商界大亨的弗拉格勒花费巨资修建了一条通往迈阿密地区的铁路，它的建成让原本一片荒凉的迈阿密地区变成了富庶之地。迈阿密人为了报答弗拉格勒的"恩情"，建议将新兴起的城市以他的名字命名，但是被弗拉格勒拒绝。如今的迈阿密已是美国东部最大、全美第四大的都市圈。这座城市差一点就以弗拉格勒的名字命名。

以一人之力兴建起一座城市，世所罕见。弗拉格勒之所以有如此能量，恐怕要得益于他与洛克菲勒的商业合作。

在结识洛克菲勒以前，弗拉格勒已经商多年。他生于贫穷的牧师之家，14岁因家贫退学，带着一枚5法郎的铜币出门闯荡。在俄亥俄州一座小镇的食品店里找了份差事，月薪5美元。在经营中，弗拉格勒善于"看人下菜碟"，同样的一瓶威士忌，卖给穷人时只要一美元，而卖给富人则要4美元……

后来，弗拉格勒与一位出身大富之家的女士结婚，命运因此转变。他开办了一家酒桶厂，并拥有马蹄的专利，成为克利夫兰地区有名的企业家。在此期间，他与洛克菲勒相识于教会中。

南北战争爆发之后，弗拉格勒看准了密歇根一块叫作西古那的盐矿，便前去考察。在那里，他与洛克菲勒不期而遇。两人都认为这块盐矿有利可图。

英雄所见略同！此后，两人一拍即合，决定一起来做盐矿的生意。

运气再次降临到弗拉格勒与洛克菲勒头上，正当他们开发盐矿之时，北方军队正好需要购进大量的盐……

后来的事情就很简单了，二人将盐矿出产的盐大批量地卖给北方军，从中大赚了一笔。

此次合作的真正意义，并不是二人从中赚取了巨额财富，而是他们彼此之间都确信：自己的合作者，是真正有能力的商人，是可以信任的朋友。这也为二人日后的合作铺平了道路。

# 涉足石油业

正当洛克菲勒和克拉克的事业蒸蒸日上之时，一个叫作山姆·安德鲁斯的人找上门来。此人是克拉克的朋友、老乡，照明材料专家。

19 世纪中期以前，美国人大多用鲸油作为照明材料，鲸油的需求量极为庞大。鲸油产业鼎盛时期，美国有近一半的渔船从事捕鲸业。

随着市场的不断扩大，鲸油油料供应越发吃紧，价格也随之上升。一些寡头式家族企业还构筑了庞大的鲸油油料购销体系，垄断了鲸油供应，从而使得鲸油价格大幅上涨。

南北战争成为美国鲸油价格疯涨的导火索，由于大量船只在内战中被征调用于战争或运输后勤物资，而且美国南方的私营业主们还掠夺并摧毁了许多未被征用的捕鲸船只，可供捕鲸的渔船大为减少，鲸油的供应日渐紧张。以抹香鲸油为例，战前，其价格每加仑为 80 ~ 90 美分；战争爆发后，这一价格增长到 2.5 ~ 3 美元。美国民众突然发现，用来照明的鲸油竟然变成了奢侈品。

作为照明材料的专家，安德鲁斯察觉到："在未来，鲸油照明可能会成为历史，而鲸油的替代品——石油，将被人们广泛接受，成为主流照明材料，商机无限。"

基于此，他找到了洛克菲勒和克拉克，希望能与这两个年轻的商人合伙，开一家炼油厂。

对于安德鲁斯的合作请求，克拉克并不感冒。在他看来，自己的这个老乡兼朋友只不过是个想利用自己的穷鬼罢了。他对安德鲁斯说："这事没希望，除了用来做生意的钱，约翰和我合起来也拿不出 250 美元；我们是有经营资金，可是加上银行贷款刚够我们向货主付定金、买保险和交房租的。"

但洛克菲勒却希望能借此机会进入石油行业。自 1859 年开始，洛克菲勒就始终关注着这一行业的发展，他没有在第一时间涉足石油行业，是因为他尚不能确定这一行业的前景是否真如人们所说的那般乐观。而且，在他的观念里，在情势还未明晰之时就贸然出击的人，到最后十有八九会变成炮灰，谋定而后动方为上策。

现在，时机到了。在多数人同意的局面下，克拉克也不得不同意进军石油行业。

1863 年，安德鲁斯·克拉克公司正式开张，公司以炼油作为主要业务。

没有"随大溜"去投资石油开采，而是选择了炼油这种方式作为进入石油行业的第一站，是洛克菲勒理性的选择。

当时，石油开采行业疯狂而又混乱，面包师、裁缝、农夫和从战场上退役的军人都看准了开采石油能带来巨大的收益，一股脑地涌入寻找石油的行列中。

大量投资者与投机资本的介入，迅速推高了石油产量。当产量增长速度远远高于市场需求的增长速度时，原油价格迅速下跌——从每桶几美元迅速跌至几十美分。

采油业充满不可预知的风险，这让洛克菲勒对此毫无信心。相对来说，炼油业的风险更容易控制，而且，当时克利夫兰只有 12 家炼油厂，竞争较小。这是洛克菲勒决定投资炼油的主要原因。

安德鲁斯·克拉克公司的炼油厂位于距克利夫兰市中心 1.5 英里之外的郊区，工厂旁边是一条叫作金斯伯里的小河。通过这条河，可以直达伊利湖，水路运输非常方便。虽然当时这里并没有铁路，但洛克菲勒已经得到确切消息——不久之后，将有一条铁路横穿至此。

新成立的公司名称中，没有洛克菲勒的名字，这一情况耐人寻味。有一种说法是，克拉克认为25岁的洛克菲勒"资历较浅"，因而将他排除在外。不管此说法是否真实，但至少说明了一个问题：洛克菲勒和克拉克之间存在着隔阂。

在炼油厂里，精通早期炼油技术的安德鲁斯负责工厂的生产，克拉克负责与原油生产商打交道，洛克菲勒负责财务和推销工作。

在开办炼油厂之后，洛克菲勒把自己精打细算的风格带入新工作当中。

据炼油厂的一位工人回忆说，洛克菲勒每天都会亲临生产线，过问每道程序，哪怕最小的事情也会精心算计。一次，他去看油罐封口生产线，问负责人封一个五加仑的油罐需要多少滴焊锡。工人回答说40滴。洛克菲勒让工人试着减为38滴。结果，部分油罐漏了。他又尝试用39滴，结果没有出现漏油。于是，洛克菲勒下令，以后封装油罐只能用39滴电焊，并将其列为公司的明文规定……

炼油厂建成的第二年，也就是1864年，洛克菲勒结婚了。

洛克菲勒的妻子劳拉·斯佩尔曼出身名门，她的父亲是俄亥俄州议员、成功的商人。母亲则致力于教会工作，提倡禁欲。

15岁时，劳拉在中学的毕业典礼上代表毕业生做演讲，这个美丽而智慧的女孩儿，引起了高年级学生洛克菲勒的特别关注。

毕业后，劳拉当上了教师。身边的人对她的评价是"一个严谨的自律者，一位完美的老师"。1862年，劳拉22岁，被任命为校长助理。此时，洛克菲勒开始与劳拉约会。

交往两年之后，两人步入婚礼殿堂。

洛克菲勒与劳拉的婚礼极其简单，他们没有通知过多的人。就在婚礼举行的当天上午，洛克菲勒还去巡视了公司的办公室和工厂的制桶车间。他专门为员工们安排了一顿丰盛的午饭，却没有告诉因何缘故。

此时，洛克菲勒已经算得上是一个成功的企业家了。在过去的一年里，他的炼油厂得到了长足的发展，成为克利夫兰最大的炼油厂，在全国也是排名前五的炼油厂，他也因此得到了巨额的财富（第一年盈利达到了 100 万美元以上）。

不过，洛克菲勒仍未改精打细算的"本色"。即便是婚姻大事，他也是能省则省。譬如，买结婚戒指只花了 15.75 美元。洛克菲勒把这笔支出记到了自己账本中"杂项开支"项下。这个账本是他 16 岁时买的，每一笔收入和开支都会记录其中。最近几年，记录收入的数字越来越大，而开支的数字则基本没有变化。

婚后，在劳拉的操持下，洛克菲勒一家的生活简单、规律。每天七点半开始家庭祷告，然后读书、吃早餐，各自去工作。晚上吃过饭之后，听一会儿音乐，这是洛克菲勒唯一的爱好。年轻时，他甚至曾经考虑过去当一名音乐家。晚上十点准时睡觉。

这种生活是洛克菲勒习惯了的。他自小与母亲伊莱扎相依为命，伊莱扎同样是个虔诚的教徒，生活中一丝不苟，极有规律，也很善持家。在丈夫威廉四处飘荡不着家的日子里，伊莱扎带着全家辛苦度日，却未有丝毫怨言。

在很多方面，劳拉和伊莱扎很像，或许这也是洛克菲勒钟情于她的原因所在。从 1864 年结婚，直到劳拉去世，两人相濡以沫，度过一生。

洛克菲勒的婚姻，在带给家庭幸福的同时，也为他的事业提供了助力。由于老丈人是颇有声望的商人和政治家，洛克菲勒在政商两界都获得了更多的信任和支持，他的公司也得到了更好的发展。

随着安德鲁斯·克拉克公司的快速发展，内部问题也开始凸显出来，那就是洛克菲勒与克拉克之间的矛盾。

早在做农产品贸易的时候，克拉克与洛克菲勒两人在性格上、做事方式上的不同就体现得很明显，他们之间的冲突也从未停歇。但是在共同利益的驱动下，两个人的合作还算相对稳定。

有限的利益可以使人团结，而更多的利益则容易令人产生分化。随着公司的发展，为了创造出更大的利益，洛克菲勒与克拉克在经营方式上产生了不可调和的分歧。

洛克菲勒希望通过扩大生产的方式，让公司成为行业内绝对的领先者。而克拉克认为，那样做需要向银行借更多的钱，过多的负债让他感到不安。

在克拉克眼中，比他小 10 岁的洛克菲勒只是个胆大妄为却精确无比的工作机器。而且他觉得自己在公司的地位应该高出一等，所以经常用居高临下的姿态去教训洛克菲勒。他认为洛克菲勒是靠他才有了目前的小小成就，他曾经毫不客气地对洛克菲勒说："要是没有我，你究竟能干点什么？"

克拉克的傲慢态度让洛克菲勒很不爽，更为关键的是，洛克菲勒对克拉克的道德水准、工作能力都非常不满意。

摊牌的时候到了。

1865 年 2 月 2 日，《克利夫兰先导报》上登出了安德鲁斯·克拉克公司解散的公告。

当克拉克看到公告之后，大吃一惊，他对公司解散的事情一无所知，这都是洛克菲勒一手策划的。

决裂难以避免，唯一的悬念是谁将成为炼油厂的主人。

为了决定炼油厂的归属权，洛克菲勒和克拉克举行了一场内部的拍卖会。公司的另一个合伙人安德鲁斯，则早就站在了洛克菲勒一边。

令人意想不到的是，这个克利夫兰第一大炼油厂的起拍价只有500美元。不过，在竞拍过程中，这个数字很快就翻了100倍。

当洛克菲勒叫出50000美元的价格时，克拉克开始犹豫。他知道，这个数字已经远远超出了炼油厂的"真实价值"。但他仍然不甘心将炼油厂如此轻易地交到洛克菲勒手中，因此继续叫价，将价格推高到72000美元。在克拉克看来，已经是极限了，它超出了炼油厂最大的价值。

洛克菲勒毫不犹豫地叫出了72500美元。

72500美元，在当时是个什么概念呢？数据显示，在1865年前后，美国中等富裕家庭的财产规模在400～500美元之间。也就是说，洛克菲勒出的价钱，相当于150个家庭的全部资产，这在当时绝对是一笔巨资。

过高的价格，让克拉克不得不放弃叫价，炼油厂归洛克菲勒所有。

事实上，当时洛克菲勒手上也没有这么多钱，

人生如棋，高手看三步之外，庸手则纠结于眼前。因此，高手能够坦然地丢车保帅，只为赢取最终胜利。而庸手则为了保全眼前的棋子，搞得满盘皆输。

成功地摆脱了意见相左的合作人之后，洛克菲勒拥有了对公司的绝对控制权。他的石油公司更名为洛克菲勒·安德鲁斯公司。

在洛克菲勒家族的发迹史上，1865年是关键的一年。正如我们之前所说，这一年洛克菲勒摆脱了平庸的合作者。在他的经营之下，

到 1865 年年底时，炼油厂的产量达到了每天 500 桶，销售额为 120 万美元，缴税 3 万美元，是美国石油界数一数二的大企业。洛克菲勒从此跻身于成功商人的行列。此时，洛克菲勒则对自己说："现在你有了一点点成就，但千万不能因此而狂妄，否则，你会因为站不稳而跌倒的。你一旦有了开始，便很容易全然认为自己是一个大商人了。你小心冒进，否则你会神志不清。"

类似于这样的自说自话，是洛克菲勒每日三省吾身的一种表现。他说："我觉得对自己这样恳切的谈话，影响了我的一生。我担心自己经受不住成功的冲击，便训练自己不要为一些愚蠢思想所蛊惑，自认为多么了不起。"

1865 年，当洛克菲勒完全拥有了全国最大的炼油工厂之时，还有一些人的命运也在这一年发生了改变：

这一年，随着战争的结束，大发"战争财"的范德比尔特拥有了超过 700 万美元的资产，短短 4 年的战争让他的资产翻了 5 倍多。

这一年，29 岁的卡内基向宾州铁路公司提出了辞呈，并在宾夕法尼亚州与人合伙创办了卡内基·科尔曼联合钢铁厂，朝着"钢铁大王"的宝座迈出了第一步。

这一年，J.P. 摩根搬进了新建成的纽约证券交易所，并在那里开始创建自己的金融帝国。

这一年，杰伊·古尔德、马歇尔·菲尔德、菲利普·阿默、柯林斯·亨廷顿等美国历史上著名的商业家几乎不约而同地展开了自己的事业。

这些大商业家之所以都选择在这一年"崭露头角"，不是心有灵犀，而是大势所趋。

在美国经济的发展史上，1865 年具有里程碑式的意义。

美国内战之后，南方种植园奴隶制被彻底埋葬。如此一来，既解放了南方的社会生产力，又加速了广大西部地区的开发，从而为资本主义经济发展开辟了广阔的道路。

恩格斯在 1864 年 11 月就曾经这样预言："这种人民战争……它的结局无疑地将决定整个美国几百年的命运。美国政治和社会发展的最大障碍——奴隶制度一经粉碎，这一国家社会繁荣起来，在最短期间就会在世界历史上占据完全不同的地位。"

战争结束之后，美国政府实施了一系列有利于资本主义经济发展的措施。

一、提高工业品进口税。为了保证政府的财政收入和民族工业的发展，1864 年国会通过关税法案，将工业品进口税平均提高了47%。这种高额的关税壁垒政策，犹如一道铜墙铁壁抵御住了外国商品的竞争，建立了稳固的国内市场，促进了美国资本主义经济的独立发展。

二、进行金融制度的重大改革。内战初期，币制紊乱，全国银行的钞票共有七千多种，造成商业界巨大混乱。内战结束后，创立了由国家发给执照的国民银行制度，开始使用国民银行的纸币。

三、实行优先发展铁路建设的政策。1862 年、1864 年，国会就通过了修建横贯大陆铁路的决议。为了调动私营公司修筑铁路的积极性，政府不仅拨给铁路公司路线两旁各 10 里（有时甚至 30 里）的土地，而且还拨款补助。平原地区每英里铁路给补助费 16000 元，丘陵地区 32000 元，山岳地区 48000 元。美国政府无偿拨给铁路公司的土地将近两亿英亩。公司将这些土地出售的收入达到了 48900 万美元，已补偿了绝大部分筑路费用。再加上中央政府的贷款、各级地方政府的巨额捐款，这些丰厚的条件使得美国铁路迅速延伸到全国各地。马克思说："铁路是现代化的先驱。"美国铁路建设的发展，加快了国内商品的流通速度，形成了广阔的国内市场，大大促进了企业生产扩大化。尤其是对于洛克菲勒身处的石油行业而言，铁路大发展，更为他们提供了极大的便利。

总而言之，1865 年是美国资本主义经济走向辉煌的开端，因此在这一年有众多商业天才初现端倪，是历史潮流的必然。

在以后的商业进程中，这些商业天才将在各个领域展开全面的对抗，他们和他们家族之间的龙争虎斗也构成了美国历史上最为激荡人心的商战传奇。

就在此时，洛克菲勒将要开始和美国最成功的铁路大亨们斗智斗勇了。

# 第一良策

洛克菲勒扩大石油生产之后，需要大量的木桶。而曾经与他一道做食盐生意的弗拉格勒手下正巧有一家制桶厂，自然而然，弗拉格勒成为洛克菲勒的石油桶供应商。

平凡人负责按标准做事，成功者负责制定标准。弗拉格勒就是一个制定标准的人。

最初，用来装石油的木桶大小不一、形制不同，这给参与石油交易的商家造成困难。弗拉格勒所生产的石油桶则大小一致，每只桶的容量都是 42 加仑（美制一加仑等于 3.785 升）；且颜色相同，都是蓝色。

直到今天，国际石油交易仍以"桶"为单位，而每桶的标准容积仍旧是 42 加仑，而且油桶的颜色仍以蓝色为主。

当然，这个标准之所以成为国际标准，还应该归功于洛克菲勒公司在石油行业无可比拟的地位。

1867 年，弗拉格勒出资 9 万美元，开始正式加入洛克菲勒·安德鲁斯公司。因为他的加入，公司名称中又多了一个人名。与弗拉格勒一起加入公司的，还有他妻子的伯父——史蒂文·哈克涅斯。哈克涅斯是克利夫兰城有名的商人，尤其在金融街，威望很高。在洛克菲勒的公司里，他虽然不担任任何职务，但却给公司带来了良好的声誉。

同年，洛克菲勒的弟弟威廉·洛克菲勒也加入到哥哥旗下。

洛克菲勒有两个弟弟，威廉和富兰克林。当年，富兰克林不听洛克菲勒的劝告，执意去参军，在战争中腿部受重伤。战后，富兰克林回到家乡，发现在战争中"投机发财"的商人们，包括自己的哥哥，得到了荣耀和金钱，而那些为国家献出青春的军人则早就被人们遗忘。现实环境的巨大落差让他的心理非常不平衡。他开始用自己的余生来和哥哥对抗，他一边频繁地向洛克菲勒借钱，一边四处宣扬洛克菲勒是个唯利是图的小人。这还不够，他自己也开了一家炼油厂，和哥哥竞争。

与富兰克林相比，威廉更像是一个来自洛克菲勒家族的人。他对哥哥言听计从，成为洛克菲勒最为信任的人，为家族的壮大做出了贡献。

新合作伙伴的加入，带来的是更多的资金、更优秀的人才以及更先进的经营理念。洛克菲勒对此感到高兴，他在日记里写道："我们组建了一支意气相投、才干卓越的管理队伍，这些人将把克利夫兰的这家炼油公司变成世界上真正最强大的企业。"

在洛克菲勒的众多合作伙伴中，弗拉格勒无疑是最重要的一个。他眼光敏锐、看事长远、拥有无可比拟的野心和激情，同洛克菲勒一样，他也有统治行业的想法。弗拉格勒有句名言："控制世界市场就是垄断！"洛克菲勒极其认同。二人对于垄断的"偏爱"，为成立托拉斯帝国奠定了思想基础。

正当事业蒸蒸日上时，洛克菲勒经历了一件事。

1867年12月20日这一天，天气不错，洛克菲勒要乘坐火车到另一个城市。当他急匆匆地赶到火车站时，却发现前一班火车已经开走。无奈之下，他只好选择更晚的火车。不久之后，铁路上传来消息：洛克菲勒错过的那班火车发生了重大事故，死了许多乘客。洛克菲勒也算是逃过了一劫。

果然，洛克菲勒的好运马上就到了。他和铁路巨头杰伊·古尔德达成了一笔交易——洛克菲勒购买了在此人名下的阿勒格尼运输公司子公司的股份。通过这笔交易，洛克菲勒的公司以及克利夫兰的其他炼油厂能够得到惊人回报：通过伊利铁路运油的费用下调75%。如此一来，石油的运输成本直线下降，收益也就更高了。但洛克菲勒并不满足于铁路公司的"优惠"，他有更大的目标——将这些不可一世的铁路巨头掌握在自己手中！

石油贸易离不开铁路，尤其是在 19 世纪中期，现代意义的汽车还未出现，陆路运输非常薄弱，石油公司若想把产品输送到全国各地，必须仰仗于铁路。

内战中，美国铁路大发展。至战争结束，铁路运输网已经初步形成。日益庞大的铁路市场，催生出一大批铁路巨头。如范德比尔特、杰伊·古尔德、汤姆·斯科特等人，都是当时"雄踞一方"的铁路巨头。

范德比尔特是美国历史上第二大富豪，仅次于洛克菲勒。直到今天，范德比尔特家族还在美国社会占据一席之地。后世电脑游戏《铁路大亨》，就是以他为原型改编的。他是靠变卖政府无偿交付使用的土地起家的恶棍，创建了纽约的中央铁路。

纽约中央铁路公司，总部位于纽约市。其路网遍布纽约州、宾夕法尼亚州、俄亥俄州、密歇根州、马萨诸塞州以及新英格兰大部分地区，甚至延伸至加拿大安大略省与魁北克省。位于纽约市的大中央车站即为纽约中央铁路所拥有，现今是纽约市的著名地标。

杰伊·古尔德，现代商业的创始人、金融巨头，是 19 世纪美国铁路和电报系统无可争议的巨头。在谈到美国近代金融史时，古尔德往往被人们称作是"头号恶魔"，因为让众多投资者倾家荡产的"黑色星期五"，正是他一手策划的。他靠倒卖皮革发家，曾把老板害死，霸其财产并控制了伊利铁路。

伊利铁路公司始建于 1832 年。这条铁路虽然"多灾多难",经常发生运输事故,但在铁路运输界,依然拥有着举足轻重的地位。

汤姆·斯科特曾被认为是比美国总统还有权势的人,在内战开始之前,担任宾夕法尼亚铁路的总监。战争中,林肯看中了他手中所拥有的铁路资源,任命他为美国战争部助理部长。钢铁大王卡内基当年是他的属下。他掌管的宾夕法尼亚铁路公司,始于 1846 年,总部位于费城,拥有美国铁路历史上最庞大的铁路线。在最高峰时,其路网长达 16000 公里。

从上述的"个人简历"中,我们就能得出结论——这三个铁路巨头几乎掌握了整个美国的铁路运输线,洛克菲勒要想打赢这场"铁路攻坚战",需要面对的对手正是这群人。

关键时刻,弗拉格勒站出来,他对洛克菲勒说:"原料产地的石油公司在需要的时候才用铁路,不需要的时候就置之不理,十分反复无常,使得铁路上经常没生意可做。一旦我们与铁路公司订下合约,每天固定运输多少油,他们一定会给我们打折扣。这打折扣的秘密只有我们和铁路公司知道,这样的话,别的公司只有在这场运价抗争中落荒而逃,整个石油产业界就成了我们的天下。"

在洛克菲勒建立石油帝国的过程中,有许多人为他出谋划策。但是,若论影响之深远、见识之高明,弗拉格勒这短短一席话堪称第一。这番话的重大意义,将随着事态的发展逐渐浮出水面。

弗拉格勒首先去会见了滨湖铁路公司董事长——德弗罗。

滨湖铁路公司是范德比尔特属下众多的铁路公司之一,董事长德弗罗原是一个土木工程师,他帮助联邦军队改进了弗吉尼亚北部的铁路系统,为此他得到林肯总统的褒奖,并被授予军衔,所以很多人称他为"将军"。林肯死后,约翰逊当选总统。而这个德弗罗恰恰是约翰逊的朋友。一字不识的范德比尔特为了迎合新总统，便给了德弗罗一个湖滨铁路董事长的职务。德弗罗自视甚高，当上铁路公司董事长后，更是认为自己的才华有了用武之地，为了向新主子报知遇之恩，决心要帮助范德比尔特绊倒另一个铁路大亨古尔德，显显自己的威风。

弗拉格勒得悉个中隐情，决心以此为突破点，在古尔德与范德比尔特之间搞一出"离间计"，让他们鹬蚌相争，自己渔翁得利。

当弗拉格勒漫步来到谈判地点时，看到德弗罗腆着大肚子，一副傲慢的神气。弗拉格勒冲他一笑，大大咧咧地往皮沙发上一坐，故作忧伤地叹了口气，不经意似的随口说："过不了多久，恐怕会遇上不景气的。"

"不景气？"对经济一窍不通的将军露出一脸的不快，随后道，"不景气……这与我们有何相干？"

弗拉格勒见鱼要上钩，冲他神秘地一笑，说道："关系大着呢。你难道真的不知道最近古尔德，还有宾州铁路方面的人都在缠着洛克菲勒先生，死皮赖脸地让我们照顾生意吗？"

虽然将军被击中了要害，但嘴上并不软："我会给他们颜色看的。"近来，他很想做点成绩让范德比尔特瞧瞧，偏偏铁路上的货运量很少。弗拉格勒无疑已看穿了他的心思，向他含蓄地点点头，说道："将军，兵不厌诈嘛，现在可是田鸡要命蛇要饱呀！不知您最近可有什么打算？"弗拉格勒话已点明，但又让人有回旋的余地，好下台阶。

德弗罗这才松了一口气，装出一副毫不介意的神气，弯着手指，做了个扣扳机的动作："他们算什么东西，我是不会轻饶这群废物的！"

"您真英明，不愧为果断的常胜将军！"弗拉格勒向他竖起大拇指，称赞道，"我就敬佩您这样的爽快人，我们订个每天 60 节车皮的合同，您看怎样？"

"60 节？"将军怀疑自己耳朵是否听错，接着问道，"天天如此，风雨无阻？"弗拉格勒点点头。喜形于色的将军再也控制不住自己激动的心情，要知道每天 60 节车皮，在当时是多大的一笔生意啊！

将军中计了，弗拉格勒已是胜券在握，谈判的主动权完全掌握在自己的手中。接着，他把条件摊出，按着既定的步骤，层层逼进。德弗罗被突如其来的大买卖冲昏了头，轻而易举地落入了他的圈套之中。达成的协议规定，石油公司每天包租铁路 60 节车皮，湖滨铁路方面则给予每桶油 5 角的优惠。

与铁路公司的协议，对洛克菲勒大大有利。只不过，还有一个难题没有解决——以当时洛克菲勒炼油厂的产量，根本无法达到每天 60 节车皮的运量！如果他违约，将面临信誉和金钱的双重损失。

或许在别人看来，这是个难以解决的危机。但是到了洛克菲勒这里，危机却早已变成机遇。

原来，在与铁路公司谈判之前，洛克菲勒就和弗拉格勒制订了计划——先用每天 60 节车皮的运量作为保证，从铁路公司那里争取优惠。然后用争取到的优惠，去联合其他炼油厂，搞"联合运输"。

当时，仅克利夫兰一地，就有大大小小 50 多家炼油厂，竞争相当激烈。如果谁能够在运输环节压缩成本，就会使产品的价格更具竞争力。又有谁不想和能从铁路上得到优惠的洛克菲勒合作呢？因此，许多炼油厂陆续找上门来，请求加入洛克菲勒的"运输联盟"。

通过这个运输联盟，洛克菲勒进一步掌握了克利夫兰的炼油行业，而且，此联盟可以视为洛克菲勒石油托拉斯的鼻祖。也正因如此，我们才说弗拉格勒的计策是奠定石油帝国的"第一良策"。

# 标准石油的诞生

随着生意越做越大，洛克菲勒在克利夫兰金融界的名气也越来越响，最终他当上了俄亥俄银行的董事。

在内心里，洛克菲勒对银行家们其实并无好感，这可能是因为洛克菲勒的宗教信仰导致了他对银行家的不屑。欧洲教皇亚历山大三世就曾经宣称：高利贷者是不能被人们接受的。但丁的《神曲》则描述了放贷者下地狱的场景。但丁说："高利贷者都是罪人，因为他违背了自然之道，走上了邪路。"14世纪，法国经济学家尼古拉·奥雷姆则在《论货币》一书中说："有些工作会让我们的身体变得肮脏，例如下水道的工作；有些工作则会玷污我们的灵魂，如放高利贷。"查理曼大帝则对放高利贷的人有着更为严厉的惩罚，他所制定的《普遍训诫》就明确规定：任何人不准放高利贷。洛克菲勒所信仰的宗教派别又是比较守旧的一个派别，这使洛克菲勒产生了对银行家的厌恶。但另一个比较"靠谱"的原因或许是，在他创业初期，也是最为穷困潦倒、最需要银行家出手相助的时候，大部分银行家只是冷眼旁观。洛克菲勒曾经说："如果我曾经落到几乎卑躬屈膝的地步，那就一定是因为我要不断向银行家告贷。在一开始，我们不得不去求助于银行，我几乎是跪着去的。"

而现在，洛克菲勒不会再遇到类似的窘境了。所有人都知道，这个年轻人是克利夫兰的石油霸主，把钱借给他，是再安全不过的。

银行业就是如此，永远不会雪中送炭，只热衷于锦上添花。

就在洛克菲勒的事业蒸蒸日上之时，其他同行的日子过得却不怎么样。往大了说，是全体美国人民的日子过得都不怎么样。

在西方人看来，星期五和数字 13 一样，代表凶兆，所以有"黑色星期五"之说。在美国历史上，最令人恐怖的黑色星期五，便是发生在 1869 年 9 月 24 日的金融危机。

这次金融危机的起源，要追溯到美国内战期间。当时，为了支持战争，美国政府发行大量钞票。战后，大部分美国人都相信政府会用黄金回购这批钞票。与此同时，在多种原因的作用下，黄金的价格大幅下降。

杰伊·古尔德和詹姆士·费斯克等投机者抓住时机，在市场上大量购入黄金，试图减少黄金在市场的流通量，以炒高黄金价格。

短短几个月时间，投机活动就令金价上升了 30%。

同时，他们还勾结政府要员，极力反对购回钞票。因为他们知道，如果政府真的用黄金回购钞票的话，随着大量黄金流入民间，被推高的黄金价格就会再次下跌，自己的投资也就失败了。

然而，1869 年 9 月 24 日这一天，美国总统尤里西斯·格兰特却突然宣布，抛售价值 400 万美元的黄金，购回战时发行的钞票。这个举动让黄金价格瞬间下降，引发了恐慌性抛售。投资者（包括杰伊·古尔德和詹姆士·费斯克）都蒙受了极大的损失。

黄金市场的萎靡，也导致了股市的动荡。美国陷入了历史上第一次金融危机之中。

金融危机给各个行业均造成巨大影响，危机爆发之前，大批的投资者为唾手可得的利润所吸引，纷纷扑向这片充满希望的新大陆。危机爆发之后，人们的购买力大幅度下降。这时候，企业家们发现：由于过度生产使产品严重过剩，大量的货物积压在仓库里，产品价格一跌再跌。新兴产业更是如此。就拿石油业来讲，补锅的、裁衣的和扶犁的小伙子们都涌向这里，希望从中获得利益。但是在南北战争后的头一两年里，大量涌出的石油使油价下滑到每桶 2.40 美元，几乎相当于战争期间的 1/10。

过低的石油价格迫使石油生产商们成立了一个"石油生产联盟"，以支撑油价、维护自身的利益。

上游产业不景气，直接影响到了洛克菲勒所处的炼油业。高额的利润和极低的初期成本，使炼油业很快就变得人满为患。大量的生产，导致了炼油价格的下跌。这对于消费者来说是福音，但对炼油商来讲却是灾难。最严重的时候，原油与成品油的价格几乎是一样的，毫无利润可言。

当时，约有 90% 的炼油商都在亏损经营，很多炼油商挺不住了。面对希望渺茫的绝境，洛克菲勒在克利夫兰的主要对手约翰·亚历山大提出以原价 1/10 的价格向洛克菲勒公司出售股份。这对于洛克菲勒而言是个好消息，但同时也引起了他的忧虑，他开始担心自己经过多年努力得到的财富会付之东流。他在日记里写道：

"糟糕的是，石油市场并没有按照自我调节机制进行自我修正。开采商和炼油商没有按照预期的数字停止生产，这使我开始怀疑亚当·斯密理论中的那只看不见的手是否能起作用。这么多的油井在冒油，使价格不断下跌，可大家还在开钻。整个石油业陷入了过度生产的全面危机之中，而且一时看不到转机。"

我们可以确信，对于前景的担忧，只在洛克菲勒心中停留了很短的时间，因为他马上就找到了应对之策。

在认真研究了当前的形势之后，洛克菲勒发现自己作为炼油商所取得的个人成就虽然受到全行业溃败的严重威胁，但并非完全没有解决的办法。而解决这个问题的方法，正是洛克菲勒此前一直想要达成的目标——建立一个以自己为中心的石油联盟，控制整个市场的运作。

越来越多的炼油商挺不住了，想要低价出卖自己的工厂，洛克菲勒趁机照单全收。很多人告诉他，石油行业不行了，你这么做太危险，其中不乏一些在商业上有所成就的人。但是，洛克菲勒不理会，依旧执行着自己的收购计划，在危机中扩大了自己的势力。

在洛克菲勒一生中，做过很多的决策，其中很多决策让他的财富一夜之间暴涨数万美元。但是，这一次的收购决定可能是他最重要的抉择。在行业普遍不被看好的时候，洛克菲勒不管别人怎么说，毅然决然地走上了一条属于自己的路，这需要极大的勇气。

1870年1月10日，洛克菲勒成立标准石油公司，注册资金为100万美元。

从洛克菲勒·安德鲁斯·弗拉格勒公司到标准石油公司，不仅仅是换了个公司名字，更意味着公司性质的转变。

在标准石油之前，洛克菲勒的最大对手是其他同行，所以他的首要任务是与同行竞争，把自己的公司做大。到了标准石油时代，随着公司的不断发展，石油业内有资格与他竞争的人越来越少，最大的对手变成了阴晴不定的行业局势，洛克菲勒的目标就变成了尽量多地兼并同行，形成行业垄断，进而掌握整个行业的运行。

形象点说就是：一开始，洛克菲勒是个做游戏的人，他需要按照游戏规则与其他游戏者竞争。而现在，洛克菲勒正逐渐变成一个制定游戏规则的人，其他人需要在他的游戏规则之下生存。

为了吸引更多的同行加入自己的"游戏"中，标准石油实行的是股份制。成立之初，公司有五个大股东。洛克菲勒担任董事长，占2667股。洛克菲勒的弟弟威廉·洛克菲勒担任副董事长，弗拉格勒担任秘书长，安德鲁斯担任厂长，三人各占 1333 股。弗拉格勒妻子的伯父、当年与他一起加入公司的哈克涅斯不担任任何职务，占 1334 股。

还有 2000 股，是洛克菲勒留给铁路公司的"礼物"。

标准石油成立之后，洛克菲洛开始实施整顿。以前，由于提炼原油这个行业利润大，吸引了许多想一夜暴富的屠夫、小贩和面包作坊主。这些人不懂技术，粗制滥造，盲目生产，导致了石油价格的大跌。

洛克菲勒则命令自己的工厂生产一种品质较好的照明用煤油，因为这种煤油点燃后没有太多的烟尘，所以广受欢迎。

洛克菲勒在营销方面也动了一番脑筋，他把自己的产品送到市场后，让店主当众燃起"标准炼油厂"提炼的精油灯，同时又点燃几盏由其他公司生产的煤油作为燃料的煤油灯。标准石油的煤油灯毫无烟尘，而其他煤油灯则浓烟滚滚，孰优孰劣，一目了然。这一招果然灵验，"标准炼油厂"的煤油销路大增。

为了推销产品，洛克菲勒还采取了另一种更极端的手段，他花费巨资制造了几百万盏外观新颖的煤油灯，免费赠送用户，只要购买"标准油"，就可以获得一个非常好看的煤油灯。这种做法更是让标准石油成为消费者青睐的对象。后来，这种煤油灯和标准油一起占领了美国市场，而且在世界其他地方也很常见。上了年纪的中国人，至今仍记得"标准油"和"标准灯"（标准石油进军中国市场，采用了"标准"两个汉字作为品牌名）。久而久之，人们就将所有的煤油灯叫作"标准灯"了。

# 改善南方公司

前面我们说过，与铁路公司的合作，是洛克菲勒"称霸行业计划"中的重要一步。通过弗拉格勒的运作，洛克菲勒已经从铁路公司那里获得了优惠，对同行形成了压制。但在洛克菲勒看来，这还远远不够，他酝酿着更大的计划。

当时，由于经济的不景气，各大铁路公司也开始放下竞争，相互勾结，并企图同大炼油公司联合，控制石油运量。或许，那些铁路巨头还有更进一步的打算——通过铁路来控制石油行业！

在如此形势下，洛克菲勒与铁路公司的关系就变得非常复杂了。一方面，他们希望通过彼此的合作获得收益。另一方面，他们又觊觎着对方的地盘，试图将对方一口吞下。

形势变得越来越复杂了。

1871 的 11 月 30 日，下着小雪。洛克菲勒与弗拉格勒在纽约的圣尼古拉斯饭店会见了沿湖铁路公司克利夫兰油溪支线的总裁沃森。

在这次会面中，沃森向洛克菲勒透露了一个重大的秘密：宾夕法尼亚铁路公司的统帅汤姆·斯科特提出了一项大胆的计划。他提议由三家最大的铁路公司——宾夕法尼亚铁路、纽约中央铁路和伊利铁路，同一些炼油企业特别是标准石油公司结盟。

按照沃森的说法，铁路公司之所以想要联合起来与石油商结盟，是因为铁路公司之间的竞争太过激烈，损害了各方的利益，所以想请大石油公司来替铁路行业做裁判，平衡运量和利益。

沃森的建议听起来挺有道理，但实际并非如此。同行是仇人，能让仇人们联合起来，只有一种可能——他们有了更大的共同利益。而这个共同利益，很可能来源于铁路巨头对石油行业的野心。

洛克菲勒不可能看不出其中的猫腻，但他还是决定与铁路公司合作。"明知山有虎，偏向虎山行"的做事风格，需要的是勇气和智慧。

一个半月以后，1872 年 1 月 16 日，洛克菲勒秘密会见了宾夕法尼亚铁路的董事长汤姆·斯科特，洽谈相关的合作事宜。

正如我们之前所说，汤姆·斯科特是铁路行业的霸主，被人们认为是"比总统更有权势的人"。

对于这个大人物，洛克菲勒并无多少好感。在他眼里，斯科特是一个"留着又长又卷的络腮胡子，经常戴着一顶大大的毡帽，显示出一副大权在握气派"的人。这与洛克菲勒一贯保持低调的性格有所冲突。

虽然洛克菲勒对斯科特这个人不太感冒，但是生意归生意，他早就准备好了与这个人打交道。所以，当斯科特在会谈中主动提出合作意向的时候，洛克菲勒做出了欢迎的姿态。

最终，双方达成了合作。标准石油公司与三家铁路公司，联合起来成立了一家名为"改善南方"的独立公司。

"改善南方公司"是一家特殊的公司，它像是一个"裁判"。通过它，洛克菲勒将石油运输的业务按照事先约定好的份额，分配给其他三家铁路公司——45% 由宾夕法尼亚铁路公司承担，27.5% 交给伊利铁路公司，另外 27.5% 则属于纽约中央铁路公司。

而洛克菲勒得到的好处是，如果标准石油公司把货物从宾夕法尼亚运到克利夫兰，那么在铁路公司那里，他每运一桶油可得到 40 美分的折扣。此外，由于改善南方公司几乎垄断了从宾夕法尼亚到克利夫兰的石油运输业务，所以洛克菲勒的竞争对手们每运一桶油，都相当于付给洛克菲勒 40 美分的运费!

要知道,1872 年的时候,每桶石油的价格为 4 美元左右。这就意味着,通过压缩运输成本,洛克菲勒将自己的产品成本降低了 1/10!而对手的成本则因为"改善南方公司"的垄断性存在,提高了 10%。

洛克菲勒在全国范围内选择了 12 家炼油公司加入改善南方公司,匹兹堡 4 家,费城 3 家,纽约 1 家。洛克菲勒的同学佩恩的炼油公司也算一家,洛克菲勒、弟弟威廉、弗拉格勒算 3 家。

除了这 12 家之外,其他所有的炼油商都无法享受运输优惠。此消彼长,洛克菲勒在成本上对同行业其他竞争者形成了绝对的压制!就连他自己也说:"这种补偿事实上是一种空前残酷的工业竞争手段,它将导致改善南方公司成员和其他炼油商之间成本上的巨大差距。"

当然,为了避免大权落入铁路巨头手中,洛克菲勒控制了改善南方公司 51% 的股份,将主动权掌握在了自己手里。

如果事情按照预想发展下去,标准石油无疑将全面压制行业内的其他竞争者,洛克菲勒称霸行业的目标也将会因此更快成为现实。但是,一个小意外却让事情朝着洛克菲勒不愿看到的境地发展。

就在洛克菲勒与三大铁路公司起草并签订最后合同的时候,关于运费即将飙升的流言开始在宾夕法尼亚传开。

洛克菲勒与铁路公司的合作是在秘密的状态下进行的,消息是怎样被泄露的?

原来,是沿湖铁路公司在当地的一名货运代理,他因为要赶去看望奄奄一息的儿子,把工作交给一个下属负责,而那个人不知道新运价尚未实行。这个小职员向外部炼油商公布了由改善南方公司制定的新运价。

我们经常说，小人物往往会在不经意间改变历史，这种事情终于被洛克菲勒碰到了。

当"标准石油与铁路公司串通一气"这个消息传播开之后，在石油界引发了轩然大波。因为所有从事石油行业的人都知道，如果让洛克菲勒的计划得逞，自己离覆灭也就不远了。

2月27日晚上，3000多人冲进了泰特斯维尔歌剧院，他们挥舞着标语，上面写着"打倒阴谋家""决不妥协""决不放弃"。洛克菲勒和铁路公司的董事们，全都被贬斥为"妖魔"和"四十大盗"。演讲最慷慨激昂的要数一个叫约翰·阿奇博尔德的小个子年轻炼油商了，他是一个巡回牧师的儿子，喜欢玩牌酗酒。当初，彼得·沃森曾试图规劝他加入改善南方公司，却被他怒气冲冲地回绝了。如今，他对人们说："我们已经面临巨蟒的攻击，但我们决不退缩……我们相信，这在我们行业是不言而喻的……这是绝望的人的最后一次决战。"

阿奇博尔德的组织能力是一流的，在他的鼓动下，那些未被改善南方公司吸纳的炼油商形成了一个联盟，合力对付洛克菲勒。

3月1日晚上，炼油商和开采商们齐聚石油城的歌剧院，召开了另一场闹哄哄的集会。有个引人注目的演讲人是年轻的开采商小刘易斯·埃默里，他威胁标准石油公司："要把现有的开采量减少30%，并且在30天内暂停钻探。"

集会结束前，甚至有1000多人打算去包围哈里斯堡州议会，要求改善南方公司改变做法。

最终，联合起来的石油商们开始实行坚壁清野政策，他们拒绝同改善南方公司成员做交易，并对其实施禁运。

声势浩大的活动，也引起了媒体的关注。1872年，约翰·洛克菲勒这个名字第一次进入大众的视野。

先是在 2 月 22 日,《石油中心纪事》报道了一则消息:"某些铁路公司和炼油商联手密谋大规模控制本地区原油和成品油采购与运输。"

在这则报道中,虽然没有指名道姓地说明"某些炼油商"是谁,但几乎所有人都确信——除了洛克菲勒没有别人。

紧接着,《石油城钻井报》每天在头版上用黑框登出一份"黑名单"。洛克菲勒和标准石油公司的其他六位董事赫然在列。在黑名单之后,还有一个煽动性的标题:"请看巨蟒令人发指的丑恶嘴脸。"

这则新闻标题虽然有传媒业一贯的耸人听闻、夺人耳目的成分在里面,但是用"巨蟒"这个词形容洛克菲勒的标准石油,也算形象。蟒蛇有着特殊的身体构造,能吞得下比自己头部体积大得多的猎物。而当时的洛克菲勒和他的标准石油公司正如同巨蟒一般,"吞噬"着美国的石油业。

# 洛克菲勒的挫败

当洛克菲勒与铁路商人串通一气的消息传到纽约时，纽约石油界的同行嗅到一股危险的气息。他们似乎看到在不远处的克利夫兰，一头石油巨兽在吞噬掉周围所有的同类后，变得越来越强大，并且意犹未尽，转过头将目光投向了自己所处的城市……

为了应对可能，或者说将来一定会发生的危机，纽约石油界人士组成了一个联盟，试图共同对抗标准石油。

至此，洛克菲勒遇到了兼并过程中最强劲的对手——亨利·罗杰斯。

1872 年，亨利·罗杰斯 32 岁，是纽约查尔斯·普拉特公司的股东。他"看上去温文尔雅，但带着一股年轻海盗般的炯炯目光和自信的神气"。（洛克菲勒语）

作为纽约石油联盟的"盟主"，罗杰斯知道，洛克菲勒之所以强大，在很大程度上是因为铁路公司与标准石油的亲密关系。所以，如果能瓦解这种关系，就会延缓标准石油向纽约进军的脚步。

罗杰斯首先去找斯科特，给铁路方面施加压力。至于他们之间谈话的具体内容，外人就不得而知了，大家只知道——斯科特承认改善南方公司的契约有失公正。

这对于洛克菲勒而言非常不利，因为铁路方面的"软弱"表现很可能意味着改善南方公司的前景不再乐观。

3 月 25 日，罗杰斯所代表的炼油商同盟与开始动摇的铁路公司官员们举行会谈，会谈是在伊利铁路公司的办公室里举行的。

洛克菲勒闻此消息，马上赶到那里，但是却被拒之门外。

这次会谈的结果是：铁路公司同意废除与改善南方公司的合约，停止对标准石油实行折扣和补偿。

在日记里，洛克菲勒不无气愤地写道："这些懦弱的家伙居然这么容易就妥协了，让我们的计划都化成了泡影。"

虽然改善南方公司最后以失败告终，洛克菲勒无法继续获取更大的利润，但事实上，他已经从中得到了好处。如果没有这家公司，洛克菲勒在克利夫兰的兼并与扩张绝不会如此顺利。到1872年年中时，洛克菲勒的标准石油已经变成了一家每天产油10000桶，拥有34家大小炼油厂、1600名员工的集团公司，资本扩大到了250万美元。整个克利夫兰的炼油业都被洛克菲勒垄断了。

# 第 2 章
## 大资本家时代

　　在人类发展的历史上，资本是推动历史发展的重要一环。它不仅仅是金钱，更是资源、社会关系、权力地位的总和。如果我们将"资本家"这个概念定义为"那些拥有大部分社会资本的人"，那么在奴隶社会，奴隶主就是最大的资本家；在封建社会，皇帝就是最大的资本家；到了资本主义社会，商人就是最大的资本家。此时的大商人们，已经不仅仅是"商品分配的媒介"，而是制造商品、分配商品并拥有最多商品的那个人，这就是所谓的大资本家时代。

# 兼并！兼并！

如同历史上那些雄心勃勃的帝国统治者一样，洛克菲勒并不仅仅满足于对克利夫兰石油业的"统治"，他怀有更大的野心——冲出克利夫兰，吞并全美石油业。

他选择的第一个目标是宾夕法尼亚州的炼油企业。

看看地图就会发现，宾夕法尼亚州位于洛克菲勒所在的俄亥俄州的东边，它的东边是纽约州，这三个州都是美国最重要的石油产区。如果洛克菲勒将"势力"延伸至宾夕法尼亚，那么就相当于为进军纽约州铺平了道路，进而为统治美国石油业奠定了基础。

1873年，洛克菲勒和弗拉格勒离开克利夫兰，来到了匹兹堡，与当地最重要的炼油商威廉·G.沃登、威廉·弗鲁和韦林进行谈判。

几天之后，他们带着一份成立全国炼油商同盟的计划来到了另一个重要的石油产区——宾夕法尼亚的泰特斯维尔。这份计划就是后来人们所说的"匹兹堡计划"，其目的是成立一个炼油商卡特尔。

所谓卡特尔，简单而言，是一种商业合作模式。同一个行业内的众多企业组成一个联盟，而后实现对行业的控制。

在洛克菲勒的构想中，成立了石油卡特尔之后，中央董事会可以就运费问题与铁路公司交涉，以获取更大的优惠。所有炼油厂都可以加入这个联盟，但董事会主席一职必须由自己担任。

这份计划对于石油行业而言，是有利的。但泰特斯维尔的炼油商却有着不同的看法，他们认为这是洛克菲勒称霸石油行业的一个阴谋，就连当地的报纸也警告众人"要小心那个来自克利夫兰的狡诈之辈"。

为了缓和泰特斯维尔炼油商的对抗情绪，洛克菲勒决定往当地的炼油商队伍里"掺沙子"，他选择了阿奇博尔德充当沙子的角色。

这个阿奇博尔德就是当年那个带头组织原油产地石油商"制裁"改善南方公司的年轻人，虽然他给洛克菲勒带来了很大的麻烦，但是洛克菲勒却并未因此记恨于他，反而十分认可他的组织才能。后来，洛克菲勒将这个昔日的对手暗中拉拢到了自己麾下。

关于洛克菲勒和阿奇博尔德，还有一个著名的故事：

当年，阿奇博尔德在标准石油做推销员，每次签名的时候，都会在自己的名字下写一行字：标准石油，每桶四美元。洛克菲勒注意到了这个细节，认为此人忠心工作，大有可为，便着力培养他，并在退休的时候任命他为标准石油总裁。

这个故事广为流传，在许多地方被引用。不过，其真实性值得怀疑。首先，阿奇博尔德作为当年石油生产商联盟的组织者，在加入标准石油之前就已经是一个成功的企业家了，洛克菲勒不可能把这样一个人安排到推销员的岗位上。其次，阿奇博尔德是习惯于在自己的名字下写上一行字，但这行字是"每桶四美元"，没有标准石油。事实上，他在进入标准石油之前就已经有这样的习惯了。

我们澄清这个故事的主要目的是想说明一个现象，许多真实发生过的事情，在人们口口相传的过程中，往往会变了模样，延伸出不同的含义。很多关于洛克菲勒的事件也是如此，许多人怀着自己的主观情绪去讲述他的故事，在倾慕者的嘴里，这些故事充满了传奇、伟大、励志的色彩；而在厌恶者的表述中，故事又变得可憎、可恶、黑暗。而洛克菲勒本人，也在不同的故事中展现出不同甚至是相反的形象，有时候善良，有时候邪恶，有时候是个天才，有时候是个恶棍……这也成了终身困扰他的问题。

对于我们而言，如果想真正了解一个人，既不能完全相信他的朋友们对他的看法，也不能完全相信他的敌人的评价，最好是客观地了解他，然后自己做出评价。想了解洛克菲勒更是如此，需要从客观出发，还原事情的真相。

我们先暂且把如何看待洛克菲勒的话题放一放，将视角转回到宾夕法尼亚争夺战上。

阿奇博尔德在泰特斯维尔拥有一家名叫艾克密的石油公司。阿奇博尔德本人也在当地石油行业内广交朋友，是圈子里的知名人物。

由于在当初抵制改善南方公司的活动中阿奇博尔德是箭头人物，所以大部分人都还以为他和洛克菲勒是"敌对"关系，所以对他毫无戒心。

有一天，阿奇博尔德在自己的家里举办盛大宴会，邀请到了许多当地的石油商人。酒过三巡，菜过五味，众人兴致正浓之时，阿奇博尔德突然对所有人说："如今炼油行业越来越不景气，包括在场的各位，许多人的企业濒临破产，只有像标准石油那样的大企业才能屹立不倒，我们不如加入标准石油，和他们一起干！"

阿奇博尔德在石油业的几个朋友当即表示，愿意和他一起加入标准石油。其他人见阿奇博尔德都"倒戈"了，便纷纷表示：只要能保留自己的职位，也愿意把工厂交给洛克菲勒。如此，洛克菲勒一举征服了宾夕法尼亚的炼油商，建成了一个以标准石油为主导的石油卡特尔。

# 失落的卡特尔

石油卡特尔建成后，洛克菲勒遇到了新的问题。

卡特尔这种商业联盟，实际是比较松散的。大家虽然名义上联合在一起，接受统一的管理，但是为了各自的利益，私底下仍旧各自为政。

洛克菲勒本来计划组成联盟之后，各个炼油商按照规定的数量生产石油，如此一来，就可以避免因"供过于求"而导致的石油价格下跌，让石油始终维持一个比较高的价格。但洛克菲勒很快就发现，有些炼油商根本就不服从安排，私自提高产量。而且，从经济学的角度来看，这种商业联盟无法解决经济学家们所说的"免费搭车"问题——那些没有加入组织的炼油商，也能够享受到高油价的"福利"，又不会受生产配额的限制。

与此同时，标准石油内部也出现了很大的问题。许多人在把自己的炼油厂出售给标准石油公司之后，用洛克菲勒给他们的钱买来了更好的设备，开了新的炼油厂，再次成为洛克菲勒的竞争对手。要知道，当初洛克菲勒在购买炼油厂的时候，就与这些人约定：以后他们不得再踏入石油行业。这是一种赤裸裸的违约。

面对行业内的种种乱象，洛克菲勒感到愤怒和失望。1873 年 6 月 24 日，他在纽约召集炼油商举行会议，宣布放弃"匹兹堡计划"。

"匹兹堡计划"的失败，让洛克菲勒备受打击。但是，他也因此下定决心：放弃毫无确定性的公司联盟，实行彻底的企业兼并！

1873 年，美国再次爆发经济危机。这是一场长达 6 年之久的经济大萧条。

在大萧条中，石油行业遭受到了巨大的冲击。危机初始，原油价格就暴跌至令人震惊的每桶 80 美分，但这还不是谷底。一年之后，石油价格变成了每桶 48 美分，很多城市的饮用水价格都不止于此。

当然，对于有些人而言，危机不见得是坏事儿。卡内基就利用 1873 年的萧条大力发展自己的钢铁企业，一举成为美国响当当的钢铁大王。洛克菲勒自然也不会被危机吓倒，他早在大萧条初见端倪的时候（1872 年），就利用对手贱售企业的机会，展开了全国性的收购活动。

当然，萧条并非对标准石油毫无影响，属下 6 家炼油厂只有两家开工。尽管如此，标准石油还是获得了盈利，赚到令人艳羡的高额利润。如此一来，公司只要把账册拿出来给其他炼油商看几眼，就可以让他们眉开眼笑，轻易地将其网罗到自己帐下。

洛克菲勒的第一个兼并目标是克拉克·佩恩公司。这家公司的老板之一克拉克，正是当年洛克菲勒的合伙人。

与洛克菲勒分道扬镳之后，克拉克物色到了新的合伙人——佩恩。此人毕业于耶鲁大学，后参军，南北战争中被授予上校军衔。父亲是一位政治家，非常富有，在克利夫兰地位很高。克拉克与佩恩合伙，成立了"明星炼油厂"，佩恩拥有这个厂的大部分股份。

洛克菲勒与佩恩是高中时候的同学。在洛克菲勒看来，佩恩这个人坚强、能干，所以他不仅想要兼并佩恩的工厂，还希望能把佩恩招至自己麾下。他去找佩恩，向对方大体描述了自己的计划后，单刀直入地问："要是我们能在数额和条件方面达成一致，您是否打算入伙？"

佩恩没有马上答应洛克菲勒的要求，他想在出售他的公司之前先查看一下标准石油的账本。当天下午，佩恩就来到了标准石油公司的总部。

在翻阅账簿时，佩恩被标准石油丰厚的利润震动，更加让他意想不到的是，标准石油与铁路方面的联系是如此紧密。他急不可待地告诉洛克菲勒："我们找评估人来算一下，看看我的工厂值多少钱。"

最终，佩恩决定以 40 万美元的价格出售他的炼油厂。洛克菲勒很清楚，这个价格有些偏高，但是他依然决定达成交易。因为这笔生意的成功，意味着 31 岁的洛克菲勒成为世界上最大的炼油商。

至于明星炼油厂的另一个股东克拉克，洛克菲勒拒绝他加入标准石油。

自从收购明星炼油厂后，洛克菲勒兼并的脚步就越迈越大。到改善南方公司的计划被披露、炼油商开始联合起来对洛克菲勒展开"石油大战"之时，洛克菲勒非但没有放缓自己的脚步，反而将兼并风潮愈演愈烈。1872 年 2 月 17 日到 3 月 18 日，标准石油一口气收购兼并了克利夫兰 26 个炼油厂中的 22 个。

石油战争中，克利夫兰的炼油行业陷入动荡，原油供应不足，运费上升，导致许多炼油企业资金周转不灵。当这些炼油企业向银行求助时，那些与洛克菲勒"关系匪浅"的银行家冷面相对。那些石油商早先为了对付洛克菲勒而出台的政策，到最后却变成了砸在自己脚上的石头。被逼到绝境的炼油商只得投降，把工厂转让给洛克菲勒。这也是洛克菲勒为何能在本来不利于自己的局面中完成扩张的原因。由于洛克菲勒一系列收购兼并异常惨烈和残酷，所以被当时的媒体称为"克利夫兰征服"或"克利夫兰大屠杀"。

# 兄弟失和

洛克菲勒的弟弟富兰克林也属于被兼并的一分子。

富兰克林与哥哥的关系自从内战开始就一直非常紧张。在内战中受伤复员后，富兰克林进入一家商业学校学习，然后像洛克菲勒一样，找了一份记账员的工作。不过，他没有像哥哥那样从这个职位上发达起来。

心高气傲、与洛克菲勒一贯不合的富兰克林一心想超过两位兄长，在1870年迎娶美貌高挑的海伦·E.斯科菲尔德之后，他也开办了一个炼油厂。

斯科菲尔德家族是克利夫兰本地的名门望族，海伦的父亲威廉·斯科菲尔德也经营着一家炼油厂。但是，这家炼油厂早在1872年的时候，就被洛克菲勒收购了。这也让洛克菲勒兄弟之间的隔阂加深了。

1876年，富兰克林与洛克菲勒之间的兄弟关系彻底破裂。富兰克林在一个议会委员会调查改善南方公司时出庭做证，说洛克菲勒在并购其岳父的公司时，使用高压手段。他甚至对媒体说："洛克菲勒威胁炼油商，他说他们已经与铁路公司联盟。他要把克利夫兰所有的炼油厂统统买下来！他会给每个人一个入伙的机会，当然也会给你机会。胆敢拒绝合作的人一定会倒霉！即使你们不卖厂子，它也会变得一文不值！"

在对媒体说完这番话之后，富兰克林找到洛克菲勒，又说了一大堆道歉的话。他之所以这样做，很可能是因为他欠了洛克菲勒一大笔钱。洛克菲勒则对他说："如果你一意孤行，不听指挥，财产将会化为灰烬。"富兰克林不为所动。结果，他未能抵抗住残酷的商业竞争，惨淡破产。在退出石油界后，他买了几条船，在伊利湖上搞运输。

为了挽回兄弟之间的关系，洛克菲勒给了富兰克林一份标准石油公司的货运合同。但是，富兰克林没有好好珍惜这个机会，沉迷于四处游乐，船队由于管理不善而无法完成任务。洛克菲勒责备他说："富兰克林，再也不许发生同样的事情！如果你还想好好做生意，咱们就接着干；如果不然，我另找其人！"富兰克林非但没有悔过之意，还和洛克菲勒大吵大闹。到最后，忍无可忍的洛克菲勒对他说："算一算你花在船队的钱，给我说个数吧！"第二天，洛克菲勒买下了富兰克林在船队的全部股份。

洛克菲勒非常憎恶富兰克林的岳父威廉·斯科菲尔德。据说有一次洛克菲勒对合伙人安德鲁斯说："那就是斯科菲尔德。我迟早要他好看，你就看着吧！"

究其原因，当初标准石油公司买下他的炼油厂时，他发誓不再进入炼油业。但仅仅 1 年之后，斯科菲尔德就成立一家新的炼油企业。1876 年，洛克菲勒与斯科菲尔德达成秘密交易：由自己出资 1 万美元，双方联合组建斯科菲尔德·舒默公司。洛克菲勒负责为该公司购买原油，销售它生产的成品油，并使它享有铁路运费折扣。但是，斯科菲尔德·舒默公司却再次违背约定——他们生产的成品油数量远远超过配额。因此，标准石油公司不得不把斯科菲尔德告上法庭，但是法官却判其无罪。

1878 年，富兰克林与斯科菲尔德在克利夫兰成立一家名为先锋石油公司的炼油厂。洛克菲勒认为这是弟弟对自己的背叛，他通过自己的另一个兄弟威廉告诉弗兰克:"标准石油公司能够以比他的企业低一半的成本提炼石油。"言下之意就是:你没法和我斗。

富兰克林则与俄亥俄州玛丽埃塔的几位独立炼油商联合起来,试图到法院去状告洛克菲勒涉嫌垄断。到此为止,洛克菲勒已经对富兰克林彻底失去了信心,他与之从此不再来往。

而富兰克林对哥哥的恨意则更甚,他将两个夭折儿子的棺木从祖坟中迁出,他本人去世后亦长眠在远离家族墓地的小山坡上,表明自己不屑与洛克菲勒为伍的态度。

将老合作伙伴克拉克拒之门外,把弟弟的工厂搞破产,种种事件,让外人看来洛克菲勒多少显得有些"冷酷"。但在洛克菲勒看来,这是理所当然,既然是做生意,个人情感就一定要为公司利益让路!这就是洛克菲勒的性格,或许正是因为这种性格,他的一生才会遭到如此多的非议,才会有那么多人将他形容成"残酷无情"、只知道赚钱的恶魔。

让我们回头想想,在洛克菲勒 18 岁那年,他向父亲借钱却被父亲告知:你要付利息。然后到洛克菲勒 31 岁对他弟弟说:你如果不听我的你就得破产。这两件事情中间,存在着某种必然的联系,我们可以由此得出一个结论——在洛克菲勒家族里,"公私分明,不徇私情"是他们一贯的行事风格。当然,你换成"利益为先,冷酷无情"似乎也说得通。角度不同,结论自然不一样,这或许就是洛克菲勒饱受争议的原因之一吧。

# "统一"全国

洛克菲勒掀起的收购狂潮迅速席卷了整个克利夫兰。而后，他开始向美国东部"前进"。

美国东部是全美经济最为发达的区域，是商业的中心地带，也是石油工业最为发达的地区。

早在创建改善南方公司的时候，洛克菲勒就与纽约炼油界大佬博斯特维克有过合作。而且，当时博斯特维克已经明确表示，愿意加入标准石油。

1874 年，洛克菲勒在自己的别墅里宴请费城、匹兹堡、纽约等地的石油大亨。席间，洛克菲勒对东部的同行们说，自己分析了炼油行业的现状，除了克利夫兰的标准石油之外，波士顿有 3 家、纽约有 15 家、费城有 12 家、匹兹堡有 22 家炼油企业。这么多的炼油厂，如果相互竞争的话，必将导致悲惨后果——行业混乱，供过于求，石油价格大跌……大家都将是受害者。相反，如果能够联合起来，统一管理，上述问题则不会出现，所有人的利益都会得到保障。

最后，洛克菲勒向所有人宣布，自己已经统治了克利夫兰炼油业，并且获得了极高的收益，原因就在于规模经营。假如全国的石油商都能联合起来，那么整个石油业都会被牢牢地控制在商人们手中！

到此为止，洛克菲勒创建石油帝国的计划第一次在世人面前亮相了。在这个计划中，所有的炼油商都会加盟到标准石油的旗下，如此一来，标准石油就能够控制原油的价格，控制成品油的价格。甚至连铁路运输的价格也不由那些铁路巨头做主了。正所谓客大欺店，到时候，铁路公司为了争取到全国范围内的石油运输业务，一定会向标准石油低头，运输价格也就被控制了。1874 年，标准石油抓住石油运输从油桶向油罐车转变的时机，购置油罐车租给铁路公司，按使用里程收取租金。这使得几大铁路公司在标准石油面前失去了过去的强势地位，以至美国铁路大亨范德比尔特表示，洛克菲勒是全美国唯一能够向他提条件的人。

费城的大炼油商洛克哈特第一个表示支持洛克菲勒的计划，并自告奋勇去笼络费城和匹兹堡的炼油商。

洛克哈特是石油界的元老级人物。1866 年，他和合伙人在宾夕法尼亚州的费城创办了大西洋储油公司。几年后，他们收购了一家小炼油厂，公司也更名为"大西洋炼油公司"。这个公司拥有匹兹堡最大的炼油厂，他的石油不仅卖给美国人，还卖到了欧洲。平日里，这个蓄着胡子的苏格兰人一副冷若冰霜、沉默寡言的样子。但是，洛克菲勒知道，这个人绝对不容小觑。洛克菲勒曾经评价洛克哈特说："他是商业界最有经验、最老成、最有自制力的人物之一。"

洛克哈特的加入，是洛克菲勒"东进计划"中的巨大收获。

值得一提的是，东部大部分企业家在出售炼油厂的秘密交易中，并没有要洛克菲勒太多的钱，而是将标准石油的股票作为交易的"报酬"。不得不说，他们都是有远见的商人，因为标准石油的股价在几年之后大幅升值，他们的身价也因此翻了几番。

当然，这些商人的做法对于洛克菲勒而言也是很有利的。如果每个卖出炼油厂的人都要现金支付的话，标准石油的资本是远远不够的。

在很短时间里，洛克菲勒就掌握了匹兹堡一半以上的炼油厂，费城最大的炼油厂也成了标准石油的一分子。新盟友们在各自的地盘继续发展业务，不断地为标准石油输送资本的血液。而且，这场购并在美国两大炼油中心引发了良性的连锁反应，许多炼油商纷纷归附。一开始，匹兹堡共有 22 家炼油厂。两年之后，当地独立经营的炼油厂就只剩下一家了。

在收购洛克哈特的匹兹堡炼油厂之后，洛克菲勒又成功收购专门生产盒装煤油的德沃制造公司和拥有一家大炼油厂的长岛公司，从而在纽约占据了至关重要的立足点。与此同时，洛克菲勒的弟弟威廉则帮助管理查尔斯·普拉特的炼油公司。

查尔斯·普拉特个子矮小，和洛克菲勒一样，他也是浸信会教徒，也是白手起家。南北战争之前，他经营着一家生产油漆的工厂，之后涉足炼油业。

普拉特是个很有能力的商人，他的"星牌"煤油品质上乘，不仅在本土销售，还畅销欧洲和亚洲，是世界的知名品牌。

读者可能还记得，当初那个组织纽约炼油商反对洛克菲勒的罗杰斯正是查尔斯·普拉特的股东。当他所在的公司被收购之后，他也成为标准石油的一分子。昔日反对者的加入，也让洛克菲勒感到兴奋，他说："我很高兴地告诉大家，在绝大多数情况下，只要那些曾顽固反对标准石油公司的人与我们进行面对面的交流，只要他们不理会谣言而是直接与我们进行探讨，就一定会加入我们的阵营，而且终生不悔！"

不过，虽然有众多商业巨子带头加盟，但大部分的石油商依然不愿意与洛克菲勒合作。试想一下，一个企业家辛辛苦苦地开办工厂，在残酷的商业斗争中占据了一席之地，如果让他割让出自己的地盘，恐怕很少有人愿意答应。

　　为了让抗拒者臣服，洛克菲勒采取了一些残忍的手段。比如买光市面上的全部原油，让对手的工厂无法生产；或者是垄断当地的运输车辆，使对手即便生产出产品，也无法运输出去。

　　洛克菲勒本不想如此残酷，他希望能用道理说服别人，但不是所有人都赞同他的道理，他"无奈"之下只好采取一些强硬手段。

　　在查尔斯·普拉特公司投向标准石油公司之后不久，纽约的各家炼油厂就发现一些重要供应开始接二连三地出现莫名其妙的短缺。先是生产凡士林的约翰·埃利斯公司发现自己根本找不到油罐车来运输原油，他隐隐感到：一股看不见的强大力量似乎正在影响着自己。就在约翰·埃利斯试图解开这个谜团时，一位标准石油的成员找上门来，"提醒"他说："你已经是孤军奋战了，最好现在把工厂卖掉。"

　　埃利斯非常恼火，他的选择是："我永远也不会把工厂卖给卑鄙下流的标准石油公司！"埃利斯没有屈服。不过，像他这样的人并不多，大部分企业主迫于压力把自己的工厂卖给了标准石油。

# 墨西哥石油之争

在很短时间内，洛克菲勒便几乎荡平了克利夫兰、费城和匹兹堡的同行。当时在纽约仍有几家炼油商垂死挣扎，但是他们已无法对洛克菲勒构成威胁。

紧接着，洛克菲勒开始对加利福尼亚州的石油行业发动了攻击。在描述他的这场石油兼并战以前，我们先来了解一下洛克菲勒的对手——爱德华·多赫尼。

美国的石油公司在 19 世纪大部分时间控制着墨西哥，因此墨西哥的石油被源源不断地运往美国。

第一家进入墨西哥的美国公司是泛美石油，同时它也是所有在墨西哥的美国公司中最大的一个。这家公司的总裁就是爱德华·多赫尼，这个人的经历后来被作家厄普顿·辛克莱写到了《石油》一书中，而且他本人也是 2007 年《血色黑金》影片中丹尼尔·戴·刘易斯饰演的角色的原型。

为了获得墨西哥的土地以及地下的石油，石油公司用尽了不光彩的手段，甚至包括谋杀。历史学教授默纳·圣地亚哥曾经说过："有关这一题材的墨西哥文学中充满了关于石油公司帮凶对当地人犯下的欺诈、狡猾和残忍行为的记载。"

在墨西哥，很多有土地继承权的当地人莫名其妙地死掉，他们的房屋被烧毁。人们知道，这是石油公司干的。因此，当地人拒绝为油田工作。但是，石油公司联合了当地的军事首领，胁迫他们从事劳动。墨西哥的男人们被迫在油田工作，而且他们只有在工程完了之后，才能领到薪水。

这些工人被囚禁在工作场所，在进出营地的路上，有军队把守，工人们不得擅自离开，家属探访也必须征得公司派来的监工的书面许可。

油田毁掉了数百万平方米的土地，一位当地人说："曾经的大片丛林变成了满山枯树，空气中弥漫着臭鸡蛋的味道，没有鸟、昆虫的声响和迹象。微风吹来，万籁俱寂，气氛诡异，令人发指。"

终于，石油公司的种种恶行引发了人们的愤怒，墨西哥革命由此爆发。1938 年，拉扎罗·卡德纳斯总统宣布将全国的石油行业收归国有，墨西哥成为全世界第一个石油国有化的国家，有 17 家外国公司被逐出墨西哥，这其中也包括标准石油。

爱德华·多赫尼在墨西哥失败之后，正好赶上了标准石油进军加利福尼亚，他宣布将把洛克菲勒赶出去，于是一场激烈的商业战争爆发了。

战争的过程很简单，爱德华·多赫尼形容说："我们在场内开打，场外站的都是旁观者，大街上是，乡村公路上也是。这绝对是一场决斗。"最终，爱德华·多赫尼敌不过洛克菲勒的铁路补贴计划，在 1885 年将公司卖给了标准石油。到了 1906 年，已归属标准石油的大陆石油公司在美国西部的煤油市场中占到超过 98.9% 的份额。

到此为止，美国的大石油公司，基本都被洛克菲勒征服了。

在收购过程中，洛克菲勒有自己的算计。他的收购重点是那些位于重要铁路、水路枢纽的炼油厂，这是因为他可以用自己在运输行业的影响力来降低这些炼油厂的成本，实现利益最大化。

为避免那些被收购的炼油厂主再回到炼油行业，洛克菲勒在收购时与他们都签订了禁止协议。协议规定，炼油商把炼油厂卖给洛克菲勒之后，不得再涉足炼油业。

为避免有人从公司脱离出去并转化为新的竞争对手，洛克菲勒通常保留被兼并企业的原有管理班子，甚至情愿养一批领取高薪的闲人。当然，这些并购也给洛克菲勒带来了一些不可多得的业内人才，其中就包括阿奇博尔德和罗杰斯这两位标准石油的重要人物。阿奇博尔德很快成为洛克菲勒钦定的接班人，在洛克菲勒退居二线、只任名义上的总经理后，实际负责公司的经营管理。

还有许多炼油厂被洛克菲勒接管后，直接关闭。他这样做是为了削减石油行业过剩的生产能力，稳定石油价格。

假如洛克菲勒为了眼前利益，让收购来的所有炼油厂都加足马力生产，那么过剩的石油供应一定会造成石油价格大跌，这对于行业的长远发展是不利的。所以，他关闭工厂的做法非但不会造成损失，反而能获得更多、更长远的利益。

资料显示，当时美国的石油总产量为3600万桶，其中的3300万桶是标准石油生产的。

在美国历史上，从来没有一个人能如此全面地控制某个行业，除了洛克菲勒。

# 争 议

正所谓树大招风，统一了克利夫兰石油行业的洛克菲勒也难免招致来自各方的责难，有些人说他在收购炼油厂的过程中威胁炼油商。

洛克菲勒是否在兼并过程中对同行采取了威胁、恐吓的手段？这个问题到今天为止，恐怕没有人能说得明白。我们只能把当事者双方的陈词客观地列举出来，以求公平。

洛克菲勒为自己辩解说：

有人说我使用威逼的手段，上帝知道我并没有那样做。改善南方公司是一个主要的因素，我一向保持着友好和礼貌的态度，在谈判中从来不提改善南方公司。

有几个竞争对手声称，是我组织了一出可怕流言的大合唱，四处宣扬同铁路方面达成的秘密协议。我真佩服他们的想象力，将这些传闻添油加醋。事实上，并不是我将克利夫兰的炼油商们弄得惊慌失措的，那些炼油商中的绝大部分已经被日益激烈的竞争压垮了，只能眼睁睁看着自己走向灭亡。出于这样的考虑，能有机会把炼油厂卖给我的公司，把股票换到手，对他们所有人来讲，简直是上帝的恩赐。我敢断言，要是没有标准石油公司，这些炼油商只有破产。

有几个克利夫兰的炼油商声称，我曾经直接威胁过他们。比肖普·海塞尔公司的约翰·H.海塞尔告诉我说，他不怕我。我对他们的回答是："你不必担心自己的双手会被人砍掉，但你的身子会受罪的。"我很少像这样粗暴地对待炼油商，因为这不利于实现我的目标。我宁可同对手促膝而谈，拍拍他们的肩膀，或是打着手势，用极其诚恳的语气，竭尽全力说服他们。我对自己的事业充满信心，也比任何人都更加了解这个行业，比任何人做的生意更大。我希望我的标准石油公司听上去像个慈善机构，或者像个善悲为怀的天使，是来拯救那些落难的炼油商的。我对那些弱小的弟兄说：我们是来接过你们身上的担子，发挥你们的能力，帮助你们再展宏图的，让我们团结在一起，在合作的基础上建设一个宏大的事业。

而石油商的后代，美国著名女记者，《标准石油公司史》的作者艾达·塔贝尔则在自己的著作中言之凿凿地指出，洛克菲勒为了完成垄断，不惜以威胁、行贿和诈骗等不法手段取得成功，并说洛克菲勒将"商场视为战场，把道德置于脑后"。

这位塔贝尔女士，她的父亲是克利夫兰的一个炼油商，也是被洛克菲勒收购的一分子。塔贝尔女士成年之后当上了记者，并把主要的精力都放到了调查标准石油内幕上，堪称"用一生时间给洛克菲勒找不痛快的女人"。值得一提的是，在标准石油解体的过程中，这位塔贝尔女士作为新闻界的代表，也起到了推波助澜的作用。当然，这是后话。就眼前而言，不管洛克菲勒到底有没有威胁同行，他的名誉都因反对者的斥责而受到了很大损害，终生难以修复。

# 布拉德福德

通过一系列的兼并和运作，洛克菲勒在炼油行业形成了绝对的控制力，没有人能和他的公司竞争，标准石油一枝独秀。

但如果说此时的洛克菲勒已经统治一切，恐怕还为时过早，最起码那些石油开采商不这么认为。

1875 年，位于油溪油田东北方的布拉德福德发现了一个新油田，大量的采油商蜂拥至此，石油从地下滚滚而出。

当布拉德福德的新油井不断出现之际，标准石油公司为了保持对该地区石油运输的垄断，派人昼夜不停地修建输油管，并免费把新油井与标准石油公司的输油管道连接起来。

他们的施工速度非常快，曾经在一天时间内把 5 个新油井的管道与标准石油的输油管连到一起，同时还建成了一个大型的储藏库，用来储藏来不及运出去的石油。

从 1878 年 4 月到 11 月，布拉德福德的产油量从 100 万桶增加到 450 万桶。那些炼油商夜以继日地从地心将石油抽向地面，毫无节制地开采石油。石油产量远远超出输油管道系统的输送和储藏能力，那些没有地方储存的石油，流得满地都是。负责建造石油管道的奥戴给洛克菲勒写信，抱怨道："不管我和手下干得有多快，每天仍有至少 1 万桶原油无法运输或储存。"

生产数量的快速增加，引发了石油价格的迅速下跌。剧烈变化的价格使采油商感到紧张，因为他们的万贯身家可能会因此灰飞烟灭。绝望的采油商抬起头，看见了高高在上的洛克菲勒。

洛克菲勒除了拥有炼油厂之外，还控制着大量储油罐、输油管道、炼油厂和石油副产品加工厂。那些绝望的采油商对于这个总是在控制一切的洛克菲勒非常不满，他们认为是洛克菲勒在操纵油价。

事实上，采油商们的想法有一定的道理。从前，炼油厂各自为战，为了得到原油，他们相互竞价，推高了原油价格，开采商们能够从中获得更大的利益。但是现在，所有的炼油商都归洛克菲勒管，原油的定价权也就掌握到了他手里。洛克菲勒说多少就是多少，即便开采商不愿意也没有办法，因为洛克菲勒是最大的买家。除他之外，虽然也有一些炼油商需要原油，但他们的需求量远远比不上标准石油。

由于所有的储油罐都爆满，标准石油公司通知采油商，以后将不再办理石油暂存业务，只接受即时运往炼油厂的石油。同时，标准石油公司进一步压低价格，他们的原油收购价比市价低了 20 美分，而且还采取分期付款的方式。

采油商愤怒了，他们开始上街游行，更有甚者甚至以纵火、谋杀相威胁。标准石油公司的办公大楼墙上被人画上骷髅，到处都是打砸后的混乱。

为了平息当地的骚乱局面，宾夕法尼亚州委派内务委员威廉·麦坎德利斯进行调查。

对于政府派下来的人，标准石油公司负责管道运输的经理们表现得相当不配合，麦坎德利斯的传讯通知他们只当看不见，也拒绝提供任何证词。尽管如此，麦坎德利斯却在 1878 年 10 月提交一份报告，称标准石油的行为完全合法。

州政府派他来是平息事端的，没想到他的报告提交后，事情反而变得严重了。采油商群情激愤，纷纷上街抗议，人们都相信：麦坎德利斯是拿了洛克菲勒的钱才替洛克菲勒说好话。那些采油商因此迸发出了无限的艺术灵感，创作了一尊塑像，塑像的原型就是麦坎德利斯，它的口袋里露出一张巨大的2万美元"支票"，支票上写着洛克菲勒的名字……

在洛克菲勒眼中，采油商是一群忘恩负义的家伙。要不是自己提供了输油管道，他们的石油根本一文不值！

## 铁路战争

在布拉德福德的采油商对洛克菲勒发动"总攻"之前，铁路巨头们也早已按捺不住了。

洛克菲勒与铁路巨头的关系一直非常微妙。一方面，为了利益，他们不得不合作；而另一方面，他们之间相互觊觎着对方的领域，洛克菲勒成立了美国运输公司，而斯科特则在炼油行业中也有一席之地，他们都希望能够将对方的产业收入自己囊中。而布拉德福德油田的出现，使宾夕法尼亚铁路公司总经理汤姆·斯科特看到了击败洛克菲勒的可能。

由于布拉德福德当地采油商对洛克菲勒的运输垄断日益不满，而宾夕法尼亚铁路公司恰巧有一段铁轨非常靠近布拉德福德，因此，斯科特认为自己可以通过这段铁路控制布拉德福德的石油运输，进而控制这里的石油产业。在他的授意下，宾夕法尼亚铁路公司的子公司帝国运输公司开始在布拉德福德地区大兴土木，铺设管道、铁轨，试图从洛克菲勒手中接管这一地区的石油运输业务。

帝国运输公司的总经理约瑟夫·D.波茨上校是一个有能力的人，

出身于贵族家庭，原本是土木工程师，因参加过南北战争而被授予上校军衔。洛克菲勒对波茨的评价可以分为两个方面，一方面认为他有"不屈不挠的品质"，另一方面则认为此人"滑得像油一样"。总而言之，这是一个又狡猾又有能力的强大对手。

看到波茨在布拉德福德兴风作浪，洛克菲勒直接找到了斯科特，想要通过谈判来解决问题。

在谈判中，洛克菲勒对斯科特说："在分配石油运量时，我给你们宾夕法尼亚铁路公司优待。如今，你们却纵容波茨闯入我的地盘，这是毫无道理的！你们必须命令他住手！"宾夕法尼亚铁路公司有 60% 的石油业务来自标准石油，洛克菲勒原本以为斯科特会因为忌惮标准石油放弃与他合作而让步，没想到斯科特却没有这么做，他拒绝了洛克菲勒的要求。

1877 年年初，洛克菲勒给斯科特下了最后通牒——如果帝国运输公司不退出炼油业，标准石油公司就取消与宾夕法尼亚铁路的合作。

但斯科特仍然不为所动。

既然谈判不起作用，那么就该真刀真枪地较量一番了。洛克菲勒命令自己在匹兹堡的所有炼油厂全部停产，同时让克里夫兰炼油厂增加生产量。与此同时，标准石油的二号人物弗拉格勒与斯科特在铁路行业最大的对手范德比尔特达成协议，共同赶制 600 辆油罐车。这样做的目的是想告诫斯科特：如果你不让步，我们就联合你的对手一道对付你。

洛克菲勒的种种举措对于斯科特而言无疑是重大打击，可偏偏屋漏又逢连夜雨，正当斯科特与洛克菲勒较劲的时候，宾夕法尼亚铁路公司的职工因不满公司待遇而集体辞职。此后，这一事件又演变成铁路大罢工。在罢工中，仅匹兹堡一地就有 500 辆油罐车、120

辆火车头和 27 座建筑物被愤怒的工人们摧毁。

由于损失惨重，斯科特不得不向华尔街的金融家们求援，唯恐天下不乱的摩根答应借给他一笔贷款。

看着斯科特倒霉，洛克菲勒却也高兴不起来，因为他害怕工人运动蔓延到自己的地盘上。当时的情况也确实很危急，泰特斯维尔的一名记者透露，那些工人差点儿借机报复标准石油公司，"只要有人出面号召，一场暴乱便会发生。他们打算夺取铁路，抢占联合管道公司的房子，烧毁标准石油公司在当地的一切财产"。

洛克菲勒躲过一劫，斯科特却因铁路工人罢工而焦头烂额，宾夕法尼亚铁路公司的股票价格一落千丈。他不得不选择向洛克菲勒求和。

由于现金紧缺，斯科特不但同意放弃自己在石油区的业务，还把一大笔资产贱卖给标准石油公司。其中包括炼油厂、储油罐、输油管线、汽船、拖船、驳船和货运码头。

斯科特所要卖的，都是好东西，但是标准石油却没有那么大的胃口消化这些资产。

1877 年 10 月，斯科特在费城与洛克菲勒再次谈判。这位"比总统更有权力"的人物，看起来依旧不可一世。在谈判中，为了维护利益，他竭力讨价还价，并且开出了两个不容商量的条件：标准石油公司必须买下帝国运输公司的全部资产（其中包括一些破旧的货船）；标准石油公司必须在一天之内支付 250 万美元。

标准石油当时没有那么多钱，保险柜里的现金只够需要交付金额的一半。洛克菲勒马上回到克利夫兰，去拜访当地的银行家。

洛克菲勒已有多年没有向银行家们求助了，但是这一次，交易牵扯的金额实在过于庞大，他不得已而为之。最终，洛克菲勒借到了足够的钱，买下帝国运输公司。

此外，斯科特和洛克菲勒还达成了联营计划：标准石油每年最少通过宾州铁路运送 200 万桶石油，如此一来，宾州铁路公司就可以继续保持行业内的领先；而作为对洛克菲勒的回报，斯科特同意他收取 10% 的佣金，标准石油公司将对经由宾州铁路运输的原油每桶收取至少 20 美分的回扣。

对于此次交易带来的巨大收获，洛克菲勒也难掩兴奋之情，他说："至此，我才可以说我们已基本上控制了三大铁路公司（斯科特的宾州铁路、范德比尔特的中央铁路和古尔德的伊利铁路）。特别是在与汤姆·斯科特的这一场战役之后，我相信再也不会有什么人敢跳出来向标准石油公司大肆挑战了。"

在这场战争中，最大的失败者就是帝国运输公司的波茨上校，此人因此而倾家荡产。后来，波茨也被洛克菲勒招致麾下，在标准石油下属的美国运输公司担任董事。

# "潮 水"

连斯科特也不是洛克菲勒的对手，这让想要在宾州铁路公司和标准石油争斗中浑水摸鱼的采油商感到沮丧。不过，他们似乎有了新的想法——自己出钱铺设石油管道。

采油商们派出一个叫赫普特的工程师，单枪匹马地来到宾州北部，在人烟稀少的地方搭起帐篷，默默地进行勘察工作。

赫普特曾为军方效力，南北战争期间，他为北方军队架设铁桥、设计隧道，是个小有名气的工程师。他此番深入不毛之地，就是为了寻找铺设油管的最佳路线。至于他幕后的老板，叫作宾森。

宾森有两个身份，第一个身份是纽约州的州长，第二个身份是投资商。这个人性格强硬，意志坚定，而且喜欢挑战。他本来并非石油商，但是洛克菲勒在石油界的巨大成功，似乎激发了他血液中好斗的因子。于是，他决心涉足石油，打破洛克菲勒的统治。

在宾森看来，洛克菲勒之所以能降服石油开采商，是因为他控制了石油运输，所以石油商才不得不唯他是从。若想打破洛克菲勒对石油运输的控制，最好的办法就是铺设一条输油管道，让石油可以不经过铁路、水陆和陆路，直接输送到需要的地方。而且，输油管道一旦建成，石油运输成本势必大大降低，洛克菲勒从铁路运输中得来的价格优势也就不复存在了，那么其他炼油厂就能与标准石油竞争了。

基于这种考虑，宾森决定立刻铺设一条从产油区向东经过110英里最终到达宾夕法尼亚州雷丁的石油管道。他知道精明的洛克菲勒一定不会轻易让自己得逞，所以非常重视保密工作，甚至让赫普特准备了假的施工图纸。

但是，这一切依旧没能逃脱洛克菲勒的法眼。在石油原产地，洛克菲勒安插、笼络了不少眼线。当宾森的油管工程刚刚开始的时候，眼线们已经把这个消息告诉了洛克菲勒。

一开始，洛克菲勒对宾森的项目并未给予太多的重视。因为在此之前，没有一条石油管道是超过 30 英里的。这条 110 英里的管道工程绝对是一场实验，途中要经过海拔 2600 英尺的高山，大部分人都认为这是不可能完成的任务。就连一贯深谋远虑的阿奇博尔德也对洛克菲勒说他觉得这项工程"非常好笑"。

随着事态的发展，洛克菲勒感觉不妙。大潮管道公司得到了金融界的支持，华尔街的两大巨头、第一国民银行的乔治·贝克和哈利斯·法内斯托克给他们提供了大笔资金。管道以每天两英里的速度向着目的地挺进。洛克菲勒这才意识到：威胁来了。

为了阻止管道建成，洛克菲勒再一次展示自己的高超手腕。他派人警告储油罐生产商不要和大潮管道公司合作。为了稳住这些生产商，洛克菲勒给了他们大笔订单，使其无暇他顾。他还支走所有的车辆，使大潮管道公司无法顺利地运输建筑材料。

同时，标准石油公司还大量购买土地。他们所买的土地都是大潮管道即将到达的地界，拥有了这些土地，他们就能拒绝大潮管道公司在自己的土地上动工。许多当地的农民因此一夜暴富。

洛克菲勒的手段虽然足够强硬，但是却无法有效地阻止大潮来袭。如果标准石油公司买下整座山，它便改变前进方向，从旁边经过。大潮管道公司不惜血本，要和洛克菲勒斗争到底。

既然商业手段无法达成目的，洛克菲勒便开始"另辟蹊径"，决定给大潮管道公司施加政治压力。

洛克菲勒所处的时代，在美国历史上称为"镀金时代"。之所以有此称谓，因为这是一个资本积累的时代，也是一个金钱至上、腐败横行的时代。1876年，拉瑟福德·海斯当选美国总统。他的上台使得美国政界腐败之风愈演愈烈。商人和政府官员彼此利用，钱权交易明目张胆。至于像洛克菲勒这样的大资本家，无论他们承认与否，众多资料都显示他当时与某些官员有着密切的关系。

在与大潮管道公司的竞争中，标准石油公司就一直在宾夕法尼亚州政界活动，要求允许州议会有权授予输油管线特许经营权。

当然，洛克菲勒的对手们也不会放弃政治上的斗争。19世纪70年代后期，代表独立采油商利益的改革派曾在好几个州推动通过了自由铺设输油管的法案，使标准石油公司的对手可以铺设输油管线。标准石油公司对这种法案异常排斥，二号人物弗拉格勒来到宾夕法尼亚州，亲自充当这场游说活动的先锋。

为了造成一种"众望所归"的"民意假象"，他让手下扮成怒气冲冲的农民和地主，反对自由铺设输油管道。在他的运作下，该法案在宾夕法尼亚果然遭到了否决。

接着，弗拉格勒又来到纽约，试图阻止纽约州议会通过类似的法案。当时与弗拉格勒一起行动的还有伊利铁路公司的休伊特，因为伊利公司同样不希望自己在输油管业务上的权威遭到新入行者的挑衅。

两家大公司联手，更是肆无忌惮。他们花钱如流水，只为取悦那些政府官员。对于弗拉格勒的所作所为，洛克菲勒对外摆出一种"一无所知"的懵懂样子，让人们以为他与这些肮脏的交易无关。

虽然标准石油百般运作，但依旧未能阻止法案的通过。因为当时公众的情绪已经开始倾向于支持铁路改革，那些掌握政治家前途的选民意识到，交通运输的垄断状况与竞争性的国民经济不相符合。1876 年，有人向国会提出一项铁路法案，目的是"管制贸易，禁止公用运输业者实行歧视性待遇"。最终，这项法案得到了众议院的批准。

没有了政策上的限制，大潮石油管道更是一路向前。1879 年 5 月 28 日，长达 110 英里的输油管道建成。在输油管道建成的那一天，宾森带着儿子守在管道的出口处，而赫普特则"跟随"着在管道内缓缓流动的石油一路走来。他们两人碰面之时，褐色的石油从管道中滚滚而出。宾森紧紧地握着赫普特那双黑油油的手，大声地宣布："成功了！成功了！下一步我们要进攻纽约了！"

这条被命名为"潮水"的管道，是人类历史上第一条长途输油管道，它开创了石油运输的新纪元。不管怎么样，宾森先生和赫普特工程师都算是创造了历史。

面对大潮管道公司的胜利，标准石油的一些人坐不住了。丹尼尔·奥戴跳出来，主张强行拆毁这条输油管。"如果大家都支持，我想立刻派人拆毁那条输油管"，他对洛克菲勒说，"而且，我认为大潮管道公司对我们的这种想法越清楚越好。这也许能让他们变得聪明点儿！"但是，洛克菲勒却没有同意他的做法，或许是因为在洛克菲勒眼中，这种暴力行为太过低级。

不久之后，洛克菲勒得到一个消息：宾森正在四处奔走，找银行借钱，试图将大潮管道延伸到纽约。

得寸进尺！洛克菲勒自然不能让对方轻易成功，他放出消息：大潮管道存在严重的技术缺陷，而且公司混乱。同时，还派遣阿奇博尔德去分化大潮管道公司。

在这次行动中，阿奇博尔德卓越的组织才华再次得以体现。他马上笼络了一大批大潮管道公司的股东，让他们为己所用。

当宾森兴致勃勃地赶到银行时，却被告知："对不起，我们不能把钱借给你。"问其原因，对方回应说："据传闻，你们公司的技术存在漏洞，而且管理非常混乱。"

宾森辩解说这完全是子虚乌有的事情，对方冷冰冰地丢下一句话："是你的股东告诉我的！"

数天之后，更大的打击接踵而至。

首先是一个叫作帕塔森的股东要从大潮管道公司撤股。这个人拥有大潮管道公司 1/3 的股票。

银行借不到钱，大股东又要撤股，对于资金困难的宾森和大潮管道公司而言，打击将是致命的。为了留住股东，宾森不惜将帕塔森告上法庭。但他万万没有想到，此举反而给自己造成了更大的灾难。

当他与帕塔森对簿公堂后不久，另外四位股东也露出真面目，摆出反叛的架势。事情变得越发不可收拾，当地报纸开始报道大潮管道公司的内讧事件。此前关于大潮管道公司"管理混乱"的传闻，一夜之间变成了事实。

受此影响，走势一直很好的大潮管道公司股票陡然暴跌。

作为大潮管道公司的主要负责人宾森，在公司面临困境之时，没有想着如何去补救，而是自顾自地带头抛售公司债券。

此时，洛克菲勒坐收渔利。他趁机大量收购大潮管道公司的股票，到最后，整个大潮管道公司已经成为他名下的资产。这还不够，在"见识"过管道输油的种种好处之后，洛克菲勒决心完成宾森未完成的事业，他秘密投资 500 万美元成立"美国运输油管公司"，进一步延伸输油管道线路。

通过抄袭和提高铺设输油管的工程技术，洛克菲勒在石油原产地与克利夫兰之间，铺设了口径 11.5 厘米的输油管；在原产地与水牛城之间，铺设了口径为 15 厘米的输油管；在原产地与匹兹堡之间，铺设了口径 10 厘米的输油管。这些输油管道在美国版图上如血管般纵横交错，流淌其间的褐色石油滚滚不息……

这一次被许多人称为油管战役的行动，是洛克菲勒垄断梦想的实现，是标准石油帝国在建立过程中具有决定性胜利的一役。这一役对标准石油公司来说，是以惊涛骇浪掀开序幕，大获全胜鸣金收兵。笑到最后的还是老奸巨猾的洛克菲勒，他像一位久经沙场的将军，先是以静制动，冷静地观察赫普特的油管计划进展情况，让它狂妄、盲目地发展，然后，找准突破口，狠下楔子，抓紧时机扩大战果，不给对手翻身喘气的机会。最终坐享其成，把他人的财富据为己有。标准石油公司称霸市场的局面，至此已无法改变。

一条输油管的铺设成功，险些让洛克菲勒石油垄断帝国濒临绝境。然而，会借刀杀人也会借鸡下蛋的洛克菲勒从不与先进技术为敌。相反，他总是及时地把先进技术"垄断"到他的帝国里为己所用。如此一来，险些勒死他的输油管竟成了他脖子上漂亮的领带。

再来说说此役中的另外一位主角——宾森。从某些方面而言，宾森是个优秀的商业家，他有远见、敢想敢做、气魄过人，潮水输油管的建成可以证明这一点。但是，他身上的缺点也非常明显，例如把股东告上法庭的做法，就体现了他的意气用事。而在关键时刻撤股，则体现了他缺乏担当的一面。与洛克菲勒相比，他似乎缺少一种毅力和韧性，这或许是他被洛克菲勒击败的重要原因之一。

"世界上没有一样东西可取代毅力。才干也不可以，怀才不遇者比比皆是，一事无成的天才很普遍；教育也不可以，世界上充满了学而无用的人。只有毅力和决心无往不利。"

说出这句话的人，名叫约翰·洛克菲勒。

## 政界的影响

19 世纪末期，洛克菲勒在美国已经可以算得上是家喻户晓。人们点燃煤油灯的时候，可能会意识到，自己又给这个大富翁的钱袋"贡献"了一分力量。

正所谓树大招风，都知道洛克菲勒有钱，所以经常有人找他索要竞选赞助，包括那些曾经谴责过标准石油的政客。

俄亥俄州众议员詹姆斯·加菲尔德在 1880 年时参加总统竞选。他曾经通过他人打听"洛克菲勒先生"对自己的态度。不久之后，洛克菲勒就成为加菲尔德竞选总统的最大赞助人。

对于政治家，洛克菲勒一贯缺乏敬意。但之所以会资助他们，或许是因为几年前的一件事情：

1879 年 4 月 29 日，宾夕法尼亚州克拉里恩县的大陪审团，对包括洛克菲勒、弗拉格勒、奥戴和阿奇博尔德在内的 9 名标准石油公司高层提起诉讼，罪名是密谋垄断石油业、向铁路公司勒索折扣、操纵油价打击同行等，随后，很多人因此被捕。洛克菲勒当时因为不在宾夕法尼亚州居住，才得以躲过牢狱之灾。

但是，从那个时候开始，洛克菲勒就成为法庭上的常客。在此期间，他学会在法律面前见机行事，也学会了笼络政治家为自己在政府中摇旗呐喊。例如，洛克菲勒曾经派遣卡萨特游说宾夕法尼亚州州长亨利·M.霍伊特，希望他打消把自己告上法庭的想法。

为了在政治上获得更多的话语权，洛克菲勒开始投资舆论业，他先是购买了《先驱报》5000 美元的股份，而后又在《领导者报》购买 1 万美元的股份。他曾对奥利弗·佩恩上校（就是当初那个和克拉克一起开炼油厂，而后被洛克菲勒兼并的佩恩）说："弗拉格勒先生认为我们也许在以往忽略了报纸的影响力，因此，我认为这样做非常有必要。"佩恩则建议说："标准石油公司应该从向政客行贿转为直接控制他们。"请记住这句话，因为它代表着大资本家时代的降临。

在人类发展的历史上，资本是推动历史发展的重要一环。它不仅仅是金钱，更是资源、社会关系、权力地位的总和。如果我们将"资本家"这个概念定义为"那些拥有大部分社会资本的人"，那么在奴隶社会，奴隶主就是最大的资本家；在封建社会，皇帝是最大的资本家；到了资本主义社会，商人就是最大的资本家。此时的大商人们已经不仅仅是"商品分配的媒介"，而是制造商品、分配商品并拥有最多商品的那个人。

任何一个阶层，在掌握了绝大多数社会资源后，就能够形成对社会的实际控制。此时的商人不再是政治的附庸，而是开始影响甚至主导政治。这就是我们所谓的大资本家时代。

在这样一个时代中，洛克菲勒无疑属于最成功者之一。他拥有财富（资本），进而获得了本不该属于他的权力（从法理上讲），他和他所代表的权势集团逐渐成为最有控制力的人。

# 第3章
## 托拉斯帝国

20 世纪初期，洛克菲勒的标准石油经历了前所未有的挫败——被美国政府勒令解体。此时，当人们真正了解了这个石油帝国的时候，才知道它是多么可怕：这个公司将宾夕法尼亚、俄亥俄和印第斯安纳州所产原油的 80% 都消化掉了，而美国所产原油的 3/4 出自这里。此外，标准石油还拥有全美国一半以上的油罐车，经销国内所消费煤油的 80% 以上，承担美国煤油出口的 80% 以上，铁路所需的润滑油几乎全部由它提供加工。它还经营许多种副产品，仅仅是蜡烛就有 700 多个品种，每年可以生产 3 亿多支。它还拥有自己的海运力量——78 艘蒸汽轮船、19 艘帆船。洛克菲勒家族的产业如此庞大，以至于几代总统花了十几年时间才将其击败。

# 天才想法

在洛克菲勒创造奇迹的同时，人类历史正处于一场前所未有的变革中——第二次工业革命。

第一次工业革命的中心是英国。18 世纪，蒸汽机的出现替代了传统的手工工具，人类进入了机械时代。英国也从此成为世界第一强国。

到了 19 世纪初期，第二次工业革命开始了。一大批伟大的科学家相继涌现，丹麦的奥斯特、英国的法拉第、德国的西门子、美国的爱迪生，这些科学家"降服"了以往只存在于自然界中的电，找到了发电和使用电的方法，让它为人类所用。

人类掌握了电力之后，首先将其用在照明上。从爱迪生发明电灯开始，电就开始逐渐取代油，变成了主要的照明能源。

如果照此态势发展下去，当时主要用来照明的石油就会被电力所替代，洛克菲勒辛辛苦苦创建的石油王国很可能一夜之间烟消云散。

幸好，在第二次工业革命中，还有另一项伟大的发明出现——内燃机。

相较于电力的应用，内燃机出现得更晚一些。1833 年，英国人赖特首先提出了直接利用燃烧压力推动活塞做功的设计。到了 19 世纪中期，科学家们已经设计出了比较完善的内燃机方案。虽然此时内燃机并未投入实际的使用中，但是它所迸发出的强大能量已经引起了人们的重视。人们相信在不远的未来，这种以石油为能源的机器将主宰人类社会。

或许连洛克菲勒也没有想到，自己所统治的石油帝国会因为内燃机的出现而迎来新的时代。

不过，当时洛克菲勒也没有时间关注内燃机的发明和进展情况，因为在统治了全美国的炼油业之后，洛克菲勒遇上了一件烦心事儿——自己没有办法管理这个"石油联盟"。

当时的标准石油仍然是一个不紧密的公司联合，从根本上讲，标准石油对其下属子公司的控制力明显不足，而且也没有强大的总部机关。再者，当时俄亥俄州的法律规定：俄亥俄州的公司不容许拥有其他州公司的股票。这就意味着洛克菲勒无法对这些公司形成实际的控制和有效的管理，"统一行动"也将成为一句空话。

为了解决这个难题，洛克菲勒找到了多德。

多德是个年轻律师，和阿奇博尔德、罗杰斯一样，也曾经是洛克菲勒的对头。当初就是这个人，把洛克菲勒形容成"一条巨蟒"。

有一次，多德写了一篇文章，里面有这么一句话："小商人时代结束，大企业时代来临。"当洛克菲勒看到这句话的时候，认为这个人对于垄断的看法与自己相同，于是专门派人找到多德，希望对方可以加入标准石油，并给出了一份令人吃惊的薪水。

多德加入标准石油之后，马上就提出了一个全新的管理概念——托拉斯。

所谓托拉斯，指的是若干性质相同或互有关联的企业，为了独占市场、获取高额利润而组成的垄断组织。参加者在法律上和业务上完全丧失其独立性，而由托拉斯的董事会掌握所属全部企业的生产、销售和财务活动。原来的企业主成为托拉斯的股东，按照股权的多少分得利润。

洛克菲勒根据多德的构想，准备将标准石油构建成一个托拉斯组织。我们可以将洛克菲勒的托拉斯看成一个行业的实际控制者，原先的各大炼油商虽然看起来还是独立的公司，但实际上，这些炼油商已经失去了对工厂的实际控制，他们将所拥有的股份交给了"受托委员会（理事会）"保管，并得到一份委员会发给的信托证书。"受托委员会"拥有股份，掌握加入企业的支配权，将信托所得的收入分配给信托人——股东。

在筹备托拉斯的过程中，阿奇博尔德提出了公司发展的三个要点——整合、集中、效益。这一提议得到了洛克菲勒和其他公司高层的认可。在接下来的几个月里，标准石油对下属子公司的"每一英尺管道进行了测量，对所有建筑做了估价"。他们设立了一个托管人董事会，将所有受标准石油控制的实体的股份交给托管人。随后，托拉斯发行股票。

在总共 70 万股中，洛克菲勒占有 19.17 万股，弗拉格勒 6 万股。托管人代表标准石油的 41 个股东拥有各个公司的股份，并负责对托拉斯拥有全部股份的 14 个公司和拥有部分股份的 26 个公司进行"全面监督"。

有组织且高度集中的行业托拉斯就此形成。

"从现在起，企业再也不受个人能力的限制了！再也不必搞无谓的竞争了！维持完全的平衡，垄断的全面效果一定会得到充分的发挥！"——洛克菲勒。

# 规模化集约经营

建成石油托拉斯后，洛克菲勒开始整合炼油厂。他早先收购的十几家大大小小的炼油厂，无论是生产规模、技术水平还是生产效率都千差万别，有些小炼油厂的情况不容乐观。为了改变混乱的局面，洛克菲勒关闭了布鲁克林炼油厂和其他几家小厂，而后新建了"怀丁炼油厂"。

怀丁炼油厂可以算得上是当时美国最大的炼油厂，而且掌握着最先进的脱硫技术（可降低石油燃烧时产生的有害硫化气体）。在怀丁炼油厂中，云集着一大批石油行业的顶尖人才，如化学工程师弗莱希、总经理戴克。（1895 年，弗莱希发明了将盐酸注入油井提高产量的技术，1896 年获得专利权。总经理戴克则发明出用硫酸作为酸化液的技术。）

除了怀丁炼油厂之外，标准石油还重点扩建了费城炼油厂、克利夫兰炼油厂、贝永炼油厂和布鲁克林的一家炼油厂。至此，标准石油形成了五大炼油基地，这五家大型炼油厂占据了标准石油公司一半的产量。

1890 年，标准石油的原油加工能力达到了每年 2498.3 万桶，比五年前提高了将近 50%，占全美国原油加工量的 80%，灯用煤油产量达到了 1723 万桶。

在扩大生产的同时，标准石油公司也在大力发展销售网络。

托拉斯成立之后，洛克菲勒派出了一个"国内贸易委员会"研究售价的问题，并组织了市场调查，结论是：当前的售价太高。洛克菲勒认可这个结论，马上发布命令，让各地区分公司降低煤油售价，并大幅度降低了石油产品的价格。在洛克菲勒时期，汽油价格从每加仑 88 美分下降到 5 美分。

最起码从目前来看，洛克菲勒的托拉斯垄断组织并未威胁到大众的利益，反而对他们有好处（油价降低了）。但是，对于很多人而言，一个高度垄断、帝国式的商业组织出现在社会上，还是给人们带来了莫大的恐慌。人们从来不相信资本家的道德和自控能力，因此也根本不相信这样一个在行业内拥有绝对权力的组织不会滥用这种权力（其实人们主要是害怕垄断组织滥用定价权，抬高物价），所以从托拉斯出现的那一天开始，随之而来的质疑声就从未间断。

为了避开公众舆论和执法部门的"审查"，洛克菲勒建立起一套巧妙的内部秩序和控制措施。

首先，炼油商们的联盟对于外界而言是高度的机密。洛克菲勒从来不承认自己控制了其他炼油厂，而这些炼油厂的负责人也声称自己和洛克菲勒、标准石油毫无关系。

而后，洛克菲勒把子公司的管理者们聚到了一起，并将这些人组织成四个管委会——炼制管委会（负责炼油生产）、制桶管委会（负责油桶生产）、制箱管委会（负责产品包装）、润滑油管委会（负责生产润滑油）。

他之所以这么做，是因为当时标准石油及其子公司的产品种量非常多，包括煤油、燃料油及其他约 300 种副产品。通过委员会管理和协调的制度，可以对产品进行分门别类的管理。

虽然这些执行委员会不会直接下达某项命令，只是给出建议，但是没有人对其权威表示怀疑。

在管理这个庞大的公司联盟时，洛克菲勒依旧非常注意成本控制。在规划成本时，甚至要计算到小数点后第三位。洛克菲勒说过："一切都要计算清楚，这一直是我经商的原则。"

标准石油利用先进的通信手段，在股票套利交易和利用各地油价价差获利方面获取了巨大的利润。它还持有一套几乎包含所有国内油料收购商情况的分类卡片。它可以查出独立经营商运出的每一桶油的去向，甚至连零售商售出的每一桶油出自何方都一清二楚。在石油行业，标准石油就是上帝，全知全觉。

洛克菲勒对于石油有一种近乎虔诚的崇敬，或许是因为石油给他带来了一切，所以他从来不曾怀疑石油的价值。即便是在原油价格猛跌的时候，他也毫不担心。1884年，洛克菲勒曾经下达指示："希望原油再度下跌……我们执行委员会将不因任何统计和消息而停止买进。我们不要像有些人那样在市场落入谷底时失去信心。如果我们不买进，肯定会犯大错误。"

## 集团管理

早在1884年，洛克菲勒就把标准石油公司的总部由克利夫兰迁到了纽约，新的办公地址位于纽约市百老汇26号。百老汇大街和华尔街一样，是一条世界闻名的街道。所不同的是，华尔街以金融服务闻名，百老汇以歌剧表演著称。

1885年，托拉斯迁入新总部的一幢9层楼房。整个集团听从那里的指挥——首先是执行委员会的指示。

标准石油的高级经营集团包括洛克菲勒、弟弟威廉、弗拉格勒等人，他们控制了超过半数的股票。

除此三人之外，这一管理集团内还云集了一大批石油行业内颇有建树的企业家，他们大多是洛克菲勒从前的竞争对手。

洛克菲勒说过一句话："说服坚强有力的人不是容易的事。各种决策都拿出来进行讨论。只有把问题反复讨论，预计到各种可能的突发事件，才能达成一致。"谨慎而细致的管理风格，是标准石油赖以成功的基石。这几个高级执行官每天都在一起共进午餐，许多计划都在此时出炉。

第二管理集团包括具体负责生产经营的高级经理们，他们在克利夫兰、纽约、匹兹堡、布法罗、巴尔的摩与费城之间往返穿梭，控制着标准石油的生产和销售。

从 19 世纪 80 年代到 90 年代初，洛克菲勒带领着标准石油大步向前。标准石油有最先进的科研机构，最有效的管理方式，甚至连清洁卫生这种细枝末节的事情都有专人负责。精益求精让标准石油继续壮大。而且，在 19 世纪 80 年代中期，标准石油在终端销售上获得重大突破，他们自产自销，控制了美国 80% 的油品市场。

整个石油行业大体可以分为三个阶段：原油开采——成品加工——终端销售。开采是下游产业，加工是中游产业，销售是上游产业。现在的洛克菲勒已经完成了对中上游的控制，而对于同样关键的下游产业却似乎不太感兴趣。

在刚刚进入石油行业的初期，洛克菲勒就对原油开采"心存偏见"。或许是因为这一产业风险太大，投机性太强。谁也无法预测哪口油井会在何时枯竭，也无法预测某一天某个地方会冒出滚滚原油。

随着标准石油统治力的逐渐加强，洛克菲勒也逐渐对开采行业投入更多的关注，因为在巨大的工业体系中始终存在着缺失的一环，总是让人感到担心。他开始意识到：如果没有原油，所有的硬件和投资，如炼油厂、管线、油罐、轮船、推销系统等，都将失去价值！

1885年时，洛克菲勒的担心似乎变成了现实。宾夕法尼亚州一位地质师警告他说，"石油产量将会大幅下降"。与洛克菲勒一同得知这个消息的还有阿奇博尔德，这个未来标准石油的掌舵者似乎有些害怕了，他开始出售自己手中的股票。

就在此时，俄亥俄西北部发现了储量巨大的油田。这一次洛克菲勒没有犹豫，他决心进入石油开采行业，实现对整个石油产业的全面控制。

洛克菲勒主张标准石油应该买下尽可能多的原油，存在公司的油罐里。但是，标准石油董事会中的一些人却不同意，正如洛克菲勒所说："董事会中的保守兄弟极其恐惧地举起双手，拼命反对我们几个人。"

在不断地争论声中，洛克菲勒占了上风，标准石油一举买下了4000多万桶原油。紧接着，洛克菲勒又鼓动公司买下一大块产油地，直接加入采油商的行列。

到1891年，几年前还几乎完全置身于生产领域之外的标准石油已经拥有了美国原油总产量的1/4。至此，标准石油实现了"产业一条龙"。

## 国际竞争

从严格意义上来讲，标准石油所谓的垄断是含有"水分"的，因为当时市场上 15% 到 20% 的石油是标准石油以外的石油公司生产的。这或许是洛克菲勒故意而为之，他并不想"赶尽杀绝"，留下几个对手，然后就可以理直气壮地对那些指控他涉嫌垄断的人说："我没有垄断，某某公司就是我们的竞争对手。"事实上，在那场标准石油与美国政府的"大战"中，他也确实是这么做的。而且，控制85% 的市场足以使标准石油在行业中保持绝对的统治力。

现在，洛克菲勒又将目光投向了更为广阔的海外市场。

世界上许多国家的石油市场都存在着巨大的空白，说得矫情一点就是："人们都渴望标准石油带来光明的种子。"但是，洛克菲勒想要把标准石油销售到那里却不是一件容易的事。

首先是运输上的难题。如果想要把石油销往海外，就必须通过船舶运输。一艘满载着液体易燃物的运输船行驶在波浪起伏的大海上，非常容易发生爆炸事故（发生爆炸的最大原因是船只在风浪中摇摆不停时，石油会随着晃动，并产生大量静电，静电累积到一定程度，就会点燃石油，进而爆炸）。水手们深知这一点，所以谁也不愿意出海运油。

1861 年时，费城的一位船主曾经把水手灌醉，连哄带骗地让他们开船运油，结果此船安全到达伦敦。全球石油贸易的大门由此打开。

美国石油商们冒着巨大的危险将石油运往海外，赚取高额利润。所以，几乎从一开始，石油就是一项国际性贸易。没有国外市场的支持，美国石油业也无法如此迅猛地发展。标准石油的对外总代表说："在世界贸易史上，从来没有一种来自一个地方的产品像石油那样征服了文明国家和非文明国家的那么多角落。"

标准石油在 19 世纪 70 年代末就成为美国最大的石油出口商，美国出口煤油的 90% 来自标准石油。

国外竞争的风险无疑更大，但是标准石油的高层们似乎对此不以为意。在他们看来，只要在国际市场上一家独大，就完全无须担心石油贸易所带来的风险。

美国出口的石油大部分卖到了俄罗斯。当时，俄罗斯的工业革命刚刚开始，人工光源显得非常重要。而且由于纬度靠北，这个国家的黑夜特别漫长。到了冬季，一天只有三个小时的白天，用来照明的石油消耗量非常大。

在美国石油进入俄国市场之前，俄国人一般用动植物油脂作为照明燃料。美国石油来了之后，煤油灯迅速成为人们的生活必需品。1863 年，美国驻彼得堡领事兴高采烈地报告："可以断言，在今后几年，（俄国）对美国石油的需求每年都将大幅度增长。"

领事先生高兴得有点早了，因为他忽视了一个问题——俄国人非买美国石油不可吗？

答案显然是否定的，俄国的土地上蕴含着大量的石油资源。13世纪，马可·波罗就在游记里写道：巴库附近有一个油泉，这种油不能吃，但可以用来烧火。

巴库就是如今阿塞拜疆的首都，这里的石油工业起步也非常早，1829 年时就已经有 82 口油井了。但是，由于生产技术低下，产量微不足道。再加上地处偏远、经营不善（主要是因为政府垄断），所以这块宝地并未带动俄国石油业的发展。

19 世纪 70 年代，俄国政府终于取消了国家垄断，向私人企业开放了这一地区，石油工业才有了长足发展。

1871 年，此地打出了第一批现代油井。两年后，已经有 20 多个油井林立于此。

这时，一个关键性的人物出场了，这个人叫罗伯特·诺贝尔，是个化学家。他父亲也是个化学家，水雷的发明人。他还有两个弟弟，其中一个叫阿尔弗雷德·诺贝尔，硝化甘油炸药的发明者，诺贝尔奖的创建人。另一个弟弟叫路德维格·诺贝尔，经营着一家武器制造工厂。

路德维格的公司获得了为俄国政府制造步枪的资格，需要大量木材做枪托。于是，他派哥哥罗伯特去高加索寻找俄国的胡桃木。但是，罗伯特却在巴库找到了石油。

罗伯特认为经营石油的前景很光明，所以他在没有通知弟弟的情况下，就用路德维格给他用来买胡桃木的 2.5 万卢布买了一个小炼油厂。

诺贝尔家族从此踏进了石油界。

出生于科学世家的罗伯特非常注重新技术的应用，买下炼油厂之后，他马上着手更新设备，提高生产效率。

罗伯特的弟弟非但没有怪罪他挪用款项，反而大力支持他在炼油行业的投资。因此，罗伯特很快成为巴库实力最强的炼油商。

1876 年 10 月，第一批诺贝尔公司生产的煤油被运到了彼得堡。同年，路德维格也来到巴库地区，并很快与沙皇的弟弟、高加索总督建立了良好的关系。路德维格非常精明，在那个时代的石油圈子里，他的才能足以改变洛克菲勒在国际市场上的权威。

几年之后，俄国石油就将赶上甚至超过美国石油，而路德维格·诺贝尔则将成为"巴库石油之王"。他所用的管理方式和经营策略，几乎与洛克菲勒如出一辙。

路德维格对于石油行业最大的贡献在于，他发明了大型油罐船（油轮）。在他之前，用船只运输石油，都是先把石油装到小木桶里，然后装到船上。这样做的成本非常高，既需要购买木桶，还要雇大量的装卸工。而大型油罐船的发明则解决了这一问题。

当然，每一项科学发明在初期应用时都会遭遇一定的问题。一艘大型油罐船的船长说："油似乎比水运动得快，在风浪里航行时，当船头前倾时，油就随之前冲，使得船的重心也前倾，导致失事。"为此，路德维格又想出了解决压舱问题的办法。19世纪80年代中期，这种大型油罐船在大西洋上航行成功，开创了石油运输史的新篇章。

与此同时，路德维格还将自己的科学头脑用在了改造炼油厂上。他的炼油厂是当时世界上最先进的炼油厂之一，他的公司还是世界上第一家雇用专业石油地质学家的公司。

科学技术是第一生产力，将科学运用到石油生产中的路德维格很快就成为俄国石油行业的垄断者。油井、输油管、炼油厂、油罐、驳船、储存仓库、铁路、零售分销网络都在有序而高效地运营，诺贝尔兄弟石油公司生产的石油产品随处可见。

1874年，俄国石油产量不到60万桶。10年以后，这一数字就猛增到1880万桶，相当于美国石油产量的1/3，其中有超过一半的产量是诺贝尔兄弟石油公司贡献的。19世纪80年代初，巴库周围有200家炼油厂，而大多数炼油厂由诺贝尔兄弟所控制。他们自豪地对股东们说："现在美国石油在俄国市场上已经完全被击败。"

虽然诺贝尔兄弟公司控制了整个俄国的石油分销，但俄国石油在世界市场上的地位却并不高。

首先，因为俄国的交通运输业不如美国发达，把石油从巴库运往波罗的海的港口，要穿过俄国西部的广阔疆域，行程达 2000 英里，中途还需要陆运和水运相联合。落后的运输业导致运输成本高、效率低。更糟的是，西伯利亚的严寒天气在一年中的大部分时间里都对水路运输形成阻碍。在俄国，很多炼油厂一年只开半年工。

其次，俄国的市场需求量也有限。俄国人口虽然多，但大部分人从事农业生产，经济条件有限，对石油的需求量很小。

国内市场的萎靡不振，以及诺贝尔兄弟的控制，这使得巴库其他炼油商迫切希望打开国际市场。19 世纪 80 年代，俄国邦吉公司和帕拉斯柯夫斯基公司得到政府批准，开始修建从炼油区到里海港口的铁路。

这条铁路刚刚修了一半，国际油价便大幅下跌，这两家公司资金枯竭，工程陷入停滞状态。

关键时候，罗斯柴尔德家族出现了。

罗斯柴尔德家族——世界性的传奇家族。在 19 世纪，他们是财富和地位的代名词，同时期的其他大家族（包括洛克菲勒家族）都无法与他们相比。

罗斯柴尔德家族也拥有一家炼油工厂，所以他们对俄国的廉价原油很感兴趣，同意贷款给俄国邦吉公司和帕拉斯柯夫斯基公司，帮助他们继续修建铁路。

1883 年，巴库—巴统铁路建成。刹那之间，巴统就成了世界上最重要的石油港之一。1886 年，罗斯柴尔德家族成立了里海—黑海石油公司，在巴统建立了储存和销售设施。诺贝尔兄弟公司则紧跟其后。

从此，俄国石油打开了通往世界石油市场的大门，而新竞争者的加入也引发石油市场长达 30 年之久的激烈斗争。

# 标准石油的失败

1879 年到 1888 年间，是俄国石油行业的第二个爆发期，产量增长了 10 倍，达到年产 2300 万桶，已经非常接近美国的石油产量了。

标准石油公司非常重视俄国石油工业的兴起。标准石油的统治格局被打破了，强大的竞争对手纷纷出现——诺贝尔家族、罗斯柴尔德家族，还有俄国的其他石油商。

为了应对局面，他们加强了针对国外市场和新竞争对手的情报搜集工作。来自全球的商业情报纷纷涌向百老汇大街 26 号（标准石油在纽约的总部）。

当时标准石油最想做的，就是像对付国内竞争对手一样，把诺贝尔的炼油厂整个买下来。但他们意识到：沙皇政府绝不会允许标准石油那么做。于是，他们选择了一种比较保守的策略——尽量多地购买诺贝尔兄弟公司的股票。

1885 年，标准石油的人来到彼得堡，同诺贝尔兄弟进行会谈。路德维格对标准石油入股的事情不感兴趣，他们当时正处于事业的上升期，在欧洲市场的表现也很不错，根本不缺钱。所以，标准石油的人带着失望的心情回到了纽约。

而与此同时，诺贝尔兄弟公司在欧洲市场上展开了凌厉的攻势，他们建立了完整的销售渠道，占领了越来越多的市场份额（洛克菲勒在日记里曾经提到，这一时期诺贝尔兄弟控制了英国 30% 的石油市场）。

当标准石油的欧洲负责人把这一情况报告给洛克菲勒的时候，

这位一向以冷静著称的石油大王居然罕见得大发雷霆。

从那个时候开始，洛克菲勒似乎意识到，一般的竞争手段对诺贝尔兄弟无效，必须要展现强硬了！

1885 年 11 月，标准石油宣布：降低欧洲石油售价。与此同时，他们还在欧洲大做广告，宣扬标准石油的高品质，顺带诋毁俄国石油的品质和安全性。

来自北欧的诺贝尔兄弟，带着北欧民族一贯的善战特性，毫不犹豫地奋起反击。他们也降低了油价，而后展开"辟谣"工作，并取得了成功。标准石油公司的经理们只好眼睁睁地看着在地图上标出的"俄国竞争范围"不断扩大。

1888 年，罗斯柴尔德家族在石油行业中又有新动向，在英国建立了自己的进口和批发公司。诺贝尔兄弟公司再次紧跟其后。1889 年，诺贝尔兄弟公司打穿了高加索山脉，建成长达 42 英里的隧道输油管道。在这项工程中，光是炸药就用了 400 多吨。科学家族的优势再次发挥出来，若不是弟弟阿尔弗雷德·伯纳德·诺贝尔发明了高能炸药，这项工程一定会更加艰巨。

标准石油再也坐不住了，在英国建立了第一个国外子公司——英美石油公司。后来，更多的子公司开始出现。标准石油成了名副其实的跨国企业。

虽然如此，标准石油仍未能阻止颓势。1888 年，他们占据了欧洲 78% 的石油销量，仅仅三年之后，就变成了 71%，而俄国所占的比重则从 22% 上升到 29%。

在欧洲大展拳脚的诺贝尔兄弟公司为了进一步扩大市场，又开始向亚洲进军。当时，阻碍他们打开亚洲市场的依旧是运输问题。

与此同时，罗斯柴尔德家族也试图进军亚洲。伦敦商人弗雷德·莱恩得知这一消息后，找到了罗斯柴尔德家族，并把一个叫马库斯·塞缪尔的人介绍给了罗氏家族。这些人一起制订出了一项打通亚洲航道的宏大计划，这项计划如果成功，不仅可以解决俄国石油工业面临的市场问题，还会改变世界石油市场的格局。

马库斯·塞缪尔是个犹太人，生于伦敦。他的父亲是一位国际贸易商，经常在亚洲一带活动。父亲去世后，马库斯·塞缪尔与弟弟合作，生意越做越大。马库斯在伦敦建立了 M. 塞缪尔公司，他弟弟则在日本横滨建立了 S. 塞缪尔公司。兄弟俩在日本的工业化进程中发挥着巨大的作用。

正是因为塞缪尔在亚洲的关系，罗斯柴尔德家族才愿意与他合作，开拓亚洲市场。

为了实现进军亚洲的目的，塞缪尔制订了一系列复杂的计划，甚至委托专家去设计制造更先进的油轮。在他看来，亚洲市场就是一个决斗场，一定要把洛克菲勒家族在这一地区的统治权夺过来。但是，罗斯柴尔德家族在这个问题上拿不定主意，他们在犹豫：是决斗还是合作？

虽然罗斯柴尔德家族财大气粗，但是洛克菲勒家族在石油业的势力还是让他们感到不可小觑。最后，经过长期谈判，塞缪尔才与罗斯柴尔德家族达成协议：在 1891 年至 1900 年这 9 年间，由塞缪尔在苏伊士运河以东全权经销罗斯柴尔德家族的煤油。

此时，塞缪尔找人设计的油轮也完工了。新型油轮非常先进，可以用蒸汽洗干净，完全不必担心被石油的气味污染。如此一来，油轮就可以在返航的时候装载其他货物，诸如食品之类，这等于变相降低了石油的运输成本。此外，油轮在安全措施方面也有很大的提高。比如，能够适应不同温度下煤油膨胀和收缩的储油舱。

正当万事俱备之时，塞缪尔却遇到了大麻烦。1891 年夏天，舆论界就开始传闻，说一些强有力的金融家和商人正在试图使油轮通过苏伊士运河。伦敦最有名的游说者拉塞尔·阿恩霍尔兹公司开始了大规模的游说活动，反对批准塞缪尔的要求。这家公司拒绝透露在为谁服务，甚至当英国的外交大臣询问他们代表英国哪些人的利益时，他们仍然一言不发。很明显，拉塞尔·阿恩霍尔兹公司背后的指使者是标准石油公司。

洛克菲勒家族试图通过政治手段扼杀罗斯柴尔德家族打开亚洲市场的行动，但是他们似乎没有意识到：欧洲是罗斯柴尔德家族的主场。最终，英国外交大臣站出来说：批准塞缪尔的计划，才最符合英国政府的利益。

度过这一危机后，塞缪尔开始在亚洲建造储油罐。他派外甥马克·亚伯拉罕和约瑟夫·亚伯拉罕去选址，并负责油罐建造。马克先后在新加坡淡水岛、香港、上海等重要港口买下土地，修建储油设施。

1892 年 7 月 22 日，塞缪尔的第一艘油轮"骨螺号"下水，它先是驶往巴统，在那里装上罗斯柴尔德家族的煤油，然后经过苏伊士运河，先后在新加坡淡水岛和曼谷卸下了第一船煤油。

塞缪尔的成功让标准石油公司感到莫大的威胁，他们赶忙派出代表匆忙赶往远东，评估事态的严重性，结果发现，问题非常严重。正如《经济学人》杂志所说："如果那些人的预期目的能够实现，东方的桶装石油贸易必将过时。"

在第一回合的较量中，标准石油失败了。

失去亚洲市场对标准石油意味着什么？答案是：除了销量锐减之外，他们再也不可能使用在一个市场削价、在另外一个市场提价这种手段来打击竞争者了。正所谓牵一发而动全身，这就是最好的证明。

# 转　机

塞缪尔是个优秀的商人，他的计划严丝合缝，非常高明。但他也同样会犯错误，虽然是很小的错误，也可能会带来最恶劣的结果。

塞缪尔原本以为自己的石油在亚洲可以很轻松地销售出去，但是实际的销售情况却不尽如人意。导致这种结果的原因，不是标准石油的干扰，而是因为亚洲人没有石油桶。

为了解决这一问题，塞缪尔租了一只轮船，装上马口铁皮，驶往亚洲。他指示那里的合伙人赶紧制造出一大批油桶，不管有没有人知道如何做，也不管有没有工具。

一帮从来没有制桶经验的人，匆匆忙忙地赶制油桶。新加坡的代理人询问日本的代理人："怎么把提手安上？"上海代理人发电报问马克："你觉得漆什么颜色好？"马克回答说："红色。"（这个事情也从侧面证明了洛克菲勒当初与弗拉格勒合作是多么明智的事情。）

虽然过程混乱，但是不久之后，塞缪尔的鲜亮闪光的红色油桶纷纷出厂。从此在亚洲，代表塞缪尔的红色油桶和代表洛克菲勒的蓝色油桶展开了竞争。

由于洛克菲勒的油桶都在美国本土制造，经过长途运输，那些蓝色油桶早已扁的扁、掉漆的掉漆，所以很多顾客购买塞缪尔的石油，也许是为了那有用的红色油桶，而不是里面的石油。

1893年年底，塞缪尔已经有十几艘油轮往返于亚洲到俄国的海路上。这些石油通过苏伊士运河源源不断地运往亚洲，在那里创造着巨额的财富。塞缪尔本人也因此成为英国社会的英雄。

1893 年，塞缪尔在商业上和社会上所获得的成就差点就失去了价值，医生诊断他患了癌症，最多还能活 6 个月。这一诊断后来被证明有误，塞缪尔又坚强地活了 34 年。

在亚洲的石油贸易中，塞缪尔获得的不仅仅是油轮和财富，还建立了与日本等国的长期贸易关系。在中日甲午战争中，塞缪尔兄弟公司给日本提供了大量的武器军火，从而获得了更大的收益。

尽管塞缪尔是个天才的商人，可以在某些领域与洛克菲勒一决高下，但是与洛克菲勒相比，他有一个致命的缺点——缺乏组织和管理能力。

洛克菲勒天生是个有条理的人，塞缪尔却更善于随机应变，并且他认为组织问题微不足道。正是由于他对于组织管理的轻视，导致了他永远无法与洛克菲勒一样获得更大的成就。

到了 19 世纪 90 年代，世界石油行业的竞争更加激烈。在这场竞争中占主导地位的，是洛克菲勒家族、罗斯柴尔德家族、诺贝尔家族和其他俄国石油商。他们之间一会儿为争夺市场残酷厮杀，大打价格战；一会儿又试图合并对方，一家独大。

在无尽的战争中，四方势力逐渐感到身心俱疲。终于，在 1892 年到 1893 年，诺贝尔家族、罗斯柴尔德家族和洛克菲勒家族的代表们频繁活动，讨论如何瓜分市场。罗斯柴尔德家族的谈判代表说："我认为危机就要结束，因为无论在美国还是俄国，每个人都被这场持续已久的殊死斗争折腾得筋疲力尽。"

法国的罗斯柴尔德家族首脑阿尔方斯男爵非常希望终结战争，但是由于他不喜欢抛头露面，一直不愿接受标准石油公司发来的访问纽约的邀请。后来，经过洛克菲勒的再三邀请，男爵访问了纽约标准石油总部。

在回忆中，男爵表示，罗斯柴尔德家族马上就会把俄国的生产者组织控制起来。同时，他坚持要标准石油公司把美国的独立石油商拉入这一体系。然而，虽然洛克菲勒控制着美国 85%~90% 的石油生产，但他却不能保证让所有人都听命于自己。讨论中的协议就此终止。

1894 年秋，标准石油公司再度引发价格大战。罗斯柴尔德家族认为，正是塞缪尔的过度强硬，才导致了两大家族在世界石油市场上的针锋相对，所以他们开始对塞缪尔表现出不满。塞缪尔则同样以不满作为回应。

标准石油敏锐地捕捉到了这一情况，他们认为塞缪尔可能是罗斯柴尔德家族阵地上的一个薄弱环节。于是，他们找到塞缪尔提出："如果你愿意，我们可以给你一大笔钱，你的企业可以成为标准石油公司的一部分，你本人可以担任公司的董事。"

条件很丰厚，但是塞缪尔拒绝了。众所周知，那些能力出众的人有一个共同点，就是不愿意成为别人的附庸，希望可以独立控制一切。而且，在塞缪尔看来，自己代表的是英国的利益，如果加入美国的商业实体中，多少是对国家的一种背叛。

标准石油招安塞缪尔失败之后，开始主动寻求与罗斯柴尔德家族的合作。1895 年 3 月 14 日，"代表美国石油工业"的标准石油公司同"代表俄国石油工业"的罗斯柴尔德家族和诺贝尔家族达成协议，双方共同组成了一个国际性的石油联盟。在联盟中，美国将占有世界市场的 75%，俄国占有 25%。但是，这个庞大的石油联盟却在俄国政府的干扰下破产了。

## 高级对抗

收购受阻，又无法组成稳定的联盟，这使得国际石油市场的几大巨头之间仍然争斗不休。

在尝试很多种方法都未能对俄国石油业造成实质性打击之后，标准石油推出了一种"以彼之道，还施彼身"的对抗方式。

俄国石油业在亚洲市场上最大的优势在于他们离石油需求国的距离比较近，从巴统到新加坡的距离是 1.15 万英里，而从费城到新加坡则为 1.5 万英里。如果标准石油公司能够在离亚洲更近的地方获得原油，那么就可以打破这种局面。因此，标准石油公司把注意力转向荷属东印度群岛的苏门答腊。

苏门答腊岛号称"地上出产油，地下也出产油"，地上的油指的是棕榈油，地下的油指的就是石油。在苏门答腊，有一家荷兰皇家石油公司。这家公司经过几年奋斗，稳固了在苏门答腊的石油生意，该公司出产的皇冠牌煤油在亚洲销量很好。

1897 年，标准石油公司的代表在东印度群岛会见了荷兰皇家石油公司在当地的经理，参观了公司的设施，还拜访了一些荷兰政府官员。之后，代表向标准石油总部提交报告，反对在这样广阔的热带丛林中盲目寻找油田，他们建议同荷兰皇家石油公司合作。报告中说："在整个石油工业发展史上，从来没有像荷兰皇家石油公司这样成功和迅速发展的。"

在荷兰皇家石油公司看来，标准石油公司一直以来都是一个强大到令人畏惧的竞争对手。而标准石油公司也不乏对荷兰皇家石油公司的尊敬。所以，标准石油公司的代表在苏门答腊同荷兰皇家石油公司的经理道别时，用极其渴望的语气说："如果我们这两家大公司不能携手共事，那不是太可惜了吗？"

另一边，塞缪尔也看上了荷兰皇家石油公司，并与之频繁接触。1896年年底和1897年年初，洛克菲勒的标准石油和塞缪尔开始了争夺荷兰皇家石油公司的战争。

塞缪尔与荷兰皇家石油公司的总经理凯斯勒是非常要好的朋友，但是由于他希望可以买下整个荷兰皇家石油公司，所以并没能与朋友达成共识。

标准石油公司知道塞缪尔在和皇家石油公司谈判，一位执行董事警告说："形势一天比一天严峻和难以掌控。如果我们不很快做出决定，俄国人、罗氏家族或其他人可能捷足先登。"1897年夏天，标准石油公司海外总代表利比向荷兰皇家石油公司的凯斯勒提出一项正式建议：由标准石油出资，将荷兰皇家石油公司的资产增加4倍，但是多出来的股票则要全部卖给标准石油。同时，利比强调，标准石油公司完全没有控制荷兰皇家石油公司的想法，"只寻求有利可图的资本投资"。

凯斯勒不相信标准石油是"慈善行为"，拒绝了标准石油的建议。

标准石油公司没能达到目的，于是转而商谈在苏门答腊获得租借地的事情。但在荷兰政府和皇家公司的干预下，计划再次流产。一位标准石油公司的高管认为："荷兰是阻碍标准石油向亚洲进军的罪魁祸首。美国人总是急急忙忙，荷兰人却从不着急。"

尽管屡次击碎了标准石油的美梦，但荷兰皇家石油公司却未能安心。因为他们知道标准石油公司在美国的所作所为——先悄悄买下对手公司的股票，然后再将它们打垮。为了预防同样的事情发生在自己身上，皇家石油公司发行了一种专门的优先股票，只有持有这种股票的股东才可以进入公司董事会。而且，只有受到皇家石油邀请的人，才有资格购买这种股票。

面对荷兰皇家石油公司的种种应对措施，标准石油公司的一位代理扫兴地报告说，荷兰皇家石油公司永远也不会同美国公司合并。

# 解 体

正当标准石油与国际油商斗智斗勇之时，在美国国内，一场针对标准石油公司的司法诉讼正在兴起，这迫使标准石油暂时停下了海外扩张的脚步。

正如我们在本书开篇所描述的那样，最终标准石油在美国政府的干预下，轰然解体，被肢解成了 38 个独立的公司。

其实，关于这次标准石油的解体事件，在序文中我们还留下了一个悬念，那就是：标准石油解体对于洛克菲勒家族而言，到底意味着什么？现在，我们将揭开这个谜底。

美国政府忙着肢解标准石油的同时，约翰·洛克菲勒已积累了巨额的财富。虽然洛克菲勒只有 50 多岁，但长期的紧张工作和不断受到的攻击，使他身心俱疲。此时，他已计划退休。

1890 年以后，他越来越频繁地述说自己身体上的不适。他的精神状态也出现了问题，经常抱怨自己正在被钉上十字架，甚至每晚他都在床边放上一支手枪。1893 年，因精神过于紧张，他患上了脱发病，体重也开始急速上升。

如果不是美国政府的咄咄逼人，或许这时候洛克菲勒就会选择引退，但是他的让位计划最终因一系列危机而暂时推迟。不过，到了1897年时，洛克菲勒终于还是下定决心，把标准石油行政领导权交给了另一位董事——约翰·D.阿奇博尔德。

阿奇博尔德比标准石油公司其他高级管理人员更了解石油工业的各个环节。在这之前的20年中，他是美国石油工业的代表人物之一。而在后来的20年中，他则是石油行业中最有权势的人物。

阿奇博尔德迅速坐上标准石油的头把交椅，他把经验和活力用在了自己的工作上。洛克菲勒虽然还同标准石油的管理层保持联系，但从那时起，他最关心的问题是如何看管他那永远增长着的个人财富，搞慈善事业，打高尔夫球。1893年到1901年间，标准石油共分红2.5亿美元，洛克菲勒获得了其中的1/4。

卸去了日常职责后，洛克菲勒在新的生活方式下逐渐恢复了健康。1909年，他的医生乐观地预言：你可以活到100岁。不过，在洛克菲勒健康情况日益乐观的同时，标准石油的情况却越来越不乐观。终于，在1910年，美国政府做出了肢解标准石油的裁决。

此时，标准石油公司的董事们需要解决一个大问题：如何把这个庞大而又错综复杂的帝国分开呢？

这个公司的规模太大了，它将宾夕法尼亚、俄亥俄和印第安纳州所产原油的80%都消化掉了，而美国所产原油的3/4也出自这里。此外，标准石油还拥有全美国一半以上的油罐车，经销国内所消费煤油的80%以上，承担美国煤油出口的80%以上，铁路所需的润滑油几乎全部由它加工。它还经营许多种副产品，仅仅是蜡烛就有700多个品种，每年可以生产3亿多支。它还拥有自己的海运力量——78艘蒸汽轮船，19艘帆船。所有这些将如何拆分？

经过仔细的研究，直到1911年7月底，标准石油才宣布了解散方案。

根据这个方案，标准石油公司被分成多个独立实体。最大的一个是原来的控股公司——新泽西标准石油公司，这个公司带走了将近一半的净资产。之后它又成为埃克森石油公司，并始终保持着在行业内的领先地位。第二大的是占净资产额一成的纽约标准石油公司，最后变成莫比尔石油公司。

除了这两家公司之外，还有加利福尼亚标准石油公司，后来变成雪佛龙石油公司；俄亥俄标准石油公司，变成俄亥俄石油公司；印第安纳标准石油公司变成阿莫科石油公司；大陆石油公司变成科诺克石油公司……

大多数标准石油公司的管理者都不希望看到一个商业帝国的没落，有人酸溜溜地说："我们甚至不得不把办公室的勤杂工派出去领导这些公司。"

这些新的实体虽然相互独立，没有重叠的管理机构，但它们基本上还是按照以前的模式瓜分市场，并且业务上的来往很密切。

由于当时社会对石油的需求量处于上升阶段，所以每个新公司在自己的地盘内都能获得大幅增长，因而相互间的竞争发展很慢。这种状况还要归结于分家时的一个法律疏忽。标准石油公司的高层显然没有考虑到商标和产品名称的所有权问题，所以，各个新公司都使用原来的产品名称。这也极大地限制了公司间相互侵蚀领地的能力。

就整体的石油行业而言，标准石油的解体带来了巨大的好处。过去，由于标准石油太过庞大，所以它的体制难免有些僵化。解体之后，那些分出来的公司领导者有了充分施展自己才能的机会，再也不必为超过 5000 美元的支出或者 50 美元的捐赠而向标准石油总部请示了。

标准石油公司的解散，却也加速了石油行业内的技术革新。解体后不久，印第安纳标准石油公司就在石油提炼技术上取得了一项突破，在关键时刻帮助了刚刚诞生的汽车工业，从而保住了美国石油业后来最重要的市场。

当时，大部分炼油厂只能从原油中分离出 15% ~ 18% 的汽油，最多不超过 20%。随着汽车行业的发展，汽油的需求量开始大幅上升。不少人意识到，汽油将会变得供不应求。

印第安纳标准石油公司的威廉·伯顿就是其中之一。他有约翰·霍普金斯大学的化学博士学位，1889 年加入标准石油公司，后来负责印第安纳标准石油公司的石油提炼部门，他是最早在美国工业界工作的为数不多的科学家之一。1909 年，即标准石油公司解散前两年，伯顿预见到不久可能出现汽油短缺，开始背着百老汇大街 26 号以及印第安纳分公司研究解决提高汽油产量的问题。终于，他试验成功了一种"热裂化"技术，将提炼汽油的比例一下提高到 45%。

然而，科研成果是一回事，使之商业化又是另一回事。伯顿随后向纽约标准石油总部提出申请，要求拨款 100 万美元，用来建造 100 座热裂化塔。总部很干脆地拒绝了他的申请，甚至连一句解释都没有。他们认为，这简直是胡闹。一位董事私下里说："伯顿想把整个印第安纳州炸进密歇根湖里去。"标准石油公司解散后，独立的印第安纳标准石油公司的董事们立即给伯顿开了绿灯，因为他们同他有更直接的接触，了解并信任他。

到 1913 年初，即标准石油公司解散一年之后，伯顿的第一座热裂化塔投产，成功地用热裂化技术生产出了汽油。这种热裂化技术使石油提炼不再受常压下原油不同成分的分馏温度的制约，能够控制分子形态，提高最需要的产品的产量。而且，用热裂化方式生产出的汽油比用自然分离法生产出的汽油有着更好的抗爆性，因而可以提供更大的动力。

这种技术试验成功之后，印第安纳标准石油公司内部就是否向其他公司转让这种技术发生了激烈争论。一些人认为，这样肯定会加强竞争对手的实力。但是，1914 年，公司还是决定向自己市场以外的公司转让这一技术，条件是对所获收益分成。然而，新泽西标准石油公司却一直坚持得到更好的条件，这个前母公司认为，它应该享受更优惠待遇。可是，印第安纳标准石油公司就是不让步。直至 1915 年，新泽西标准石油公司最终接受了印第安纳标准石油公司的转让条件，成了这一专利的用户。

至于洛克菲勒，标准石油的解体对他造成了不小的伤害。不过，这种伤害仅体现在他毕生事业遭受了深重的打击。而在金钱上，标准石油的解体非但没有让洛克菲勒的个人财富缩水，反而让他变得更有钱了。这是因为，洛克菲勒在标准石油的 25% 股份并未减少，而是被拆分到不同公司。

在法院裁定标准石油解体的三年前，美国街头出现了象征石油消费史上最大改变的事物：福特 T 型车。这种可以批量生产的汽车的出现，推动了石油消费的大幅增长。1910 年，也就是裁决做出的前一年，汽油的销售量第一次超过煤油。1900 年，路上只有 8000 辆车，1915 年就有 250 万辆。到了 1920 年，汽车所有量已经增加到 920 万辆。石油时代最终到来。除非将石油工业国有化，联邦政府已经没有任何手段能够阻止标准石油公司疯狂牟利了。

正因如此，解体后的第一年，标准石油后代公司的股值翻了一番。印第安纳州标准石油因持有热裂化技术的专利而实现了两倍的利润增长，这种技术可以将每桶原油经炼化后的汽油产量增加一倍。洛克菲勒因持有各家公司的大量股份而成为世界首富，同时也是个人收入超 10 亿美元的史上第一人。

据估计，当时他的财富是世界上第二富有的安德鲁·卡内基的两倍。标准石油各家公司的大部分股份都集中在其过去以及现在的十几位管理人员手中，因此从 1901 年到 1904 年间，美国石油行业最富有的家庭及个人无一例外地与标准石油有关。他们不仅能够从自家的公司里赚钱，还持有标准石油集团中其他兄弟公司的股份。这样一来，他们对整个行业的控制以及对财富的累积都大大增强，因而能够继续行使强大的政治影响力。

# 第4章
## 真实的洛克菲勒

　　大地测量学会曾经颁布了一个测量地球的计划，而《世界报》则针对这条消息说："这能使标准石油托拉斯和其他托拉斯组织得以了解他们地盘的确切大小。"确实，在全世界大部分地区，都能看到标准石油的油井。对于标准石油的成功，洛克菲勒更多的感受是"一种老年人特有的成就感"。不过，他也意识到：竞争者的脚步似乎从未停止过，而自己则再也没有当年的精力与这些竞争者厮杀了。所以，从19世纪末开始，洛克菲勒就逐渐从标准石油的管理层中退出。与此同时，洛克菲勒家族第二代继承人小洛克菲勒则开始慢慢接管家族的事业与财富。

# 工作中的洛克菲勒

随着标准石油的解体和洛克菲勒的退休，关于洛克菲勒在商场上纵横驰骋的故事，基本上就告一段落了。在之前的篇幅里，我们大多介绍的是洛克菲勒在商业上的表现，对于他的私生活鲜有提及。以他在商场中的表现，似乎很轻易地得出结论：这是一个冷漠、无情、手段高明的纯粹商人。那么，生活中的洛克菲勒到底是个什么样子？下面的一些故事或许可以给我们答案。

首先对于洛克菲勒而言，工作也是他生活中重要的组成部分。

每天上午9点15分，洛克菲勒准时到达公司。他的时间观念非常强，"谁都没有权利浪费别人的时间"是他的著名格言之一。

他的衣着非常考究，衬衫袖子上的链扣是用黑玛瑙制成的，上面镌刻一个漂亮的字母"R"。一位标准石油的职员说："洛克菲勒先生显得高贵沉稳，衣服一尘不染，每天都好像穿着刚从包装盒里拿出来的衣服一样。"为了让皮鞋保持黑亮的颜色，洛克菲勒居然为每个办公室装上了一套擦鞋用具。

来到办公室后，洛克菲勒会低声与每一个碰面的员工打招呼，而后便消失在他那间简朴的办公室里，从此再难见其踪影。在员工眼中，洛克菲勒是个非常神秘的人物。一位秘书说："他的行踪很诡秘，我从来没看到他走进或离开办公楼。"而另一个员工则说得更"可怕"："你看不见他，却能感觉到他的存在。"

洛克菲勒不愿轻易与别人见面，更多的时候他通过书信与外界联系。对于商业情报，他更是小心翼翼，只让下属知道他们该知道的情况。他曾经这样提醒一位同事："在任命一个人担任关键职务之前，我总是深思熟虑。"洛克菲勒善于保守秘密，他的助手说："他的长时间沉默很令人困惑，我都搞不清楚他的态度究竟是反对还是赞成。"

在洛克菲勒看来，沉默是最有价值的，只有那些懦弱者才会口无遮拦，对着记者喋喋不休。即便是在与别人谈判时，洛克菲勒也是惜字如金，他的沉默经常让对手感觉不知所措。有一次，一个气急败坏的承包商闯进洛克菲勒的办公室大吼大叫。但是洛克菲勒却不闻不问，继续工作。直到对方吼得没了力气，他才冷冷地问道："刚才没有听清您说些什么，能否请您重复一遍？"

洛克菲勒把自己绝大部分的时间都耗在了办公室里，那里有一块黑板，上面写着最近的油价。有时候他会走出办公室，坐在一张椅子上研究账本。

洛克菲勒经常望着窗外出神，就像是老僧入定一般。他曾经说过："我们之中的许多人之所以一事无成，难道不是因为无法集中精力？无法在适当的时候排除干扰而全神贯注，就什么事情也做不成！"

在工作上，洛克菲勒也保持了自己一贯的有条不紊的作风，他按照事先的安排做每一件事情，从不在琐事上浪费时间。当然，他并非一刻不停，每天上午 10 点左右，他会吃点饼干喝点牛奶，午饭后他会小憩片刻。休息也是为了工作，他曾经说："总把神经绷得很紧并非好事。"

早年的洛克菲勒能叫出手下每一个员工的名字，但是随着标准石油的人越来越多，这几乎变成不可能的事情了。洛克菲勒偶尔会在标准石油的办公楼里转一转，他的脚步很有节奏，甚至能在相同的时间走出相同的距离。

洛克菲勒也会突然出现在某个员工的办公桌旁，彬彬有礼地提出要检查一下对方的工作。这种时候，被检查的员工往往被吓一跳。一名会计回忆说，洛克菲勒有一次突然来到自己办公桌旁，非常有礼貌地说："请允许我看一下。"然后拿起账册快速地浏览一下，称赞说"非常好，确实很好"。然后他停了一下："这儿有一个小错误，请更改一下。"那可是一册密密麻麻地写满数字的账本！洛克菲勒居然能从中间找到这么一个小小的问题，那个会计感到非常吃惊。"我敢发誓，"会计回忆道，"整个账本只有这么一个小错误！"

洛克菲勒在任何时候都非常沉稳很少激动。标准石油那些和洛克菲勒一起工作了很长时间的员工，都没有见过洛克菲勒提高音量去斥责某个人。他与同时代的很多商业大亨非常不同。在洛克菲勒身上，没有咄咄逼人的霸气，但是却有一种不可违抗的领袖气质。有一次，喜欢健身的洛克菲勒在财务部放了一台木头和橡胶做的健身器。某天早上，他到这里健身。一名年轻会计没有认出他，便抱怨说这台机器很讨厌，应该让人拉走。洛克菲勒听过之后，说了声"好吧"，便真的让人拉走了。

洛克菲勒对于人事工作非常重视。在标准石油公司发展初期，那些普通职位的招聘工作，他都会亲力亲为。他重视人才，就像我们之前所说的那样，即便是曾经的敌人，只要是可用之才，他也会想方设法地将其招致麾下。

很多人因为洛克菲勒在商业上果断决绝的作风，便认为他是一个冷酷无情的人，而事实并非如此。洛克菲勒一向关心员工的生活，常常写信询问生病或退休员工的情况。他为员工们提供的福利保障，也远远高于同行业的平均水平。40多年后，一位标准石油公司老员工在回忆当年情况时不免有些夸张地写道："公司从未发生一起罢工，也没有任何抱怨的声音。还有哪家公司能像标准石油公司那样关心自己的退休员工呢？"一位为洛克菲勒写过传记的作家甚至认为："他是当时最好的老板，因为他建立了住院保险和退休金制度。"

不过，需要指出的是，洛克菲勒的仁慈只给予那些服从管理的人。如果有人不识抬举，洛克菲勒立刻会变得非常严酷。另外，那些在私生活上不检点的员工也休想得到他的好脸色。对于与人通奸的管理人员，洛克菲勒会予以惩治。对离婚者，虽然嘴上不说，但是洛克菲勒还是从心底厌恶的。

约翰·阿奇博尔德是洛克菲勒非常喜欢的一个下属，但是他有一个坏毛病，就是喜欢喝酒，洛克菲勒多次劝说他戒酒。结果，阿奇博尔德只是表面装着不喝酒，还在马甲口袋里放些丁香花遮盖酒味。到了 1881 年，他的酗酒行为已经对他的个人健康造成了损害，再也无法隐藏了。于是，阿奇博尔德给洛克菲勒写信说："亲爱的洛克菲勒先生，我说的任何一句话都像是谎言。现在，我敢于向您做出最庄严的承诺，只要我们之间的关系允许，我就会在每个星期天向您写保证书，直到您说我不用再写为止。"后来，他真的一连给洛克菲勒写了 8 个月的信，以证明自己已经戒酒。

# 管理的精髓

由于洛克菲勒在标准石油的统治地位，所以员工们对他是既尊敬又害怕。有些人说："我从没听说过有哪个人能像他那样把众多优秀人才集中在一个团队里，并激励每个人为公司奋斗……他的确了不起，胸襟宽广，很有耐心。我相信他这样的人必定是五六百年才会出一个。"

洛克菲勒很少在公开场合表扬员工，他更喜欢通过某种暗示来激励员工。洛克菲勒不会轻易地重用一个人，但是一旦赢得了他的信任，他就会给对方极大的自主权，除非发生严重的问题，洛克菲勒通常不会干涉他们的工作。

洛克菲勒有句管理名言值得借鉴："一般情况下，培养员工的最好方法是，当你相信他有素质、有能力时，就把他带到深水区，直接推进水里，任他自己挣扎，要么沉入水底，要么游上岸。"洛克菲勒曾经对一名新员工说："有没有人告诉过你这里的规矩？没有？规矩是这样的，能让别人去做的工作，就不要自己去做。你要尽快找到一个值得信任的人，培养他做你的工作，然后让自己坐下来，好好想一想怎么才能让公司多赚钱。"

洛克菲勒自己是一个追求完美的人，他的这种精神也渗透到整个标准石油公司。在标准石油，人们做事都非常谨慎，力求完美。只有这样，才能赢得洛克菲勒的认可。例如，他要求工人们缩减成本，于是技术人员便发明了在保持油桶强度的前提下减少油桶木条的长度和铁箍的宽度的办法。他还尝试充分运用原油提炼过程中的残渣。

标准石油公司最初主要出售煤油和石脑油。到 1874 年，公司开始出售石油副产品，例如做口香糖用的石蜡和筑路用的沥青。不久，公司开始生产铁路和机械工厂用的润滑油，还有蜡烛、染料、油漆和工业酸。1880 年，标准石油公司兼并新泽西州的切兹布洛制造公司，以加强自己的凡士林销售。

当然，洛克菲勒不会一味地贪图省钱。例如，他坚持要求公司修建坚固牢靠的厂房，而这种做法会大大提高初期的建设费用。

洛克菲勒是石油行业的领头人，对于技术上的事情其实比较外行。从进入炼油业那一天起，洛克菲勒在技术方面就一直依赖于安德鲁斯。用硫酸净化原油的技术一开始就是由安德鲁斯在标准石油推广开来的。随着另一位技术人员安姆布罗斯·麦格雷戈在 1874 年被任命为标准石油公司在克利夫兰炼油厂的技术总监，安德鲁斯才遇到一个强有力的竞争对手。

1878 年 8 月，安德鲁斯与洛克菲勒在对股东分红问题上出现分歧。当时，洛克菲勒宣布：标准石油公司将给股东发放 50% 的红利。安德鲁斯对于洛克菲勒的这一决定怨言很大，他认为洛克菲勒太小气了，作为股东，应该得到更多的分红。洛克菲勒一向尽量避免与同事发生冲突，但是他非常讨厌那种只关心眼前的个人利益，而不愿意把钱投入公司发展中的股东。一天，安德鲁斯怒气冲冲地对洛克菲勒喊道："我真是不想在这儿干了！"洛克菲勒则回应道："山姆，你好像对公司目前的经营方式没有信心。给你手里的股份出个价吧！"安德鲁斯想了一下，说："100 万美元！""给我 24 小时考虑一下，"洛克菲勒答道，"我们明天再讨论这件事。"

第二天，安德鲁斯来到公司时，100 万美元的支票送到了他的办公室里。作为一个早期合伙人，安德鲁斯的离开，意味着洛克菲勒从此独自执掌公司大权。

安德鲁斯一开始认为自己占了便宜，毕竟，100万美元不是个小数目。但是，当他知道洛克菲勒转手把这批股票以130万美元的价格卖给了威廉·范德比尔特后，又觉得自己吃了亏。有人估算，这些股票在20世纪30年代初的时候，至少价值9亿美元。

美国大实业家兼共和党领袖马克·汉纳曾经鄙夷地将洛克菲勒称为"一名超级小职员，簿记的化身"。这无疑是忽视了洛克菲勒出众的管理才能。19世纪末，没有电脑，没有先进的通信工具，所以通信和资料的保存方式都非常原始。若是不能充分有效地处理大量的数据，洛克菲勒就无法管理好自己的石油王国。而这正是洛克菲勒最大的长处，他对于数字非常敏感，因而可以把复杂的控制系统简化为一个通用的标准。

洛克菲勒是一位无与伦比的企业管理者，能够正确处理每天像潮水般涌来的各类建议。他具有超人的反应力，在纷繁的选项前具有一流的判断力。也正因为如此，洛克菲勒更像是现代企业的首席执行官。

在标准石油公司创立初期，洛克菲勒定期巡视各个工厂。他的口袋里总是装着一个红色笔记本，有什么问题就会记下，然后责令下属去改进。下属对这个红色本子很害怕，因为每次洛克菲勒把这个本子拿出来，就意味着他又发现了问题。

标准石油越做越大之后，洛克菲勒就很少接触炼油、运输和销售等实际业务。在更多的时间里，洛克菲勒都在专心致志地处理财务、人事、行政和制定公司的总体政策。对于专业性、技术性的东西，洛克菲勒不太重视，他说："我从来没觉得自己需要掌握什么科学知识，从来没有。想在生意圈里发达的年轻人不需要学习物理或化学，科学家到处都可以雇得到。"

# 小约翰出生

1874 年 1 月 29 日，小洛克菲勒（小约翰·洛克菲勒）出生。他的成长时期正是标准石油发展壮大的阶段。作为洛克菲勒家族第二代唯一的男性成员，小洛克菲勒是注定要继承家族事业的，这位洛克菲勒二世将会成为这个大家族未来的掌门人。

含着金钥匙出生的小洛克菲勒从小瘦弱多病，他没能继承父亲的强健体魄，而是和体弱多病的母亲"同病相怜"。在小洛克菲勒 3 岁前，父母一直为他的健康状况担忧。

等到全家人搬到洛克菲勒庄园里之后，小洛克菲勒就开始在一个封闭的环境中度过童年，因为庄园附近没有其他人，只有洛克菲勒家族成员和他们的仆人。

成年后的小洛克菲勒一直记得幼年时的一个玩伴，就是洛克菲勒庄园管家的儿子哈里·穆尔。小洛克菲勒回忆说："那时我有一架照相机，我们两个常常一起拍照玩。"

和标准石油的员工一样，小洛克菲勒也不记得父亲有发怒的时候。洛克菲勒总是很有耐心，善于鼓励孩子（尽管很少有赞美之词）。小洛克菲勒眼中的父亲是个"受欢迎的伙伴，善于同孩子们相处。他从不告诉我们做什么或不该做什么，只是我们当中的一员而已"。

与父亲的自私自利相反，老约翰的家庭责任感甚至可以说强得过了头。洛克菲勒的日记里记载着这样一件事情：

今晚我陪劳拉和孩子们去看了一场歌舞表演，刚刚回来。说实话，我对这样喧闹嘈杂的演出实在不太感兴趣，连这个歌剧叫什么名儿我都没往心里去，只是孩子们总是对此很兴奋，而且由于纽约的时尚如此，有时候我也不得不应付一下。现在我们全家搬到纽约已经有 3 个多月的时间了吧，自从搬到纽约这个大都市以来，我发现外界和公众对于我个人私下生活的兴趣似乎有所增加，因为我已经成为全美国最富有的人之一了。但是，我搬到纽约的本意并不为此，我最中意此地的原因在于，这里的煤油出口贸易非常活跃繁荣，所以令我对它充满了向往。从好几年前开始，我就每年冬天都来这儿住上一段时间，当然，我绝不会像我的父亲，把他的妻子和孩子扔在家里，自己出去四处游荡……我对那种记忆仍深感厌恶。

或许是因为曾经体会过父亲对于家庭不负责任而给子女们所带来的伤害，所以洛克菲勒非常重视自己在家庭中的责任。

洛克菲勒的大女儿贝西拉 1866 年出生于克利夫兰；二女儿艾丽丝生于 1869 年 7 月，但在 1 年后夭折；三女儿阿尔塔生于 1871 年、四女儿伊迪丝生于 1872 年。1874 年，洛克菲勒的儿子小约翰·洛克菲勒出生。

对于孩子们来讲，洛克菲勒是一个慈祥和蔼的父亲。他虽然工作繁忙，但依旧承担着照顾孩子的责任。

洛克菲勒妻子的姐姐露西当时与他们一家住在一起，她描述了约翰在家时如何分担家务："只要一听到有孩子哭叫，正在打盹的他就会马上起身抱着孩子在屋里走来走去，直到哭声停止。"

孩子长大后，洛克菲勒还经常和孩子们一起玩，他驮着儿子在地上四处爬。同孩子们捉迷藏时，他会猛然扑出来，抓住一个就高兴得大呼小叫，孩子们也被逗得兴奋不已。

也许是为了弥补自己未尽的音乐梦想，洛克菲勒鼓励孩子们培养自己的音乐爱好，支持他们学习乐器。于是，在洛克菲勒家里就有了一支小小的"乐队"——贝西拉和小洛克菲勒拉小提琴，阿尔塔弹钢琴，伊迪丝拉大提琴。他们在一起演奏莫扎特、贝多芬和韩德尔的曲子，偶尔也会演奏一些流行音乐。

洛克菲勒的家庭生活虽然很温馨，但是和普通人家相比还是有很大的不同。一位家庭教师就曾经对外界说："蹦蹦跳跳的轻松脚步，天真的笑声，无忧无虑的表情，追逐打闹，痛快的嬉戏——这些一般小孩子常有的特点在他家孩子中一概看不到。这个家庭充斥着一种压抑感，到处是一片寂静和阴郁。"

这位家庭教师的描述虽然有些过火，但有些地方却是真实的。由于洛克菲勒是一个虔诚的浸信会教徒，所以他的孩子除了去教堂礼拜，从不参加其他的社交活动，而且对世俗的娱乐非常排斥，甚至有些"恐惧"。洛克菲勒家族的小孩子从不容许到别人家过夜，他们邀请来的朋友也都是洛克菲勒从教友们的子女中仔细挑选出来的。小洛克菲勒回忆道："我们只能在家里玩，小朋友们也都得来我们家玩，我们很少或者根本就没有去过邻居家。"他感慨地说："我们没有儿时的朋友，也没有学校的朋友。"

洛克菲勒信仰的浸信会是基督教的一个分支。这个教派教规严苛，主张平等，在北美大陆信者云集。

我们知道，洛克菲勒的父亲威廉谈不上是一位合格的父亲，他居无定所，缺乏责任感。幸运的是，洛克菲勒的母亲阿莱扎是一个虔诚的浸信会教徒，也是一位传统的女人。

威廉长时间离家不归，年轻的阿莱扎在那座地处荒野边缘的小屋里独自同孩子们度过漫漫长夜，他们要时刻准备对付可能出现的盗贼以及不轨分子。

在孤寂而充满危机的黑夜中，识字不多的阿莱扎只好一遍遍地诵读圣经给孩子们听，以此消除家人的恐惧。

从小听着母亲诵读圣经长大的洛克菲勒，自然对宗教非常虔诚。所以在他的家庭中，充满了宗教的严肃和庄重，少了一些放纵的欢笑和娱乐。

从根本上讲，洛克菲勒的家庭观来自宗教，也来自他对母亲的崇敬，而这种对母亲的敬意最后演变成了对全部女性的敬意。与"镀金时代"的其他美国富商巨贾不同，洛克菲勒从来不把妇女当成男性的装饰品。与许多"富则易妻"的成功者不同，洛克菲勒一生都对自己的结发妻子保持忠诚。而且，他对妻子的母亲、姐姐也非常尊敬，她们都住在洛克菲勒家里，洛克菲勒都能与她们和睦相处。

事实上，母亲对于洛克菲勒的意义，远远不止影响了他的家庭观念这么简单。在洛克菲勒成就事业之时，他的精细、他的严谨使他在经营过程中屡有卓越的表现。而这种性格也是从阿莱扎那里继承来的。

当然，谈到事业上的表率作用，我们也不能无视洛克菲勒的父亲威廉。虽然他不是一个合格的父亲，但却是一个很好的商业启蒙者。在从事商业活动的时候，威廉是个奇特的混合体。他时而诚实，时而狡诈。在无形之中，威廉向洛克菲勒传递这样一个信息：做买卖就是参加一场严酷激烈的竞争，必须想方设法战胜对手，其间可以使用正当或不正当的各种手段。他教给约翰如何寸步不让地讨价还价，而洛克菲勒日后也正是以此著称于世。

在有关洛克菲勒家族的研究中，有一个问题引起了争议——洛克菲勒在做生意的时候，究竟是从父亲那里继承的奸诈多些，还是从母亲那里学来的坚定严苛多些？

这看似是个细枝末节的小问题，但却一度是美国对洛克菲勒这个敛财怪物的两大评价底线。围绕这个问题，甚至分出若干阵营。

哲学家伯特兰·罗素评价洛克菲勒说："他的所说、所思和所感来自母亲，而他的所作所为则来自父亲，再有就是童年的不幸经历所产生的极度谨慎。"也就是说，洛克菲勒的性格之中，融合了父亲的胆大妄为和母亲的审慎小心，这两种看似彼此对立却又在强大压力下结合于一身的性格特征造就了洛克菲勒的独特个性。

其实，从世俗的角度来讲，威廉和阿莱扎的结合绝对算不上是完美。威廉放荡不羁、花样百出，阿莱扎则循规蹈矩、小心翼翼。但令人意想不到的是，这两个性格在洛克菲勒的身上得以融合，并产生了奇妙的化学反应，日臻完善。洛克菲勒家族也因此开始了长达一个多世纪的飞黄腾达。

## 家庭教育

威廉和阿莱扎的言传身教，埋下了洛克菲勒家族腾飞的种子。而洛克菲勒对于子女们的教育，则奠定了洛克菲勒家族传承至今的基础。

在洛克菲勒的家庭里，女性占据着数量上的绝对优势。除了妻子和三个女儿之外，妻姐、母亲、岳母都与洛克菲勒生活在一起。男性成员只有洛克菲勒父子两个，至于洛克菲勒的父亲威廉，则一直在外"流浪"，难得一见。

事实上，洛克菲勒家族中，很少有人知道威廉的行踪，或许阿莱扎有威廉的确切消息，她曾经以孙辈的名义给他寄过几封信。

洛克菲勒很少提及自己的父亲，人们只知道威廉和他的第二任妻子玛格丽特曾经在 1867 年前往伊利诺伊州，并用洛克菲勒寄给他的钱购买了一座面积有 160 英亩的农场。但是，威廉在那个地方没有待太长时间，1875 年他又搬到了伊利诺伊州的弗里波特。

晚年的威廉依然不改自己的一贯本色，那些曾经与他接触过的人都说他是个没有信仰、喜欢吹牛的江湖郎中。而且，这些人不知道威廉就是大富翁洛克菲勒的父亲，因为威廉在跑江湖的时候，总是用自己的"化名"——威廉·利文斯顿。

有时候，威廉会到洛克菲勒家小住一段时间，而后再次失踪。对于父亲，洛克菲勒怀有非常复杂的感情。他将其视作商业上的导师、伦理上的至亲，但是却不能认同对方的生活态度，对其敬而远之。

不管怎么说，洛克菲勒的家庭生活还是非常和睦的。他与妻子劳拉·塞莱斯蒂亚·斯佩尔曼有着共同的志趣，他们之间恩爱、忠诚，堪称模范夫妻。

洛克菲勒之所以如此爱戴妻子，一方面是由于宗教的指引，另一方面，妻子劳拉和母亲阿莱扎非常相似，都具有那种坚忍不拔、笃信宗教的特点，因而他将对母亲的尊重复制到了劳拉身上。

一张拍摄于 1872 年的照片能够让我们认识劳拉的外貌：身材瘦小，有一头黑发，大脸盘，高颧骨，表情沉静。

劳拉比洛克菲勒还要节俭，这个富有的女人经常穿着有补丁的衣服，并对一位熟人说："一个年轻女人有两套衣服就足够了。"在洛克菲勒家里，只有两个仆人，许多家务都是劳拉自己动手。

洛克菲勒在外面呼风唤雨、不可一世，但是回到家里，他却对妻子言听计从。有时候两个人发生意见冲突，那么遭受批评的一定是洛克菲勒。

劳拉的姐姐露西，性格比较外向，十分聪敏，风趣优雅，总是和孩子们打成一片，家庭里的欢笑声多是由她制造的。

洛克菲勒和劳拉对孩子们虽然也很慈爱，但为了更好地教育子女，在大部分时候他们都显得有些严厉。

洛克菲勒相信，儿时的磨炼可以铸就完善的人格，所以虽然他身价千万，但他的子女们却在"贫困"中长大。在成年之前，洛克菲勒的几个子女谁也不知道自己的父亲是个大企业家，他们没有去过洛克菲勒的办公室或炼油厂。

洛克菲勒还在自己家里搞起了市场经济，每个孩子都必须要通过劳动才能获得报酬：打苍蝇 2 美分，削铅笔 10 美分，练习乐器 1 小时可得 5 美分，修好花瓶 1 美元；一天不吃糖果奖励 2 美分，第二天还不吃则奖励 10 美分。小洛克菲勒劈柴的报酬是每小时 15 美分，每天打扫院子里的小路可以得到 10 美分。

看着孩子们个个勤劳，洛克菲勒深感自豪。他在和 13 岁的女儿乘火车时对同行的人说："这个小姑娘已经开始挣钱了，但你想象不到她是怎样挣钱的。我听说只要用得仔细，煤气费就可以降下来。我便告诉她，以后每月从煤气账单上省下来的钱都归她。于是，她开始在晚上四处转悠，看到没人在用的煤气灯，就上前把它关小一些。"

无形中，洛克菲勒向孩子们传达了一个理财观念——省下的就等于挣下的。

在教育子女的问题上，洛克菲勒算得上是严厉了，但劳拉却比他还要严厉。小洛克菲勒回忆起母亲时说："她不断与我们谈论何为责任，何为冒犯上帝，何为孝敬父母。她培养我们独立判断是非的能力，磨炼我们的意志品质，要求我们主动做自己应该做的事情。"孩子们向她要自行车，洛克菲勒便提议给每人买一辆，但是劳拉却说："不行，只能买一辆。"

连一贯节省的洛克菲勒也觉得给四个孩子买一辆自行车有些"小气"，便说："亲爱的，买自行车花不了几个钱！"

"没错，"劳拉答道，"可是，这不是钱的问题。如果孩子们只有一辆车，他们就能在游戏中学会分享。"

事情虽小，但是我们仍不得不佩服这位优秀的母亲。在教育子女的问题上，她显得比洛克菲勒更有远见。

在成人之前，洛克菲勒家的 4 个孩子一直都过着非常简朴，甚至可以说是寒酸的生活。成年之后的小洛克菲勒曾经透露说，自己在八岁以前一直是穿裙子的，因为家里比自己年长的同辈都是女孩，所以他只能穿姐姐们替换下的旧衣服。

在洛克菲勒家中办公的女秘书可以经常见到洛克菲勒一家人相处的情景，她回忆说："洛克菲勒对孩子们非常和蔼，但却不失严厉。他总是拿自己做事的原则去教育孩子们。比如说，洛克菲勒一生都不玩扑克，并且认为那是一种坏游戏，所以他的孩子连牌的花色大小都分不清楚。为了培养孩子们的自控力，洛克菲勒规定他们每天只可以吃一片奶酪。某天下午，阿尔塔揭发妹妹伊迪丝吃了两片奶酪。那一天，只要见到伊迪丝，洛克菲勒就会用责备的语气说：'伊迪丝很贪吃！'"

不得不说，洛克菲勒教育子女的方式太过严苛了一些。尤其在时间观念上，洛克菲勒更是要求自己的孩子们合理地利用时间。在父亲的严厉监督下，洛克菲勒家的孩子们时间观念非常强。比如小洛克菲勒，曾经以秒为单位仔细计算从电报室到二楼书房的时间。

在洛克菲勒的家庭生活里，宗教活动是非常重要的。每天早饭时，洛克菲勒会带领家人祈祷，如果哪个孩子迟到了，会被罚掉一美分。

祈祷过后，孩子们会轮流朗读《圣经》章节，洛克菲勒夫妇负责讲解。等到孩子们晚上睡觉之前，劳拉要听他们背诵祷告词，每天都是如此，雷打不动。

洛克菲勒不希望自己的儿子和同时代出生的许多大家族富二代一样，变成只会花钱一无是处的公子哥，因此他利用一切机会教育儿子正确认识金钱的价值观。有一次，洛克菲勒正在家中刮脸，小洛克菲勒进来说自己打算取出定期存款，把学校的学费一次性交齐。洛克菲勒回应道："让我们先来算一算。"最后计算出来的结果是，小洛克菲勒将损失 11 美分利息，而学校则不会因此多得到一分钱。

听到别人称赞小洛克菲勒时，洛克菲勒总是会强调："那都是他妈妈教育的成果。"劳拉用一个宗教徒特有的禁欲主义教育孩子，希望孩子们养成自我克制的习惯。她自认为对孩子们的管教很温和，但事实上还是显得有些严厉。

有一次，小洛克菲勒犯了错误，她就对周围的人说："正好，儿子告诉我想要什么样的圣诞礼物，现在他就别想得到这件东西了！"

在劳拉的教导之下，小洛克菲勒非常顺从，同时也继承了父母的宗教信仰，这让劳拉非常高兴，她在日记里写道："仁慈的上帝在赐给我几个可爱的女儿之后，又赐给我这个儿子，他年龄最小，却最有勇气、最独立、最有基督徒的品质。"

小洛克菲勒是在一个女性化的环境中长大的，所以在他的性格中，女性化的成分比较多。比他年长 8 岁的贝西拉很关心自己的这个小弟弟，但毕竟两人年龄差距太大。比较淘气的阿尔塔和伊迪丝才是小洛克菲勒的主要玩伴。洛克菲勒的朋友评价说：阿尔塔是 3 个孩子里最淘气和胡来的，而伊迪丝在高兴的时候喜欢观察别人，在心里打自己的小算盘。

与小洛克菲勒相比，几个姐姐得到的关心比较少，所以她们有更多的自由。阿尔塔就曾经取笑弟弟说："我们几个常常觉得约翰应该是个女孩，而我们当男孩子才对。"

顺从的性格，让小洛克菲勒得到了更多的关爱，同时也让他变得过于谨慎、小心翼翼，这也给他带来了痛苦。

## 副校长洛克菲勒

洛克菲勒曾在 1872 年至 1905 年这段时间里担任主日学校校长（主日学校，又名星期日学校，是英、美等国在星期日为贫民开办的初等教育机构），还曾在一所贫穷的教会学校短期担任过副校长。劳拉则是主日学校婴儿部的负责人，她非常喜欢旁听丈夫讲课，用满怀敬佩的目光注视着讲台上为学生们讲课的洛克菲勒。

洛克菲勒是个称职的校长，他总是早早地来到教室生火，在下课时又把煤气灯熄灭。秋天时，洛克菲勒会采集一大堆树叶分发给班里的孩子，平添几分诗意。

洛克菲勒的讲课内容主要是禁酒，他对学生们说："孩子们，知道我为什么没有变成酒鬼吗？因为我从来没有喝过第一口。"洛克菲勒经常告诫自己的学生，不要因为别人的盛情邀请去喝酒。

洛克菲勒本人从不喝酒，每年夏天都邀请主日学校的教师前往洛克菲勒庄园参加没有任何酒精饮料的野餐，这也是他在一年当中最快乐的日子。

有传言说洛克菲勒经常从他的圣经班里挖掘人才，很多人都想得到他的青睐，所以来圣经班学习的人越来越多。但事实上，洛克菲勒禁止在班上谈论任何与商业有关的事情。洛克菲勒的一个学生，是做贸易的商人，他以每桶 1.09 美元的价格购入一批石油，可又有点儿吃不准是否该出手，就想听听石油大王的建议。结果，洛克菲勒马上变得很沉默，自始至终没有说一句话。那位商人开始变得非常不安，最后问道："如果您是我，会怎么办？"洛克菲勒则冷冷地回答说："我会按照我认为是最好的办法去做。"熟悉洛克菲勒的人知道，这种冷淡的回答方式，是洛克菲勒在表达自己的愤怒。

尽管洛克菲勒非常讨厌别人在圣经课上向自己讨教生意经，但他却时常把商业与宗教结合起来，把教堂当成宣扬资本主义的讲坛。在主日学校里，他曾经这样阐述自己的理念："我认为一个人的宗教义务就是用公平诚实的手段赚取尽可能多的钱，能留下多少就留下多少，能捐赠多少就捐赠多少。"

伴随着工业化进程而出现的贫富差距过大现象没有令他感到困惑，反而被他视为天意。处在人生的这个阶段，洛克菲勒在物质领域取得的巨大成功，让他更加坚信，上天会报答那些最虔诚的人。

对洛克菲勒和劳拉来说，戒酒运动为他们拯救世界的心愿提供了用武之地，他们和他们的孩子们加入了一个叫"忠诚军"的禁酒组织。作为妇女基督教禁酒会的发起人，劳拉和其他一些家庭条件优越的妇女定期到一处名为"威士忌山"的克利夫兰贫民窟里去做社会工作，那里的居民主要是刚刚移民美国的纺织厂工人。劳拉和同伴们会到那里的酒吧，为那些饮酒的罪人跪地祈祷。劳拉还租下了一些店面，开办数家"友谊餐馆"，向那些沉迷于酒精的人宣传戒酒的好处，发放健康的食品。洛克菲勒则是"友谊餐馆"的主要捐助人。有时，他和劳拉一起去抗议那些出售掺水烈酒的商店。

# 洛克菲勒的家庭

在洛克菲勒的母亲伊莱扎眼里，洛克菲勒是个孝顺的儿子。在母亲的家里，洛克菲勒的画像被摆放在客厅壁炉的上方。

伊莱扎在一年中的大部分时间里与洛克菲勒的弟弟富兰克林住在一起，不过每到夏天的时候，她就会来到洛克菲勒庄园。

伊莱扎与洛克菲勒的感情要比别的子女更深一些，她向洛克菲勒述说心事，只要洛克菲勒能在她身边，她就会感到知足和快乐。

洛克菲勒也对母亲怀有深厚感情。小洛克菲勒曾回忆说："祖母在用餐时总是和父亲坐在一起。我非常清楚地记得，父亲在餐桌旁满怀敬意地牵住祖母的手。祖母对父亲非常信任，很疼爱他。无论是什么问题，'约翰的判断'在她看来都是不会错的，也是不容争辩的。"

洛克菲勒经常给母亲写信，一般以轻松的玩笑作为开头。在给别人写信的时候，他很少这么做。"您在洛克菲勒庄园的房间都很寂寞，希望您不要让它们在整个夏天都空着""知更鸟早早就在探听您的消息。只要您回来，就会看到一大堆鸟儿在草坪里站着欢迎您"。

19世纪70年代，已经七十多岁的伊莱扎开始出现健康问题。每当她卧床不起时，洛克菲勒就轻轻走到她的床边，用平静的口吻安慰她。每当听到儿子安慰的话，伊莱扎就会振作起来，病情随之好转许多。

虽然标准石油公司的事业是洛克菲勒所重视的，但母亲的病情永远比事业更重要。只要一听到母亲患病的消息，洛克菲勒都会马上赶回洛克菲勒庄园，径直来到她的床边，握住她的手说："妈妈，没事的！"

对于那个不知所踪的父亲威廉，洛克菲勒解释说："他患有哮喘病，需要住在干燥温暖的西部。"

威廉每年总会在克利夫兰冒出来一两次，在没有任何事先通知的情况下，他就会从克利夫兰电车总站给洛克菲勒庄园打电话，让人马上派马车去接他。有时候，戴着一头漂亮假发的他会赶着自己的马车，径直来到标准石油公司大楼前，然后以极快的速度冲到洛克菲勒的办公室里。

威廉天生一副乐天性格，即便是在老年时候，这种性格仍未改变，他每天无忧无虑，不是拉提琴，就是开玩笑、说大话。洛克菲勒家的孩子们对爷爷非常着迷。或许在他们眼里，爷爷那种乡下人的粗鲁举止、逗人的拉琴方式和不是很文雅的幽默是非常新鲜的。小洛克菲勒说："祖父最招人喜爱，全家都喜欢他。他的到来使人们心情愉快，但他总是来去不定。"

就像当初一样，威廉非常喜欢把步枪作为礼物送给孩子们，在树上钉靶子教他们射击，给他们讲打野鸭子的经历。活泼的伊迪丝最讨爷爷的喜欢，只要她击中靶心，他就会乐得手舞足蹈，而且还要大声喊道："我敢打赌，她开枪 10 次能有 8 次打中！"这样热闹几天之后，这位老爷爷突然没了踪影，谁都不知道他究竟去了哪里。

洛克菲勒对父亲一直存有怨气，但是他并没有让自己的孩子疏远爷爷。威廉来的时候，洛克菲勒看上去有些客气，而且总是躲得远远的。伊莱扎也同样感到矛盾。当威廉 1885 年来洛克菲勒庄园时，她以身体不舒服为由拒绝见他，希望这个人能远离自己的生活。

　　老年威廉依旧和年轻时一样，经常在外面游荡。他通常在伊利诺伊州与自己的第二任妻子玛格丽特一起过冬，其他的时间里则四处飘荡。威廉主要靠行骗来赚钱，所以他注定只能游离于文明之外。在警惕性很强、比较理性的城里人中间吃不开，只能到乡下去骗骗那些没有见过世面的人。

　　看着自己的儿子成为美国的大富翁，威廉也想要回到儿子的身边，但是这样一来，又触怒了现在的妻子，并暴露自己可耻的重婚行径。于是，石油大王的父亲只能隐姓埋名，在穷乡僻壤终老一生。

　　洛克菲勒的姐妹们在洛克菲勒成年之前就纷纷离开了家，在姐妹之中他最喜欢生性温柔的露西，但这个可怜的女人长期患病，40岁的时候就去世了，母亲伊莱扎的健康状况也因此开始恶化。洛克菲勒为露西的丈夫皮尔逊·布里格斯在标准石油公司找了一份采购代理的工作，他是一个和善快乐的人，洛克菲勒的孩子们很喜欢这个姑父。

　　洛克菲勒的妹妹玛丽·安嫁给脾气很好的威廉·拉德，这个男人是经营杂货生意的钱德勒·拉德公司的总经理。两人生有两男两女。玛丽·安很内向，不喜欢与人交往，后来甚至变得有些神经质。她常年穿着一身黑衣，仿佛是在守丧。尽管丈夫也算是非常富有了，她却出奇地节俭，好像是生活在穷人家里一样。她不肯雇仆人，就连擦洗房子的前廊这样的工作也是自己做。她也从来不去探望自己的兄弟姐妹，尽管与他们离得并不远。

　　威廉·拉德是洛克菲勒庄园的常客，他也是最受洛克菲勒欢迎的客人之一，总有讲不完的搞笑故事，口袋里则满满地装着送给孩子们的糖果。有一天，他拖着一麻袋旧土豆来到洛克菲勒庄园，洛克菲勒家的孩子都不知道他为什么这样做，最后才发现每个土豆上都精巧地插着一块小小的金币。

　　洛克菲勒的两个弟弟威廉和富兰克林则是被我们熟知了的，威廉同时继承了父母两人的特点，富兰克林最像他们的父亲老威廉，喜好打猎，爱喝酒和抽雪茄，大声地说笑话，经常出入于克利夫兰的娱乐场所。富兰克林的一位朋友评价他和洛克菲勒的关系时说：“你再也找不到来自同一个家庭却又如此性格迥异的两个人。”或许正因为性格上的差异，才导致了富兰克林与洛克菲勒之间的矛盾。富兰克林很喜欢威廉，但是却嫌他与洛克菲勒的关系太亲密。更令他烦恼的事情是，他自己也不敢公开反对洛克菲勒在家里的领导地位。

## 功成身退

　　退休的洛克菲勒，生活恬淡。在商场上“逐步隐退”之后，他有更多的时间和精力去思考自己的人生。

　　当然，对于自己的事业，洛克菲勒并未撒手不管。事实上，他一直担心着公司的安危。在洛克菲勒退休之后，对标准石油威胁最大的是梅隆家族。

　　与洛克菲勒家族一样，梅隆家族同样是美国的一个大家族，在很多行业中都有产业，包括石油行业。

　　事实上，在标准石油公司最为兴盛的那些年里，美国还是有其他石油公司的，这些公司大多位于俄克拉何马州和得克萨斯州。因为这两个州在反托拉斯斗争中比较坚决，标准石油无法涉足，所以这些公司得以“幸存”。

　　而这些幸存的石油公司，大多得到了安德鲁·梅隆等大资本家的支持。其中最重要的是古费石油公司、海湾炼油公司，以及得克萨斯州燃油公司。

得克萨斯州第一口油井的发现者是帕蒂罗·希金斯，他是一名机械师，也是一位自学成才的商人。此人坚信得克萨斯州埋藏着石油，并说服安东尼·卢卡斯上校在那里开钻。卢卡斯很强壮，秃顶，曾在澳大利亚海军服役，后移居美国，与梅隆家族有生意上的往来。在开采石油的过程中，卢卡斯资金不足，梅隆出手相助并最终从卢卡斯手中买下了他的石油公司。

如同得克萨斯州民众一样，梅隆家族也极力摆脱标准石油的控制。耶金在《石油大博弈》一书中写道：梅隆家族无意对任何人说出"承蒙俯允"之类的话，至少对标准石油不会这么说。他们认定公司业务的基础应该是原油生产，因此应当建立一家独立的一体化公司。他们成功了。随着安德鲁·梅隆就任财政部部长和驻英大使，公司实力不断增强。

一直以来，老洛克菲勒对梅隆家族在石油行业的动向非常关注，并命令阿奇博尔德买下出现在市场上的梅隆家族的每一个石油产权。

梅隆家族最让老洛克菲勒担心的地方，就是他们可能和法国的罗斯柴尔德家族结盟，对标准石油的海外市场构成威胁。梅隆家族曾用匹兹堡的不动产作为抵押，来建设属于自己家族的石油王国。但是，他们的计划进行得并不顺利，因为标准石油在石油领域的权势太大了，他们不得不把自己的新月管道公司和其他产权卖给了标准石油公司。而标准石油则从这笔交易中得到了 1.4 万公顷的土地和135 个产油井。

洛克菲勒对标准石油公司的发展很满意，用洛克菲勒自己的话来讲就是"标准石油此时似乎完全拥有了整个石油业"。

大地测量学会曾经颁布了一个测量地球的计划，而《世界报》

则针对这条消息说："这能使标准石油托拉斯和其他托拉斯组织得以了解他们地盘的确切大小。"确实，在全世界大部分土地上，都能看到标准石油的油井，那是他们这个王国的地盘。

对于标准石油的成功，洛克菲勒更多的感受是"一种老年人特有的成就感"。不过，他也意识到：竞争者的脚步似乎从未停止过，而自己，则再也没有当年的精力与这些竞争者厮杀了。

不过，面对种种的危机，洛克菲勒似乎不太在意，因为他退休了，剩下的事情都交给了他的继任者。而且，标准石油虽然略有不顺，但是对于洛克菲勒而言伤害不大，他的财富正在不断地自我增值。不管他是在种花、吃饭还是躲在床上不动，他的巨额储蓄都会为他带来新的财富。而且，洛克菲勒每年还能从标准石油公司的分红中收入大约 300 万美元，他将这笔钱投资到了别的公司中。

据统计，退休前后，洛克菲勒在石油行业之外的投资额达到了 2400 万美元，在 16 家铁路公司、9 家房地产公司、6 家钢铁公司、6 家轮船公司、9 家银行和钱庄，甚至还有两个橘子园都拥有非常可观的股份。

春天的时候，芝加哥大学理事会安排伊斯曼·约翰逊先生（著名画家，他的作品有《在地里》《旧马车》等描绘美国乡村生活的绘画和《哈察一家》《布朗一家》等肖像画，他的作品以逼真的细节和丰富的色彩为特点）为洛克菲勒画了一幅令人难忘的肖像。在洛克菲勒看来，这幅画的意义非同小可："这意味着我的人生进入了另一个阶段，在今后的日子里，伴随我更多的将是这幅画及众多的回忆。健康问题和慈善事业的沉重负担固然是我退休的重要原因，但此外还有一个至关重要的因素，我已使标准石油这台闪闪发亮的机器臻于完善，而且我的使命已经完成，我觉得应把缰绳传给比我年轻的人了。正如弗雷德里克·T.盖茨所说的那样，这个企业已经让我觉得无趣，少了新鲜感和变化后只会让人心烦，所以我退出了。"

退休之后的洛克菲勒不再参加每天在标准石油公司举行的午餐会，只是偶尔和其他高级经理沟通一下。但是，洛克菲勒却没有把自己退休的消息对外公布，名义上还一直保留着新泽西州标准石油公司总裁的头衔。这个决定让洛克菲勒非常后悔，因为他发现自己虽然退休了，但依然是批评者的主要批评对象，很多事情本来是阿奇博尔德做的，但是最后却要安在洛克菲勒身上，要他亲自承担责任。在他这个时代，商业报刊已经成为一种非常普遍的大众媒体。在记者们的挖掘之下，公司秘密随时都可能暴露。但是，洛克菲勒退休的这个秘密却一直很少被外人知晓。

# 退休生活

从标准石油公司总裁的位置上退下来，洛克菲勒终于可以把更多的时间和精力放到他的个人投资和慈善事业中了。

长期以来，洛克菲勒总想找到一个慈善事业上的合格委托人。在他看来，自己不能把钱捐出去就算完了，他还有责任把每笔钱都用在合适的地方，因此他从不轻易相信别人。

在金钱上，洛克菲勒始终比较吝啬。他说："我不会随便给人一点好处，除非我能完全保证这是我花钱的最好方式。"

由于洛克菲勒的财富太多，他以往的做法已不再可行——捐钱的速度没法赶上收入增加的速度，这让洛克菲勒感到吃惊。他花了几年的时间才学会用一种系统、科学而又同自己的财富规模相称的方式捐钱。于是，他觉得需要为自己的慈善事业制定一套新的操作规则。

最终，洛克菲勒选择盖茨来替他执行这一规则。弗雷德里克·T.盖茨是老洛克菲勒最亲密的助手，同时还是浸信会牧师。自从盖茨开始接管洛克菲勒的慈善事业以来，帮他作了许多明智的捐赠决定。洛克菲勒认为，在竭尽全力把道德热情和非凡的智慧彻底结合到一起而后用到慈善事业上，盖茨无疑是个天才。

为了帮助洛克菲勒打理好慈善事业，盖茨每天晚上都在研读厚厚的医学、经济学、历史和社会学方面的书籍，努力丰富知识，以期找到管理慈善事业的最好方式。和洛克菲勒一样，盖茨是个比较多疑的人，他认为世上到处是诈骗犯和欺诈行为。盖茨还是个直言不讳、从不妥协的人，在与洛克菲勒接触的时候，他总是会毫不犹豫地把自己的想法告诉洛克菲勒。更为关键的是，盖茨对洛克菲勒的忠诚是无可挑剔的。他曾经在演讲中"恭维"洛克菲勒说："那些大人物用不了和他在一起待多久，其中最有自信心的人就会偷偷跑到他那儿去征求他的意见。"

除了洛克菲勒之外，盖茨还认识许多富人。但是，洛克菲勒与他认识的其他富人不一样，他既没有私人游艇，也没有私人火车车厢。或许是洛克菲勒的简朴作风打动了这位牧师，所以他对洛克菲勒非常尊重，不容许别人说洛克菲勒的坏话。一旦听见别人诋毁洛克菲勒，他就会奋起反击。例如，有人曾向他抱怨说："洛克菲勒在克利夫兰时只知道赚钱。"盖茨立刻反驳道："看在老天的分上，他在那座城市里还能干什么呢！"盖茨经常挂在嘴边的一句话是："自从美国立国以来，洛克菲勒家族在使全体国民永远走向富裕方面所做的贡献是任何其他家族都无法相提并论的。"

当然，盖茨也并非认为洛克菲勒在生意上是完全清白的，但是他会说："洛克菲勒所做的事情，不过是符合了这个时代的规矩罢了。"

事实上，盖茨对洛克菲勒所做的事情并不完全了解，尽管他掌管着洛克菲勒的慈善捐款和对外商业投资，却被排除在任何有关标准石油公司的事务之外。这是洛克菲勒一贯的用人策略，他提倡下属们独立自主，但是却从来不完全信任他们。洛克菲勒有句名言说："领导者的内心就应当像是中国套盒那样，别人即使能穿过最外面的一层屏障，看到的却是又一层屏障，然后又是一层，无穷无尽。"

为了选择理想的下属帮助自己打理生意，洛克菲勒在退休之前刻意把身边的人都换成了新手。新人更忠诚，而且对洛克菲勒家族一无所知，更会不假思索地为洛克菲勒辩护。洛克菲勒招来的这些新人，没有一个是在标准石油工作过的。

在盖茨的领导下，洛克菲勒的这些下属确保他数以百万计的金钱能得到审慎的捐赠或投资。对于盖茨的道德，洛克菲勒是绝对相信的，因为此人是牧师，还是浸信会的牧师。

# 挚友难得

1897 年下半年，洛克菲勒的健康再度恶化，这次据说似乎与血液循环障碍有关，医生们要他立即把更多的日常决策交给下属去做。洛克菲勒对一位亲戚说："我不认为自己有病，但是我马上听从这个小小的劝告，因为健康才是头等重要的大事。"

确实，对于晚年的洛克菲勒而言，健康是头等大事。因为他想要挣到 10 万美元这个目标早就实现，只剩下"活到 100 岁"这个目标了。

标准石油的新任总裁阿奇博尔德在执掌大权之后，立刻开始给股东们涨红利，从洛克菲勒时代的 12% 涨到了 33%。在高额红利的刺激下，标准石油公司的股票价格一路飞涨。

对于最大的股东洛克菲勒而言，涨红利自然是有利的。但是，他本人却非常反对这种过高的分配方式。

外界在得知洛克菲勒的收益更大了之后，每天都会有数以百计的求援信。洛克菲勒告诉盖茨，不要把这些信给他，也不要透露他的地址。盖茨对洛克菲勒说："行善本身就是最好的回报，寻求别人感激的人将只会感到莫大的悲哀。"

听完这句话，洛克菲勒反问盖茨："难道我不懂得这个吗？"

晚年的洛克菲勒虽然生活平静，但却多少有些悲哀。因为即使有很多人围在他身边，但是他却并没有多少真正的朋友，在洛克菲勒看来是"财富把我与别人隔离开了"。

洛克菲勒总会想起十年前与盖茨相见的场景，当时盖茨在南方一家旅馆里拜见他，发现洛克菲勒既孤独又消沉，便建议他与当地一些有教养的人交往。而洛克菲勒则对盖茨说："盖茨先生，如果你以为我没想过这么做，那你就错了。我试过几回，但几乎每一回的结果都一样……打高尔夫快打到第9洞时，建议就来了，不是慈善方面就是财务方面的！"

洛克菲勒这么说恐怕还是比较客气的，与他接触的那些人恐怕也不仅仅是给他提建议这么简单。

自从洛克菲勒开始投入慈善事业之后，他对于人性更加失望了。有一次，他对儿子说："我借钱、捐钱给人之后，却看到他们为了避免和我说话，特意跑到街对面走。"

洛克菲勒所抱怨的这些事情，基本上是人之常情，因为没有人愿意总是与"施舍者"相见。

最令洛克菲勒不满的是，人们想方设法地窥视和乞求他的财富，这让他失望透顶。

# 与芝加哥大学的一段因缘

退休之后，洛克菲勒曾经应邀参观芝加哥大学。

芝加哥大学的前身是美国浸信会建立的一所教会学校，1886年，这所学校由于财政问题而倒闭。1890年，洛克菲勒慷慨捐助，芝加哥大学起死回生。

洛克菲勒曾捐助过大量的机构和社会组织，但是他有一个规定，那就是在他提供启动资金之后，这些机构就必须要财政独立、自谋生路，结果很多机构都因为得不到洛克菲勒的继续捐助而倒闭了。

洛克菲勒在芝加哥大学却打破了这种规定，在提供了启动资金后，他仍然继续为这所学习提供巨资，以维持它的运转。

1891年，洛克菲勒经过慎重考虑后，选择年仅35岁的威廉·哈珀作为筹备芝加哥大学的助手，后来哈珀成为芝加哥大学的首任校长。

芝加哥大学对教师和学生的选拔标准非常严格。在哈珀的构想中，他要将芝加哥大学建成"一所可以和东部（哈佛和耶鲁所在地）所有学校相媲美的大学"，而他也确实做到了。

为筹办芝加哥大学，哈珀发挥了他"天才的鼓动力"，说服了8位在任的大学校长和近20名系主任来芝加哥大学任教，这在教育史上是空前绝后的。例如，他去当时美国及世界顶尖的心理学研究中心克拉克大学访问了一次，离开的时候就"挖"走了2/3的教师和一半的研究生，惹得该校校长、著名心理学家斯坦利·霍尔骂他是个没有良心的人。由于总是在挖墙脚，哈珀成了各个大学讥笑和斥责的对象，但他却不以为意。

哈珀还通过向研究人员提供比教师多得多的补贴来吸引"美国最优秀的学者"，这个举动也引起批评家的猛烈抨击。但作为背后的大老板，洛克菲勒却坚决支持他。

仅仅用了一年半的时间，芝加哥大学就成为一所拥有120人的研究和教师团队以及10栋教学楼的一流大学。到1894年，芝加哥大学已成为美国高等教育与研究的引领者之一。

作为最大的金主，洛克菲勒多年来却一直拒绝去芝加哥大学，因为他不愿把这所大学与自己的名字公开地联系起来。另外，他也不喜欢在公开场合抛头露面。

而哈珀则总是劝说他来大学看一看，就像是一个团长在请司令检阅自己的军队一样。终于，洛克菲勒和妻子劳拉决定出席芝加哥大学建校5周年庆祝活动，但是洛克菲勒有一个要求——不要让他发表演说。

在7月一个炎热的日子里，数以百计的芝加哥大学学生和教授衣冠楚楚地来到了一个帐篷搭成的会场，而洛克菲勒则穿着普通礼服、头戴丝质礼帽低调地出现。

当洛克菲勒出现的时候，热烈的掌声响起，这让他颇有点不知所措。哈珀在做完演讲之后，顺势提出要洛克菲勒为学校投资一个会议场所。洛克菲勒回答说："仁慈的主赐给我金钱，我怎能不把它用在芝加哥大学呢？我要感谢理事会，感谢校长先生，感谢今天所有来庆祝这一辉煌开端的朋友们。这只是一个开端，今后的事业将由你们来完成。你们有权利来完成这项事业，你们和你们的子女拥有这个权利。我相信你们会成功的。这是我一生最明智的投资。人们怎会不把金钱、时间和最大的精力投在芝加哥大学呢？为什么不呢？这是放在我们面前的最有利的时机，哪里还会有比这更好的理事会、更好的教师呢？我深深、深深地感谢自己能与这所大学联系在一起。"

第二天上午，洛克菲勒在学校工作人员的陪同下参观校园。他穿着运动装，骑着自行车在校园内穿行，同时向路旁欢呼的学生挥手致意，而学生们则以热烈的掌声欢迎他。

洛克菲勒被学生热烈、真挚的爱戴之情深深打动了，他每到一处，学生们都会齐唱道："约翰·戴维斯·洛克菲勒，他是一个了不起的人，把余财全部献给了芝加哥大学。"还有的学生则唱道："谁是好汉？谁是好汉？啦啦啦！洛克菲勒，他就是好汉，加油干！"

看着学生们对自己如此爱戴，洛克菲勒深感自己的钱没白花。

## 喜爱运动的世界首富

关于洛克菲勒退休后的生活方式，那些好事的记者有众多的揣测。有些记者认为洛克菲勒忙了一辈子，现在退休了，肯定会好好享受生活。但事实上并非如此，洛克菲勒说："一个真正形成勤奋习惯的人会对这一美德的好处有深刻的体会。"他是一个闲不住的人。

洛克菲勒与同时代的富豪们不同，他们有钱了喜欢四处游玩，收集艺术品，利用自己的财富扩大交往，认识名流。除了个别商业界人士偶尔造访外，洛克菲勒把大多数时间给了他的家人和教友。

一直以来，洛克菲勒对于那些吃祖产的人搞的俱乐部、聚会或组织毫无兴趣。他不以上流社会人士自居，对人彬彬有礼。他不需要那些外在的东西来证明自己的成功。很多人因此批评他缺乏想象力。

退休后有一段时间，洛克菲勒狂热地迷恋上了骑自行车和打高尔夫球。童年时，洛克菲勒很少像其他孩子一样嬉戏玩耍。可随着身体的衰老，他的心却越来越年轻。一方面，为了健康的考虑，他越来越好动；另一方面可能是为了弥补童年的遗憾。

每年春天，纽约都会举行"单车节"。这一天会有很多人骑着单车聚在一起，穿行在大街上。

洛克菲勒买了各色漂亮的骑车服，紧口凸纹上衣、登山帽和布绑腿，显得非常专业。无论做什么事情，洛克菲勒都非常讲究规则。在骑自行车的时候，他也总是按照自己制定的规则：先转个大圈接着一圈一圈转下去，圈子越转越小，最后几乎是后轮在转，人却掉不下来。就像经营公司一样，洛克菲勒把骑车的过程分成几个步骤，每一步都力求做到尽善尽美。

洛克菲勒越来越像个老顽童了，他喜欢骑在车上玩各种惊险动作，有时候让人扶着车子，自己一下跳到车座上；有时候撒开车把、双手撑开雨伞骑车。

有一次，洛克菲勒想骑车登上福里斯特山（洛克菲勒庄园所在地）的陡坡，一位工程师告诉他不可能找到合适的角度。为了证明工程师说的话是错的，洛克菲勒埋头研读土木工程学方面的书籍，并找到了一个3%的坡度。最后，洛克菲勒从这里成功地骑上了陡坡。

除了骑车之外，洛克菲勒还迷上了打高尔夫球。有一次，洛克菲勒和朋友伊莱亚斯·约翰逊一起玩掷马蹄铁套柱游戏。伊莱亚斯对洛克菲勒轻松自如的姿态和几乎百发百中的技巧大加赞赏，告诉他这些本事很适合玩高尔夫球。洛克菲勒被说动了，他跟着对方一起到了高尔夫球场。

第一次打球的洛克菲勒打了几杆擦边球之后，便打出了3个超过 100 码的好球。伊莱亚斯对洛克菲勒的天赋大加赞赏："100 个人里找不到一个能打出你刚才打的好球。"

洛克菲勒的好胜心被高尔夫球激发起来，他问伊莱亚斯："有些人不是能把球打得更远吗？""那自然，不过要想把球打出很远，得经过大量训练才行。"

洛克菲勒瞒着妻子劳拉，找来职业高尔夫球手乔·米切尔教自己。每次看见劳拉走过来，洛克菲勒便马上跑到灌木丛中躲起来。

几星期后，洛克菲勒貌似漫不经心地对劳拉说："高尔夫球好像是个很有意思的活动，我想打一下试试。"说完，他走到一个发球区，一下子把球从平坦球道上打出 160 码的距离。劳拉惊呆了，过了一会儿说："约翰，我也许本该知道这一点，你干什么都比别人强，学得也快。"

洛克菲勒 60 岁生日的前夕，他第一次打满一场高尔夫球，用 64 杆打中了 9 个洞。巨大的成就感让洛克菲勒狂热地迷上了这项运动。他再次以商业管理的方式将打球的步骤分解开来。

洛克菲勒注意到自己每次击完球后右脚都会往里拧，便叫球童用金属做的槌球拱门把脚固定在地上……这个方法很危险，说不定会伤及健康，但是直到姿势纠正后，洛克菲勒才撤除了拱门。

洛克菲勒击球时总习惯性地抬头，便专门雇了一个球童在他每次发球时对他说"低下头来"。让洛克菲勒感到失望的是，自己总是打侧旋球。为了找到问题的根源，他又请了一位克利夫兰摄影师抓拍自己的击球动作，然后仔细观看分析，洛克菲勒彻底改掉了这个让他烦心的毛病。

洛克菲勒的私人医生，也是经常跟他在一起打高尔夫的老搭档汉密尔顿·比格大夫认为，高尔夫球使洛克菲勒从几近崩溃的身体状况中恢复了活力。他对记者说："洛克菲勒那么兴致勃勃地从事这项运动，使他的气色发生显著的变化。他原先脸色苍白、布满皱纹，现在却显得结实、红润，十分健康。"

对于洛克菲勒而言，打高尔夫球还有另一种功用。洛克菲勒原来较为畏惧与人面对面交谈，而高尔夫球则为他提供了一个有条不紊、毫无风险地开展社交的理想方式。他一到球场总是先说一些笑话，或是聊些过去的趣事儿，甚至吟诵自己写的短诗。洛克菲勒最喜欢取笑的是一个经常在高尔夫球场上作弊的著名牧师。

洛克菲勒说："高尔夫球使我生就的幽默感得到了发挥，而在这之前我从来没有流露出来过。"

在写给女儿的信里，洛克菲勒则说："我们不应该拿别人的失败寻开心，可是上个星期天我在高尔夫球场上打败了4个人……这样做太不应该了。当然，我再也不会这样做了。"

洛克菲勒在球场上规定了许多不能做的事情，其中就包括谈工作。如果有人在打球的时候谈了工作，洛克菲勒虽然不会说什么，但是下一次这个人就再也得不到邀请了。

# 洛克菲勒庄园

退休之前，洛克菲勒大部分时间住在纽约城里。在那里，他可以与同事们在吃早餐的时候讨论公事。不过，洛克菲勒很少在自己的房子里招待达官显贵，因为他不想和这些人有过多的接触。

洛克菲勒的弟弟威廉率先找了一片风景优美的土地，修建了一处庄园。这里有一条大河，两岸是起伏的农田和如画的村落。

乡野风光让洛克菲勒非常钟爱，他总是说自己从内心里是个乡下来的孩子。1893 年的时候，洛克菲勒在离弟弟的庄园不远处，选中了一块地方，花费 6.8 万多美元买下了这片土地。

两年之后，一个投资者从他手里买下这块地，并在上面盖起一所疗养院。洛克菲勒则为这里修建了一条铁路，方便人们从城里前往这处近郊度假胜地。

19 世纪 70 年代，由于美国经济萧条，所以疗养院的买卖越来越差，洛克菲勒趁此机会将这块土地买了回来。从那时候开始，他就把这里当作自己的消夏度假地。当时，医生怀疑他的妻子劳拉可能染上肺病，而优美的自然环境有益于她的健康。从此，这块土地就成为洛克菲勒家族的庄园。

洛克菲勒庄园是洛克菲勒最钟爱的清净之地。他赞叹道："是的，我对庄园的喜爱胜过其他任何一处宅子。"平心而论，在那个时代，庄园的建筑和装修都非常一般，很多人因此批评洛克菲勒品位低下。但是，对于洛克菲勒来讲，住着舒服比住得奢华更重要，因为房子是用来住的，不是用来看的。

洛克菲勒很喜欢这里的一幢房子，因为四周有宽阔的回廊和阳台，在西面阳台上，可以看见滚滚奔流的大河和新泽西的峭壁悬崖。

自从买到这栋房子以后，洛克菲勒就一直对其加以改造，一会儿把某个房间扩建一些，一会儿又把另一个房间改造得更舒服一些。

洛克菲勒在房子周围不断地买下土地，到最后竟然达到了3000英亩的规模，最终形成后来的洛克菲勒庄园。

洛克菲勒又花费了很大力气来改造自己的庄园：一幢幢建筑被摧毁，一片片篱笆被拉掉。他还修建了许多新房子，按照旅馆的式样修建。

这是因为洛克菲勒和劳拉有意把自己的庄园打造成招待朋友的付费俱乐部。1877年夏天，他们邀请十几位朋友来这里做客。很多人根本不知道这个地方是收费的，因而在收到账单时非常吃惊。洛克菲勒家的孩子们感觉很不舒服：当他们在餐厅里吃饭时，身边总有一群身着黑色礼服、姿态庄重的男仆殷勤服务。

从1877年到1883年，纽约欧几里得大道的房子仍然是洛克菲勒家的主要生活场所，洛克菲勒庄园只是夏季别墅。后来，全家人住在洛克菲勒庄园的时间越来越长，仆人也增加到136人之多。这里也逐渐成为洛克菲勒家族的主要居住地。

洛克菲勒庄园离标准石油办公室的路途遥远，但洛克菲勒依然在每天早晨坐着双座轻便马车进城。他非常喜欢赛马，拥有12匹血统名贵的好马。他让人在洛克菲勒庄园建起一条半英里长的跑马道，两旁的枫树是小洛克菲勒亲手栽植的。

直到19世纪70年代中期，洛克菲勒每天都会回家吃午饭，下午与家人一起做一些户外运动。在洛克菲勒庄园里，有两个人工湖，一个用于划船，一个用于游泳。

庄园里还有一段早年荷兰殖民者用来隔开农地和牧地的古老的石墙,这段石墙被洛克菲勒完整地保留下来,使整个庄园显得别有韵味。

洛克菲勒尽量避免让自己的居所流于富丽堂皇的俗套,他也不需要用这种奢华来彰显自己的身份。事实上,洛克菲勒更喜欢过一种隐居的生活。

为了让自己的庄园周围没有其他人,洛克菲勒想要买下庄园附近的属于马斯·伯索尔的一小块地。洛克菲勒开价很高,并答应另外买一块地供他使用,但固执的伯索尔拒绝了。

洛克菲勒总有办法达成自己的目标,他命令管家在伯索尔的土地四周种上他能找到的高大雪松,让伯索尔的家里一点阳光也见不到,最终这个顽固的人屈服了。

与洛克菲勒同时期的大富翁们,如范德比尔特、惠特尼、卡内基等,似乎更喜欢宫殿式建筑,里面充满了大理石、水晶和古董。但是,在洛克菲勒庄园却看不到这些东西。洛克菲勒是个典型的实用主义者,只追求房屋最原始的功效——安全、舒适,他对那些没有用的陈设完全没有兴趣。

洛克菲勒的这种性格也体现在其他很多地方,如他很少买新衣,只要每天穿得干干净净、整整齐齐就好了。吃饭更是随便,只爱吃面包,喝牛奶。他在饮食上唯一的爱好是吃苹果,在卧室窗台上,经常放着一口袋苹果,他几乎每天临睡前都要吃上一个。

搬到庄园后,洛克菲勒终于能在自己家里打高尔夫球了。一场大雪过后,洛克菲勒大清早就给伊莱亚斯·约翰逊打电话,邀请他来打球。对方很惊讶地说:"这种天气是不能比赛的。"他哪里知道,就在此时,一群工人正在用马拉着扫雪机一丝不苟地清除着 5 条平坦球道上的雪，然后铺上绿草。

在洛克菲勒庄园，有专门的人负责保持绿地清洁，他们常常一大早出门用特制的剪草机轧压后再用竹竿打掉草上的露水。洛克菲勒为此花了不少钱，但是他认为这对自己的健康很重要。

洛克菲勒每天要在这里转悠几个小时，就像是一个国王四处巡察自己的领地。但是，这位国王的健康状况是越来越差了。他失眠，饭量变得很小，每天只吃些牛奶和麦片，即便这样还是会长胖，而且浑身都开始长疙瘩。似乎在一夜之间，洛克菲勒的外表变化十分惊人：他变得又老又胖，弯腰驼背……好像是老了好几十岁，没了毛发，皮肤干燥得像羊皮纸一样，嘴唇显得太薄，头则显得太大。

后来，洛克菲勒开始脱发。有一次，他去参加摩根举办的一个晚宴，坐在满脸困惑的美国钢铁公司新任总裁查尔斯·施瓦布旁边。洛克菲勒对这个人说："我知道你认不出我来了，查理，我是洛克菲勒。"

在这种情况下，洛克菲勒悲观地在日记里写道："我想距离我见上帝的日子越来越近了，在剩下的时间里，我应该把更多的精力投入我的慈善事业中，把上帝给我的财富与更多的人分享。"

# 第 5 章
## 绝佳的继任者

　　洛克菲勒二世对洛克菲勒家族最大的贡献就是他重塑了家族形象，老洛克菲勒不善于与传媒打交道，所以他的名声一直不太好。但是，在小洛克菲勒执掌洛克菲勒家族的几十年时间里，无论是在美国国内还是国外，很难再看到对洛克菲勒家族不利的言论，甚至连早先那些批评老洛克菲勒的言论也逐渐被淡化、被遗忘。

# 唯一的传人

作为洛克菲勒家族第二代的唯一传人，小洛克菲勒被父亲寄予厚望。

少年时期，小洛克菲勒学习成绩名列前茅。但是，逐渐地洛克菲勒发现儿子似乎有一些"不正常"：终日惶恐畏缩，谨小慎微，生怕做错什么事似的。

精神上的异常，导致小洛克菲勒的身体每况愈下，那段时间他骨瘦如柴，浑身无力。父母内心焦虑异常，决定让小洛克菲勒暂时离开学校，回到洛克菲勒庄园疗养。

那一年，小洛克菲勒每日在庄园里耙树叶，砍树，锯木头。他希望通过体力劳动将缠上身来的奇怪病魔驱跑。

这种锻炼是有效果的，1891年时，小洛克菲勒的身体大为好转，随后重返校园。

两年之后，小洛克菲勒到了上大学的年纪。他本想去读耶鲁大学，但是细一打听才知道，这所大学虽然教学质量优秀，但校风不怎么好，学校里混杂了一大批不务正业的纨绔子弟。最终，小洛克菲勒接受了芝加哥大学校长威廉·雷尼·哈珀的建议，选择了规模较小、有浸信会背景的布朗大学。

在布朗大学里，小洛克菲勒和其他学生没什么两样，约会，观看足球赛，参加舞会，还和朋友们一起去欧洲骑车旅行。大部分人不知道，他们身边这个衣服袖口的边沿都磨毛了的同学是美国首富的儿子。

没有百炼火，孰知寸金精。小洛克菲勒正是在这种自我磨砺中，铸就了一代守成之主和财富好管家的独特素质。而洛克菲勒也对儿子的表现非常满意，他说："身为富家子弟，约翰未能享受到其他小孩子那样的热闹童年，也未能建立同龄年轻人之间的那种自在轻松的社会交往，但他一直都在努力地让我和他母亲对他满意和为他自豪。"

1987 年，大学毕业之后，小洛克菲勒的"普通人"日子一去不返了，因为他始终是洛克菲勒家族的传人，肩负着家族振兴发展的重任。

当时，标准石油正面临着美国政府的"垄断"指控，偌大一个石油帝国随时可能解体，而这个石油帝国的缔造者洛克菲勒则为此忧心忡忡。

此时，洛克菲勒的名誉跌到了谷底，舆论和大众都指责他是个不择手段的黑心商人，政府则公开宣布他的商业活动是非法的。由于忧思过度，那段时间洛克菲勒病容满面，蜡黄憔悴。在这种情况下，刚刚毕业的小洛克菲勒有责任与父亲站在一起，共同面对来自整个社会的挑战。

"我必须从事我父亲的工作。"此时的小洛克菲勒也是这般心情，他必须像一个斗士，守护家族的荣誉。

# 初出茅庐

19 世纪末期，美国经济经历了重大变故。1893 年，以股票市场的崩溃为前兆的经济萧条开始了。到第二年年初，就已经有 600 家资信不好的银行倒闭。当时人们对局势的评价是："工业界的动荡几乎到了无政府状态。"

但是，经过这次经济危机之后，美国工商业犹如经过了一次大换血，焕发出了更加蓬勃的生机——大型公司纷纷成立，有如雨后春笋；证券交易市场发展迅猛，锐不可当。

在经济犹如坐上过山车般大起大落的背景下，有些人一夜暴富，有些人则倾家荡产。美国工业的重心不可抗拒地转移到了华尔街，金融界的巨头们通过控制金融进而统治整个美国的经济，叙写着金融家们所津津乐道、广泛传诵的英雄创业史诗，开创了金融狂澜的时代。

在这种情况下，小洛克菲勒也开始涉足华尔街金融圈。1901 年，花旗银行总裁斯蒂尔曼邀请小洛克菲勒到花旗银行担任董事。

从内心来讲，洛克菲勒是不愿意自己的儿子去花旗银行任职的，因为他对斯蒂尔曼这个人的印象很差。

约翰·洛克菲勒的弟弟威廉·洛克菲勒与斯蒂尔曼是私交密友，他的两个儿子分别娶了斯蒂尔曼的两个女儿。约翰·洛克菲勒本人与斯蒂尔曼的关系不好，在经济萧条的时期，洛克菲勒曾经向斯蒂尔曼提供了 500 万元，帮助他发展花旗银行。但是，狡猾的斯蒂尔曼不但迟迟不肯还钱，还用这笔钱买了廉价的股票，谋求私利。这让洛克菲勒感到非常愤怒。而且，在洛克菲勒眼里，斯蒂尔曼还是带坏了自己弟弟的罪魁祸首。

洛克菲勒与弟弟威廉的关系一向很好，但是随着时间的推移，兄弟俩的价值观和信仰产生了分歧。威廉与他们的父亲非常像——不重视宗教、生活奢华。虽然他远远不如哥哥洛克菲勒有钱，但也是全美十大富豪之一。他喜欢鸡尾酒会、赌博、狩猎、钓鱼、听歌剧、看戏和乘游艇出海，这些都是洛克菲勒所不齿的行为。

1888 年，威廉和摩根、范德比尔特等人在一个小岛上成立了"杰基尔岛俱乐部"。那是个百万富翁聚集的豪华度假区，是富人们享受生活的天堂。在约翰·洛克菲勒看来，弟弟的这种行为等于是抛弃了宗教的信仰，尤其是当弟弟对他说"我以前十分喜欢去教堂，但现在我已经很久没有去过了"，洛克菲勒更是伤心。

另一件令洛克菲勒不满意的事情是，威廉很少向慈善事业捐款。他曾经建议威廉向芝加哥大学捐款，但是对方却充耳不闻。洛克菲勒当面讽刺他说："买画固然不错，但建教堂更好。"

在洛克菲勒看来，弟弟之所以"堕落"至此，完全是受到了斯蒂尔曼的影响。他曾经说："我对斯蒂尔曼的性格很有看法，并且对他和威廉之间的交情感到遗憾。他在大萧条时利用我的钱投机致富，现在他又唆使威廉走向罪恶，他是个小人，我一向不掩饰对他的鄙薄。"

斯蒂尔曼与约翰·洛克菲勒父子的关系很一般，有一次，他去百老汇 26 号拜访威廉，顺便走到小洛克菲勒的办公桌旁，开始说一些贬低洛克菲勒的话。小洛克菲勒忍无可忍，站起身来对他说："斯蒂尔曼先生，你这些话可以在我父亲面前说，但不能在他儿子面前说。"

即便关系不佳，但斯蒂尔曼还是决心邀请小洛克菲勒去他的银行担任董事，这或许是因为他知道洛克菲勒家族财富的真正威力。

小洛克菲勒很想接受邀请，担任斯蒂尔曼给他的这个职务。但洛克菲勒却警告他说："如果你接受这个职位，可能让别人认为洛克菲勒与银行的关系密切。我们最好不要向外界公开这一点。"

很明显，洛克菲勒不愿意儿子蹚浑水。但是，小洛克菲勒生平第一次违背他的意愿，加入了花旗银行的董事会。虽然不赞同儿子进银行，但为了表示对儿子的支持，洛克菲勒还是买了花旗银行的1万股股票。在此期间，洛克菲勒给儿子写了一封信，这封信后来被人们广为传颂，成为家庭教育的经典之作，现摘录如下：

亲爱的约翰：

你希望我能永远同你一起出航，这听起来很不错，但我不是你永远的船长。上帝为我们创造双脚，是要让我们靠自己的双脚走路。

也许你尚未做好独自前行的准备，但你需要知道，我所置身的那个充满挑战与神奇的商业世界，是你新生活的出发地，你将从那里开始参加你不曾享用而又关乎你未来的人生盛宴。至于你如何使用摆放在你生命面前的刀叉和如何品味命运天使奉上的每一道菜肴，那完全要靠你自己。

当然，我期望你在不远的将来就能卓尔不群，并胜我一筹。而我决定将你留在我身边，无非是想把你带到你事业生涯的高起点，让你无须艰难攀爬便可享有迅速腾达的机会。

这当然没有什么值得你庆幸和炫耀的，更无须你感激。美利坚合众国的建国信念是人人生而平等，但这种平等是权利与法律意义上的平等，与经济和文化优势无关。想想看，我们这个世界就如同一座高山，当你的父母生活在山顶上时，注定你不会生活在山脚下；当你的父母生活在山脚下时，注定你不会生活在山顶上。在多数情况下，父母的位置决定了孩子的人生起点。

　　但这并不意味着，每个人的起点不同，其人生结果也不同。在这个世界上，永远没有穷、富世袭之说，也永远没有成、败世袭之说，有的只是我奋斗我成功的真理。我坚信，我们的命运由我们的行动决定，而绝非完全由我们的出身决定。

　　就像你所知道的那样，在我小的时候，家境十分贫寒。记得我刚上中学时所用的书本都是好心的邻居为我买的，我的人生开始时也只是一个周薪只有 5 元钱的簿记员。但经由不懈的奋斗，我却建立了一个令人艳羡的石油王国。在他人眼里这似乎是个传奇，我却认为这是对我持之以恒、积极奋斗的回报，是命运之神对我艰苦付出的奖赏。

　　约翰，机会永远都会不平等，但结果却可能平等。在历史上，无论是在政界还是在商界，尤其在商界，白手起家的事例俯拾皆是，他们都曾因贫穷而少有机会，他们却都因奋斗而功成名就。然而，历史上也充斥着富家子弟拥有所有优势，却走向失败的事例。马萨诸塞州的一项统计数字说，十七个有钱人的孩子里面，竟然没有一个在离开这个世界时还是富翁。

　　而在很久以前，社会上便流传着一个讽刺富家子弟无能的故事，说在费城的一个小酒吧里，一位客人谈起某位百万富翁，说："他是白手起家的百万富翁。""是啊，"旁边一位比较精明的先生回答说，"他继承了两千万，然后他把这笔钱变成了一百万。"

　　这是一个令人痛心的故事。但在我们今天这样的社会，富家子弟正处在一种不进则退的窘境之中，他们中的很多人注定要受人同情和怜悯，甚至要下地狱。

　　家族的荣耀与成功的历史，不能保证其子孙后代的未来将会美好。我承认早期的优势的确大有帮助，但它不能保证最后会赢得胜利。

我曾不止一次地思考这个对富家子弟而言带有悲哀性的问题，我似乎觉得，富家子弟开始承担了优势，却很少有机会去学习和发展生存所需要的技巧。而出身低贱的人因迫切需要解救自身，便会积极发挥创意和能力，且珍视和抢占各种机会。我还观察到，富家子弟缺乏贫贱之人的那种要拯救自己的野心，也只得祈祷上帝赐予他成就了。

所以，在你和你的姐姐们很小的时候，我就有意识地不让你们知道你们的父亲是个富人，我向你们灌输最多的是诸如节俭、个人奋斗等价值观念，因为我知道给人带来伤害最快捷的途径就是给钱，它可以让人腐化堕落、飞扬跋扈、不可一世，失去最美好的快乐。我不能用财富埋葬我心爱的孩子，愚蠢地让你们成为不思进取、只知依赖父母的果实的无能者。一个真正快乐的人，是能够享受他的创造的人。那些像海绵一样，只取不予的人，只会失去快乐。

我相信没有不渴望过上快乐、高贵生活的人，但真正懂得高贵快乐生活从何而来的人却不多。在我看来，高贵快乐的生活，不是来自高贵的血统，也不是来自高贵的生活方式，而是来自高贵的品格——自立精神。看看那些赢得世人尊重、处处施展魅力的高贵的人，我们就知道自立的可贵。

约翰，你的每一个举动都会成为我的挂念。但与这种挂念相比，我更对你充满信心，相信你优异的品格——比世界上任何财富都更有价值的品格，将帮助你铺设出一条美好的前程，并将助你拥有成功而又充实的人生。

但你需要强化这样的信念：起点可能影响结果，但不会决定结果。能力、态度、性格、抱负、手段、经验和运气之类的因素，在人生和商业世界里扮演着极为重要的角色。你的人生刚刚开始，但一场人生之战就在你面前。我能深切地感觉到你想成为这场战争的胜者，但你要知道，每个人都有追求胜利的意志，只有决心做好准备的人才会赢得胜利。

我的儿子，享有特权而无力量的人是废物，受过教育而无影响的人是一堆一文不值的垃圾。找到自己的路，上帝就会帮你！

爱你的父亲

（摘自《洛克菲勒的 38 封信》）

从这封信中，我们可以感受到洛克菲勒对儿子深沉的爱，以及尊重儿子自我选择的态度。这也是为什么他虽然不同意小洛克菲勒进入花旗银行，但最终却没有干预他的原因。

仅仅一年以后，小洛克菲勒就退出了花旗银行董事会，原因是他"发现该银行的某些做法有问题"。至于具体是什么问题，外人不得而知。

小洛克菲勒在事业上的监护人叫作弗雷德里克·T. 盖茨，此人是个牧师，也是洛克菲勒终身的挚友和投资顾问。作为一个外人，他在洛克菲勒家族中享有一定的地位。盖茨不但指导小洛克菲勒如何从事慈善事业，还教导他处理某些老洛克菲勒石油业之外的冒险投资。

盖茨牧师平时神态严肃，恃才不羁，常常使小洛克菲勒感到难以跟他欢洽共事。但是，小洛克菲勒却非常尊重他，并明白这个人是自己的良师益友。所以，他一直都虚心而又虔诚地接受盖茨的指导，充当起办理自己家族事业的一名忠顺学徒。

作为洛克菲勒家族的继承人，小洛克菲勒是含着金钥匙长大的，家族带给他的不仅仅是难以估量的庞大财富，更是一种责任。他急于向父亲证明自己有驾驭财富的能力，也急于向外界证明自己不仅仅是个只会依靠父亲的公子哥，他更急于做出一番事业给父亲看。

小洛克菲勒毕业后不久，就向洛克菲勒借了一笔年利为六厘的钱，为自己和三姐阿尔塔在交易所开设的一个保证金账户进行投资。在前几次投资中，小洛克菲勒略有斩获，这使得他信心倍增。

随后，他碰到了一位名叫戴维·拉马尔的投资人。拉马尔见小洛克菲勒经验有限却掌握巨资，便用"工业方面某些重要的秘密情报"为诱饵，谎称美国皮草公司的股票即将暴涨，勾引小洛克菲勒投资这只股票。

急于求成的小洛克菲勒果然上当，投入巨资将能买进的美国皮草公司的股票统统买下来。事实上，拉马尔本人也持有该公司的股票，等到小洛克菲勒胡乱抢购股票而促成行情上涨之后，拉马尔却将自己手中的股票全数抛出，大赚了一笔。小洛克菲勒则成了这个"华尔街之狼"成功路上的垫脚石。

在此次投资中，小洛克菲勒损失了几十万美元。当他垂头丧气地把事情的经过告诉洛克菲勒的时候，洛克菲勒平静地说："好了，约翰，别着急，我会帮助你渡过这一难关。"

接受了这次教训之后，小洛克菲勒似乎认识到了自己在商业上的不足，开始将工作的重心转移至慈善和宗教事业。他从查尔斯·埃文斯·休斯（日后成为美国国务卿和首席大法官）手中接过了教会工作。

在更多地参加社会活动之后，小洛克菲勒意识到：洛克菲勒家族在他人眼中的形象非常负面。新闻媒体不仅大肆抨击洛克菲勒，甚至连涉世未深的小洛克菲勒也不放过，很多报纸都抓住他在商业上的失误而大加嘲笑，还夸大了他的亏损金额。至于自己热衷宗教的举动，也被外界说成"要从笃信宗教的虔诚中捞取更多的资本罢了"。

如果想要抹黑一个人，其实根本不需要什么借口，因为人们一旦对你的印象不佳，那么你做什么都是错的。小洛克菲勒和父亲一样，非常节省，这本来是个优点，但是到了媒体那里，也变成了他们嘲笑洛克菲勒父子的素材。一位媒体记者说："在对待服务员的态度上，小洛克菲勒比他父亲略胜一筹，因为老约翰往往狡猾地掏出一把零碎钱让看门人或服务员自己动手拿取，看他们胆敢拿多少，而小洛克菲勒却压根儿不给小费；当他受到报章舆论的连珠炮似的攻击时，这个小财神爷竟大发慈悲，给了他的理发师 5 美分的小费，于是这枚 5 美分硬币便被放进镜框里，挂在理发店的墙上示众了。"我们无法推断这位记者说的话是否属实，但不管事情是真是假，用这种嘲笑的语气去评价一个人，显然是不对的。

或许就是在这个时候，小洛克菲勒开始萌生了扭转洛克菲勒家族形象的念头。

# 权力与金钱的结合

1901 年，小洛克菲勒结婚了，妻子是艾比·格林·奥尔德里奇。

7 年前，小洛克菲勒在布朗大学念书时，去参加同学组织的舞会。在那里，他遇到了艾比。艾比容貌秀丽，系出名门。她的父亲纳尔逊·奥尔德里奇是一位成功的商人，更是美国参议院中最有权力的共和党人之一。著名记者林肯·斯蒂芬斯曾在《麦克卢尔》杂志上撰文，称纳尔逊为"美国政治上的老板"。艾比的爷爷来自海湾殖民地的一个大户世家，母系则是罗杰·威廉家族的后裔。

在那次舞会上，一贯腼腆的小洛克菲勒鼓足勇气邀请艾比跳舞。而后两人相谈甚欢，彼此倾心，很快就建立了亲密关系。毕业之后，两人平静地熬过了 4 年的分离。在这 4 年里，小洛克菲勒一直在考虑向艾比求婚，但是却迟迟未能下定决心。直到获得了母亲的鼓励，小洛克菲勒才鼓起勇气从纽约赶赴普罗维登斯，向艾比正式求婚，艾比也接受了小洛克菲勒的求婚，这让他欣喜若狂。

洛克菲勒和奥尔德里奇两位家长对于儿女的婚姻大事持赞同态度，对于他们而言，双方可谓是"门当户对"，一个拥有权力，一个拥有金钱，还有什么样的结合能比这更完美呢？政治家的女儿嫁给了商人的儿子，这种婚姻从一开始就披上了家族联姻的外套。

父母赞同、你情我愿，两个人的婚姻之路是如此平坦。10 月 9 日，小洛克菲勒和艾比在奥尔德里奇的沃里克夏季住宅举行了婚礼。老洛克菲勒则在纳拉甘西特大饭店包下了好几套房间，还租了两艘邮轮，专门用于接待客人。

这场婚礼堪称名副其实的世纪婚礼，《纽约时报》在报道里写道："这几天，从纽约、华盛顿、新港以及其他城市开出的每一艘轮船和每一列火车都搭载着达官显贵，他们集体出行只是为了参加约翰·洛克菲勒和艾比·奥尔德里奇的婚礼。"

其他大众传媒则普遍以"淑女嫁富豪"为题来报道婚礼过程。有些记者为了得到这场婚礼的第一手资料，日夜兼程地守候在小洛克菲勒和艾比可能出没的每一个场合。为了避开这些人，小洛克菲勒不得不躲到洛克菲勒庄园里。那里与世隔绝，二人可以安安静静地欢度蜜月。

小洛克菲勒和艾比之所以能够顺利地走到一起，成就美满婚姻，除了两人彼此相爱之外，还有一个很重要的原因，就是他们的家族都希望通过这场婚姻来获得彼此的情谊和联系。奥尔德里奇家族虽然比不上洛克菲勒家族那般财大气粗，但是其在政治领域的影响力却足以弥补这一差距。有人评价说，奥尔德里奇和洛克菲勒的家族联姻，使得美国历史上第一次出现了一个真正具有全国影响的上层阶级，他们在政治和经济领域的话语权是其他人所不能比拟的。

事实上，这种联姻在许多大家族中都有。如尼克松的女儿嫁给艾森豪威尔的孙子，肯尼迪的侄女嫁给纽约州州长马里奥·科莫的儿子……不过，若论最成功的家族联姻，或许还要说是洛克菲勒家族。洛克菲勒家族联姻的对象都是美国最富有的家族或者是最成功的政治家。洛克菲勒的妻子是斯蒂尔曼家族的成员，小洛克菲勒的第三个儿子劳伦斯娶了北太平洋铁路公司总裁的孙女玛丽。小洛克菲勒最小的女儿伊迪丝嫁给了美国大名鼎鼎的收割机发明家兼国际收割机公司的创始人赛勒斯·麦考密克之子。据统计，洛克菲勒家族的联姻对象包括斯蒂尔曼家族、道奇家族、麦克艾宾家族、麦克克米科家族、卡内基家族和奥里奇家族等。

联姻确实也给洛克菲勒家族带来了实际利益，如大通银行，往往被人们视作洛克菲勒家族的"专属银行"。其实，洛克菲勒家族一开始根本就没有对这家银行的控制权，直到小洛克菲勒的小舅子进入这家事务所，并成为高级合伙人之后，洛克菲勒家族才开始染指其中。

小洛克菲勒的妻子艾比·奥尔德里奇虽然是一介女流，但是在家族的地位却不容小觑。在结婚之前，她常常作为她父亲的代言人，频繁出没于华盛顿政坛。

结婚之后，奥尔德里奇小姐对于洛克菲勒家族的影响也很大。从 1917 年到 1919 年，她一直担任美国红十字会主席，并提供经费支持红十字会的工作。洛克菲勒家族的慈善事业也因此迅速发展。

# 铁矿之争

1905 年，《世界主义者》杂志发表了一组题为"他将怎么安排它"的讨论话题，主题就是"小洛克菲勒将如何安排标准石油公司那份巨大的资产"。文章的开场白是这样的："人们对世界上最大的一笔资产，即约翰·戴维斯·洛克菲勒先生的资产今后的安排，感到极大的兴趣。"

这篇文章是非常有针对性的，因为在 20 世纪初期，美国社会上许多功成名就的大企业家纷纷老去，他们巨额财产的去向引人注目。很多富二代都是声色犬马的纨绔子弟，如约翰·W. 盖茨的儿子，父亲当年在华尔街几经拼搏才赚下的百万家资，传到他手中没有几天，就挥霍一空。

外界虽然不认为小洛克菲勒也属于这种浪荡公子，但对他的期望也很有限，因为就目前来看，他还没有做出什么值得家族骄傲的事情。不过，不久之后，小洛克菲勒就赢来了一次证明自己的机会。

19 世纪末，洛克菲勒听从了弗雷德里克·T. 盖茨的建议，在梅萨比铁矿区大量投资。

当时，梅萨比铁矿的价值被外界低估，原因是这里离运输中心太远，而且矿石的质量也很一般。但是，小洛克菲勒和盖茨都认为这块铁矿大有可为。盖茨通过考察，给洛克菲勒提交了一份报告，报告中说："这条山脉（梅萨比）在明尼苏达北部藏着一条长达 120 英里的很宽的铁矿带。尽管它有望成为在北美发现的蕴藏量最大的铁矿，其商业价值却一直没有显露出来。一般的铁矿石都是采自地下的硬块，可直接投进高炉冶炼，梅萨比矿石却是细细的粉末，不是堵塞鼓风炉，就是从烟囱里吹走，散落到四面八方。但是，它靠近地面，蕴藏量极大，可以直接用蒸汽铲挖掘，开采费用反而更低。"

经过一番考量，洛克菲勒最终决定听从盖茨和小洛克菲勒的建议，买下这座矿山。当时，这一地区最大的开采商是梅里特家族，人称"7个挖铁人"——4兄弟和3个侄子。他们从银行里借来了大量资金，抢购土地，还修建铁路把矿石运到苏必利尔湖，并最终控制了这里的矿业资源。

不过，梅里特家族的运气似乎有些差。1893年夏天的经济恐慌使铁价暴跌，梅里特家族资金运转不灵，无力给矿工发工资。那些愤怒的工人持枪闯进了梅里特铁路公司的办公室，要求他们赶紧结清拖欠的工资，局面非常混乱。洛克菲勒抓住了这个机会，用低廉的价格买下了他们的矿业公司。

在美国，有一个人始终在观察洛克菲勒的所作所为，他就是钢铁大王卡内基。

如果要评选美国历史上成功的商业家，洛克菲勒和卡内基无疑都会上榜。这两个人的经历也非常相似，都是白手起家终成正果，也都非常注重节俭和细节，并且互相看不上对方。

卡内基性格外向，自信无比，有时候会显得太过自负。有一次，卡内基在国外旅行时，恰巧与英国女王住在同一个城堡里。女王对"钢铁大王"的奋斗经历非常赞赏，一高兴，就想要封卡内基一个爵位。但没想到卡内基却说："我已是钢铁大王，还要爵位有什么用？"女王碰了一鼻子灰，聚会也只好不欢而散了。

对于洛克菲勒，卡内基则非常蔑视，私下里管洛克菲勒叫"洛克小子"，满嘴的不屑。而洛克菲勒也知道卡内基的所作所为，所以一直对其缺乏好感。

在洛克菲勒买下梅萨比铁矿区之前，匹兹堡的一个投资人就曾经建议卡内基与梅里特家族合作。但是，卡内基却对此没多大兴趣，狂妄地说："再没有哪个行业比采矿更缺乏吸引力的了！"在他看来，自己只要控制炼钢产业，就等于控制了整个钢铁行业，至于铁矿石那种遍地都是、取之不竭的玩意儿，没有多少价值。

在得知洛克菲勒买下了那片矿山之后，卡内基没有丝毫的紧张，甚至还认为洛克菲勒的举动是犯傻。洛克菲勒在日记里写道："安德鲁·卡内基和他的专家们幸灾乐祸地对我的投资大加嘲讽，尽管我们一向不和，但我对他们竟然如此低估这些铁矿的价值吃惊极了。他们很快就会发现，我对于钢铁生意并非一窍不通。"

应该说，卡内基对采矿业的轻蔑，给了洛克菲勒插足其间的机会。而且，卡内基也太过轻视洛克菲勒和标准石油的能量了。在多年的商业活动中，他们已经积累了足够的经验，去应对一切问题。

在接手梅萨比铁矿之后，洛克菲勒通过控制运输，压低价格，三招两式就几乎将这一地区的采矿业牢牢地控制到了自己手中。

这时候，卡内基才开始重视洛克菲勒。1896 年 12 月，卡内基放下身段，带着一瓶上好威士忌来见洛克菲勒，以求与洛克菲勒达成合作。

最终，双方达成协议：卡内基以 25 美分一吨的价格买进洛克菲勒旗下铁矿的全部产量( 不低于 60 万吨 )。而且，在运输这些铁矿石时，必须要使用洛克菲勒的铁路和船舶运输。

这种以交通运输作为要挟对手的套路，对于洛克菲勒而言是轻车熟路。当年，他正是用这一招先收拾铁路公司，然后利用铁路公司的运输，实行石油行业的垄断。没想到几十年后卡内基也栽在了这上面。

对于卡内基而言，此行最大的收获就是得到了洛克菲勒的一句话——我绝不进入钢铁行业。这让卡内基如释重负。

多年以后，卡内基曾经对一位美国参议院议员说，自己在这次交易中占到了洛克菲勒的便宜，非常高兴。他所说的便宜，应该从两个方面解读。第一就是他从洛克菲勒那里买到了便宜的铁矿石，表面看是没错，但是他没有提及，自己运输这些铁矿石的运费全都到了洛克菲勒的口袋里。第二是得到了洛克菲勒不进入钢铁业的承诺，这个便宜倒是实实在在的。

不管怎么说，洛克菲勒与卡内基，美国最大的矿石生产者与最大的消费者，终于达成了一致，避免了钢铁行业的一场龙争虎斗，对双方都是有利的。倒霉的是那些小钢铁厂，由于无法获得廉价的矿石而纷纷破产。

5年后，洛克菲勒铁矿公司的股票达到了每股60美元。1901年时，更是达到了惊人的100美元。洛克菲勒从中赚取的利润可想而知。而小洛克菲勒则因为"提议有功"，在父亲心目中的地位更进一步。

## 对决摩根

洛克菲勒与卡内基的争夺以皆大欢喜收场，洛克菲勒也由此成功地介入钢铁行业当中。然而，战争没有结束。这一次与洛克菲勒站上擂台的是美国另一位传奇人物——J.P.摩根。

摩根，当时美国的头号银行家。在钢铁行业，他的地位也不容小觑，虽然不如卡内基，但是却比洛克菲勒更有势力。这一情况在1901年发生了转变。这一年，卡内基由于母亲、弟弟和最得力的助手先后去世，心灰意冷，决定隐退，要把自己的全部家当卖掉，开价3.2

亿美元。

摩根生怕卡内基的产业落到洛克菲勒手中，便抢先去与卡内基谈判。

卡内基看出了摩根对于钢铁行业志在必得的野心，所以在谈判中提高了价码，涨到 4 亿美元。摩根最终接受。

1901 年 4 月 1 日，在买下卡内基的钢铁公司之后，摩根成立了 US 钢铁公司。这是一家拥有 10.18 亿美元资金、3.01 亿公司债券的大公司。此时，摩根家族的资产已达到 34 亿美元，旗下有银行家信托公司、保证信托公司、第一国家银行等金融机构为其服务。摩根同盟资本达到了 48 亿美元，他能够调动的资本总值达到 200 亿美元！此外，还有 125 亿美元保险资本。在企业方面，他拥有 US 钢铁、通用汽车公司、制铜公司、大陆石油公司、奇异电器公司、硫黄公司等，服务业方面还拥有国际电话电信公司。但他还是不如洛克菲勒富有。

经过洛克菲勒家族的经营，梅萨比铁矿区的真正价值得以体现，它成为全国制钢原料铁砂的最大来源地。为了让这块宝地生出更多的金子，洛克菲勒还建造了一批运铁砂的船只，解决了该地运输困难的问题。

洛克菲勒在钢铁行业的步步逼进，让摩根感到不安。正像安德鲁·卡内基所惧怕的那样，他们都在想：如果让每年有 1500 万美元收入的约翰·洛克菲勒全力发展钢铁事业，那么后果将是多么可怕！

两个人最初的交锋是隔空过招，以通过中间人传递消息的方式进行谈判。这两个人彼此本无好感，正如历史学家阿伦·内文斯指出："从个性上说来，摩根盛气凌人，刚愎自用，支配欲非常强。即便是那些同时代的成功人士，在他眼里也没什么了不起。而洛克菲勒则为人稳重，有自制力，性格淡泊，他不希望自己成为焦点。他更不喜欢摩根的生活方式，如在游艇、艺术珍品和私人藏书上大手大脚，兴趣多方面多层次，生活则如贵族似的绚丽夺目。这两人相遇，犹如清教徒碰上了美第奇王子（出身名门，生活奢华），水火难容，互不理解。"

洛克菲勒自己则说："一个真正形成勤奋习惯的人会对这一美德的好处有深刻的体会，这正是我想说的。我从来没有 J.P. 摩根之流四处漫游的癖好，我也从未收集过艺术品，或是妄图利用我的财富扩大交往，认识名流。除了个别商业界人士偶尔造访外，与我过从甚密的一直是我的家人、旧交和浸信会的牧师们。我对于那些吃祖产的人搞的俱乐部、聚会或组织毫无兴趣。有人对我表示惊奇，说我一点也不傲慢，我回答道'只有傻瓜才会因为有钱而自命不凡'。"

总而言之，摩根与洛克菲勒之间的矛盾，很可能是因为出身差距太大所导致的。洛克菲勒生于普通家庭，历来懂得节俭和勤劳。而摩根则是名门世家，对洛克菲勒这种"暴发户""不懂得上流生活的土包子"有天生的厌恶感。

在正式谈判之前，洛克菲勒只和摩根见过一面。后来，洛克菲勒在回忆这次会晤的情况时说道："我们说了几句客套话。不过，我却看得出摩根先生非常怠慢，自视甚高，不把人看在眼里。我看着他，心里却始终无法明白，为什么一个人会对自己有这么一种高大的感觉？"

虽然洛克菲勒和摩根相互看不上，但是他们却不能"老死不相往来"。毕竟，全美国像他们这个层次的企业家也只有寥寥数人，难免会有交集。更何况，这一次他们在钢铁界是狭路相逢、兵锋相见了。

摩根知道，洛克菲勒在梅萨比的铁矿业是整个钢铁行业不可忽视的一股力量。尽管他一直在犹豫是否与洛克菲勒合作，但最终渴求成功的理性思维战胜了个人偏见。摩根决定放下身段，主动请求与洛克菲勒谈判。

洛克菲勒答复说："我已退休，不再去办公室了，所以很乐意在 54 西大街的家里恭候你。"摩根到了洛克菲勒家，简单寒暄过后，便急切地提出关于铁矿价格问题。而让他意想不到的是，洛克菲勒摊开双手，装出无可奈何的样子提醒摩根说："我已经退休了，那个铁矿一直是小洛克菲勒在打理，你去找我儿子谈吧。"

你去找我儿子谈吧！这句话对摩根来说非常刺耳。但是，一贯脾气暴躁的他没有发作，只是对洛克菲勒说："让约翰来我在布罗德街和华尔街的办公室和我谈吧。"

此后很长时间，小洛克菲勒都没有主动去找摩根，直到标准石油的元老亨利·罗杰斯问他："你愿意和我去见摩根先生吗？"小洛克菲勒才答应去见摩根。

当小洛克菲勒走进摩根办公室时，摩根头也不抬，继续同他的合伙人查尔斯·斯蒂尔交谈。小洛克菲勒当然明白，摩根此举是在"报复"父亲对他的冷淡。所以，他也不以为意，只是静静地坐在一边。

等斯蒂尔离开后，摩根才抬起眼皮。罗杰斯向他介绍了小洛克菲勒后，摩根就开始抱怨，说事情拖得太久了，要想合作，就必须要在 24 个小时之内拿出方案来。

小洛克菲勒解释说："资产评估很费时间。"意思是，那么短的时间根本不可能做成任何事情。

摩根生气了，厉声问道："要多少钱你才肯把铁矿卖给我？"

面对声色俱厉的摩根，小洛克菲勒并不畏惧，大声反驳道："摩根先生，我认为这里面肯定出了差错。不是我主动想要卖东西，而是你急切地想买。所以，你应该先告诉我，你打算出价多少？"

罗杰斯见双方剑拔弩张，场面尴尬，便站出来打圆场。他先是劝小洛克菲勒缓和一下语气，又对摩根说洛克菲勒家族对联营的事绝对毫不热心，言下之意就是提醒摩根——在这场交易中洛克菲勒才是占据主动的一方。

最终，在一场角逐过后，摩根和小洛克菲勒各自做出了一些让步：让亨利·克莱·弗里克（美国焦炭大王，在钢铁行业颇有建树，与摩根和洛克菲勒都有合作关系）充当调解人，协调一个双方都满意的结果。

小洛克菲勒回到家之后，立刻写信给父亲，描述了他与摩根谈判的整个过程。在信中，小洛克菲勒不无失望地说："整个事情表明，这是最后一次大清扫，我们就像是最终必然要打扫的墙角里的残渣，会被理所当然地清扫出去。"

但是，洛克菲勒却对退出钢铁行业没有表现得太过失望。相反，他为儿子在面对摩根时所表现出的自信和勇气而骄傲。老洛克菲勒把小洛克菲勒的信读给妻子劳拉听，每读几句就停下来感叹一番："好家伙，约翰真是不简单啊！"劳拉也非常高兴，她给儿子写信说："你在谈判中表现得非常出色，很沉着，不卑不亢。你要记住，控制好自己就是胜利，因为这意味着控制了对方。"

与摩根的交战，让小洛克菲勒在洛克菲勒心中的分量更重了。洛克菲勒终于相信，小洛克菲勒有足够的能力维护偌大的家业。

不久，摩根委托弗里克去和洛克菲勒沟通。为了避人耳目，弗里克天黑之后叫了一辆马车直达洛克菲勒庄园。

在会晤中，洛克菲勒依旧是一脸的平静，让对方觉得他不是真的想把铁矿卖出去。他这么做只不过是想增加谈判的筹码，让对方不得不开出更高的价格。十五分钟后，会谈结束了，钢铁行业的形势也在这短短的时间里发生了天翻地覆的变化——洛克菲勒家族退出，摩根家族独步天下。

此次交易，给洛克菲勒家族带来了巨大的收益。他们虽然失去了一片铁矿，失去了对钢铁行业的控制，但同时也获得了价值 8000 万美元的钢铁联合公司股票（当时这个公司已经成为美国最大的独立公司）。洛克菲勒家族还把早先用来运输铁矿石的货船卖给了摩根，价值 850 万美元。根据盖茨的估计，这 8850 万美元中有 5500 万美元是纯利润。洛克菲勒的私人财产也由此增加至 2 亿美元。

梅萨比交易之后，洛克菲勒给儿子涨了工资——每年 1 万美元。小洛克菲勒得知后欣喜万分，写信给父亲：

亲爱的爸爸：

那天晚上我在家时，您谈到了我的薪水，我当时实在是激动万分。对您更深地钟爱我，信任我，我是深有所感的。我认为，我所做的工作，是不值得您每年出 1 万美元薪水的。我始终认为我的能力很差，但是您可以相信，尽管如此，我是完全彻底地为您的利益服务的，现在也好，将来也好，您都可以永远信赖我，就像您以往信任我一样。

　　　　　　　　　　　　　　　　　　　　您的亲爱的约翰

# 拉德洛惨案

美国，科罗拉多州。自从 19 世纪末以来，这里发现了大量的煤矿资源后，就成为美国各大矿业公司争夺开发权的战场。

最终，洛克菲勒家族在这场资源争夺战中获胜，他们拥有科罗拉多燃料与铁矿公司，并拥有占据了该公司绝大多数股票。这个公司掌控着近 29 万平方千米的产煤区，是当时美国西部最大的煤矿公司，同时也是全美最有权势的企业之一。

煤矿开采至今仍是较为危险的一个行业。大部分煤炭资源都深埋在地下，为了让这些宝贵的矿物资源重见天日，人们不得不像老鼠一样在地面上打洞，而后深入地心，将煤炭运往地面。煤炭开采的整个过程对于煤矿工人而言是艰辛而残酷的，他们首先要忍受严酷的工作环境和巨大的工作量。一位煤矿工人说："我一生中有 25 年都是用手和膝盖活着的，在不到 2 英尺高的井下，用膝盖走路，手是我的工具，用不上自己的脚，也没有空间站直，一天里所有的时间都是弓着腰爬着前进的。"试想一下，在一个密闭、昏暗、空间狭小的环境中，进行高强度、大负荷的体力劳动，是一件多么辛苦的事情。

其次，在煤炭开采过程中，煤矿工人时刻面临着塌方、粉尘污染、有毒气体、火灾、水灾的威胁。在远离地面的矿井之下，每一种威胁都足以造成毁灭性的后果，危及生命。而且科罗拉多州的煤矿工人比其他同行更能体会行业的残酷，因为在 1912 年，科罗拉多州煤矿工人的死亡率是美国其他地区矿工死亡率的 2 倍还多。造成这种后果的主要原因是——矿业公司不愿在维护矿井安全方面花更多的钱。

在科罗拉多矿区，洛克菲勒家族所掌管的科罗拉多燃料与铁矿公司就是这里的最高统治者，所有矿工首先要遵守的不是法律，而是矿业公司的规则。一位历史学家曾这样描述矿业公司在矿工宿舍区扮演的角色："它们是封建统治者，公司的规则就是宿舍区内的'法律'。矿工被严格限制在公司建造的宿舍区内。在宿舍四周，公司的'私家军队'——雇用的残暴警卫配备有上了膛的机枪和步枪在巡逻。他们禁止任何陌生人进入，同时也禁止矿工外出。在宿舍区内，矿业公司对工人的方方面面都进行了监控，同时还施行了宵禁。任何胆敢表达对公司不满的矿工将立即被解雇，他和他的家人也将被立即逐出宿舍，沦落街头。"

事实上，同样的问题不仅出现在科罗多煤矿，当时的美国，资本家为了实现利益的最大化，把工人视作"活的机器"，残酷地剥削工人的利益。卓别林的著名电影《摩登时代》就反映了这种状况。

不堪重负的工人阶级，大多以"罢工"为手段进行反抗。早在1902 年，宾夕法尼亚煤矿工人就举行了一次声势浩大的罢工行动。当年 10 月 19 日的《纽约时报》报道了罢工的全过程："在经过 18个月的犹豫之后，5 月 5 日，无烟煤矿工人在宾夕法尼亚州的海齐顿举行的代表大会上终于投票决定罢工。在代表大会上，煤矿工人联合会主席约翰·米切尔清楚又强烈地倡议和平，但在决定罢工后，他又热情地支持矿工们采取行动，并号召有烟煤矿工人加入罢工的行列里来，这样罢工的总人数将达到 45 万人，由此来迫使资方妥协。"

面对工人阶级的反抗，19 世纪时资本家通常采取的措施是：先僵持一段时间，在工人里发展一些"工贼"或者说是罢工组织的"叛徒"，从内部瓦解工人组织，而后实现平息祸乱的目的。这个招术屡试不爽，因为当时煤矿工人的组成比较复杂，有刚刚被"解放"的南方黑人，有从农村来的白人"农民工"，也有从欧洲来的新移民者，工人们的宗教信仰、利益诉求都不相同，难以形成铁板一块的组织。所以，那时候的资本家并不是特别惧怕罢工。

但是，到了19世纪末期，情况发生了变化——强大的工会组织开始出现。

1881年，美国工人联合会成立，这标志着现代工会开始形成。工会可以代表工人向资本家提要求，如争取更高的工资、更短的工作时间、更长的假期、更好的工作条件以及更优厚的福利；如果资本家未能满足工人的需要，那么工会往往会组织罢工运动。工会的出现，使得美国"工人运动"开始变得有组织、有目的，也更有力量。

上面我们所提到的宾夕法尼亚煤矿工人大罢工，就是由"矿工联合会"主席约翰·米切尔组织的一次大规模罢工运动。

约翰·米切尔是由童工成长起来的工人领袖，在工人中的威望很高。在他的带领下，宾夕法尼亚煤矿工人们的罢工从春天持续到秋天。当时马上就要进入城市供暖季，纽约的煤炭价格也因为工人们的罢工行动而大幅上涨，从5美元/吨涨到了25美元/吨。

由于罢工行动给美国造成了重大的社会和经济问题，所以连政府也坐不住了。总统罗斯福亲自出面，要求之前傲慢的煤老板与矿工谈判。

煤老板认为矿工们涨工资、增加休息时间的要求太过分，不予接受。而工会则认为煤老板寸步不让，毫无谈判的诚意。

谈判破裂让矿区的情况变得更糟糕，据《纽约时报》报道："在矿区，到处可见暴乱、纵火，矿井也被罢工的工人围困，暴乱中有人丢了性命，矿主们转而向宾夕法尼亚州长请求保护。"在矿主们的压力下，州长准备派 9000 名国民警卫队队员前往矿区。然而，罗斯福否决了州长的命令，并威胁那些矿主，如果不能有效解决问题，基于国家安全的考虑，政府将会没收煤矿。

表面上州政府和煤老板是一伙儿，总统又似乎站到了矿工一边，事情变得扑朔迷离。

关键时刻，摩根决定出面调停这一旷日持久的罢工风潮。一方面是因为他拥有这些煤矿的股权，另一方面总统可能对其施加了压力。

摩根在自己的游艇上接待了矿主代表。两天之后，摩根把煤老板的妥协条件交到了总统手上。随即，罗斯福任命了一个由退役将军、著名工程师、法官、社会学家、地方教区主教和煤炭供应商组成的 6 人小组对这场劳资纠纷进行最后的裁决。

事情到了这个地步，煤老板和工会都已经挺不住了。所以，煤老板决定部分满足矿工们提出的条件——至少增加 10% 的薪水以及 9 小时工作制，承认工会的合法活动，工人的工作环境也将得到改善。而工会也接受了这些条件，至此罢工结束。

不知道当年洛克菲勒家族在得知摩根"遭此大难"时，是怎样的反应，但是他们很快就能体会摩根当时的心情了。

1913 年，密切关注科罗拉多矿工处境的美国矿工联合会决定，组织针对科罗拉多燃料与铁矿公司的罢工。之所以将科罗拉多燃料与铁矿公司选为罢工目标，是因为"在科罗拉多各矿业公司中，由保守的洛克菲勒家族控制的企业对待员工尤为粗暴"。

科罗拉多燃料与铁矿公司在得知美国矿工联合会即将组织罢工后，马上开始行动，试图阻止罢工。他们首先突击招募了大批外来移民充当矿工。这样做的目的有两个，一是给工人队伍里"掺沙子"，二是即使不能阻止罢工，新招募来的工人也能够继续生产，降低损失。其次，公司雇了更多的武装警卫，既是为了威慑工人，也是为将来平息罢工做准备。

不久之后，矿工联合会向科罗拉多燃料与铁矿公司提出7项改善矿工处境的要求，但遭到拒绝。

1913年9月，矿工联合会正式组织科罗拉多燃料与铁矿公司的矿工罢工，共有约9000名矿工参加了此次罢工。

面对声势浩大的罢工，矿业公司似乎有些"盲目自信"。他们采取了强硬的手段，将参加罢工的矿工统统开除并逐出宿舍区。

矿工联合会则早有准备，在矿场附近的拉德洛地区租借了大片土地，搭起了众多帐篷用于收容被开除的矿工及其家属。

一计不成又施一计，矿业公司雇用了当时臭名昭著的"博德文·菲尔茨侦探所"袭击矿工。这是一家专门替资本家解决罢工危机的事务所，虽然名为侦探所，但事实上更像是一个"私人雇佣兵组织"，他们专门为资本家武装镇压罢工工人。

为了镇压科罗拉多大罢工，"博德文·菲尔茨侦探所"出动了装甲车，装甲车上安放着重机枪。深夜时分，侦探所的雇佣军就会开着装甲车向拉德洛帐篷区胡乱开枪。与此同时，科罗拉多燃料与铁矿公司还雇了一批狙击手，负责枪杀帐篷区内的矿工。

面对威胁，矿工方面也毫不示弱，他们以牙还牙，并广挖地洞，用来避难。

罢工演变成了血战，但这还只是一个开始。罢工进行到第二年（1914年），科罗拉多州政府开始介入，州长派来了国家警卫队"维持治安"。

科罗拉多州国家警卫队的指挥官叫约翰·恰斯，他曾经参加过多次类似的行动，最善于镇压罢工。很明显，州政府和资本家是"一个鼻孔"出气的，国家警卫队与其说是在维持治安，还不如说是"助纣为虐"。

1914 年 3 月 10 日，有人在科罗拉多州福布斯附近的铁轨发现一具男尸。约翰·恰斯马上断定"是罢工矿工杀死了这名男子"，随后出动国民警卫队将矿工们的一处住宅区彻底夷平，真可谓心狠手辣。

国家警卫队入驻矿区不到一个月，由于科罗拉多州州政府"缺乏足够的资金维持国家警卫队的大规模行动"，于是将大部分国家警卫队撤离矿区，只留下了大约两个连的军队，而且还允许科罗拉多燃料与铁矿公司的私人警卫穿上国家警卫队的制服"维持秩序"。

穿上制服的铁矿公司私人武装，镇压起矿工来更加肆无忌惮。1914 年 4 月 20 日，3 名私人警卫闯入拉德洛帐篷区，诬陷"罢工矿工扣押了一个男人"，要矿工放人。随后，公司的私人警卫在拉德洛帐篷区旁的小山上设置了机枪阵地，并在距离拉德洛帐篷区约 800 米处摆开进攻架势。

在矿工眼里，种种迹象都意味着对方要"发动总攻"，他们决定要先发制人，于是抄起武器涌向附近的小山，试图夺取山上的机枪阵地，严重的武装冲突就此爆发。

虽然矿工手中也有武器，但怎敌得过全副武装的军队。矿工刚开始还能抵挡一阵，但是随着公司增派了数百名拥有重火力机枪的私人警卫加入战斗，矿工们的抵抗开始变得毫无意义。最后，弹尽粮绝的矿工们陷入了绝境，他们开始担心帐篷区内的家属——手无寸铁的妇女和儿童。

幸运的是，在矿工们和警卫交战之时，一列货运列车从拉德洛地区附近的铁路线驶过。列车司机目睹了这场劫难，这位善良的先生将车停了下来，拉德洛帐篷区的绝大部分矿工带着家属爬上了这趟列车，逃离了危险地带。

随后，私人警卫攻入了拉德洛帐篷区，并大肆搜捕没来得及逃走的矿工。3名罢工领导人被捕，最终被国民警卫队一名叫作卡尔·林德费特的中尉连长下令处决。他们还在帐篷区纵火，那些没有来得及逃走、在地洞里避难的矿工家属，或因大火窒息而死或被活活烧死。

这场冲突共持续了14个小时，造成45人死亡，20多人受伤，20人失踪，其中有12名妇女和儿童在燃烧的小帐篷里窒息而死。这就是美国历史上著名的"拉德洛惨案"，也称拉德洛大屠杀。

《纽约时报》如实报道了惨案过后的悲惨景象："在拉德洛地区洛克菲勒控股的科罗拉多燃料与铁矿公司地界发生的政府军队与煤矿工人之间长达14个小时的激战中，已知45人死亡（其中包括32名妇女和儿童），20人失踪，20多人受伤。拉德洛已是一片被烧焦的废墟，下面埋葬着工业冲突历史上空前恐怖的故事。当火焰烧过的时候，躲在为了保护自己不受来复枪火力攻击而挖的掩体里的妇女和儿童们，像困在陷阱里的老鼠一样死去。在今天下午挖开的一个坑里面发现了10名儿童和2名妇女的尸体。"

当资本与权力沆瀣一气，撒旦便降临人间。

在拉德洛惨案发生之时，洛克菲勒家族在哪儿？他们又扮演了什么样的角色？

据洛克菲勒家族的第三代"掌门人"戴维·洛克菲勒回忆说："在拉德洛惨案前和惨案后，父亲参加了调查科罗拉多州局势的国会委员会。起先，他采取了反对罢工工人的强硬立场——毫无疑问，那是受了盖茨的影响，因为盖茨认为，那些罢工的工人比无政府主义者强不了多少。拉德洛事件之后，父亲开始怀疑盖茨的立场。他开除了令人憎恨的科罗拉多燃油与铁矿公司的管理者,聘用了艾维·李。李建议父亲保留一个劳工专家,帮助他解决问题。李不仅为父亲重新树立了形象,他还说服父亲相信,必须要应对导致矿工们不满的根源问题。"

作为洛克菲勒家族的一员,戴维似乎继承了老洛克菲勒善于"打马虎眼"的特点,他的这番话并没有具体说明"洛克菲勒家族是否参与了拉德洛惨案"这一关键问题,只是说小洛克菲勒起初对工人们采取了"强硬态度",而且是"受到了盖茨的影响"。

就算戴维的这番话完全属实,但是那些支持矿工的愤怒民众可不认为洛克菲勒对此事毫无责任。他们打着"洛克菲勒谋杀妇女儿童"等标语包围了洛克菲勒家族在纽约的宅院。有些激进的示威者还扬言要冲进紧锁的大门,射杀小洛克菲勒。更令人感到恐惧的是,有人在洛克菲勒的宅院附近引爆了一颗炸弹,让当时正在照顾病危母亲的小洛克菲勒惊出了一身冷汗。

随着民众的呼声日益高涨,媒体也开始对洛克菲勒家族发难。报纸连篇累牍地对惨案进行报道,《纽约邮报》还刊登了一个陌生人的信,来信指出:罢工者提出的要求大部分符合法律规定。这是在指控科罗拉多燃料与铁矿公司在日常经营中有违法行为。

可以说,拉德洛惨案让洛克菲勒家族的名誉跌到了谷底。在此之前,对于洛克菲勒家族的批评,主要集中在他们无情的打击与吞并同行上,而此事过后,批评者指责说:"洛克菲勒家族就是为了金钱和利益不择手段、不惜牺牲他人生命的刽子手。"面对类似的批评,小洛克菲勒意识到了问题的严重性。正如他儿子戴维所说的那样,他马上雇用了一个叫作艾维·李的人,去负责解决此次事件。

艾维·李毕业于普林斯顿大学,曾就读于哈佛大学法学院。早年曾在《纽约世界报》当记者。1903 年，他开办了第一家宣传顾问事务所，这是世界上第一家向客户提供劳务而收取费用的公共关系事务所。因此，艾维·李又被称为"现代公共关系之父"。

所谓公共关系 (Public Relation)，是指某一组织为改善与社会公众的关系，促进公众对组织的认识、理解及支持，达到树立良好组织形象、促进商品销售的目的的一系列公共活动（《公共关系学》）。简而言之，就是讨好民众的学问。由此可见，洛克菲勒家族意识到拉德洛惨案让自己在民众心目中的印象雪上加霜，所以他们才会请一位公共关系大师来缓和民众的敌对情绪。

同样的事情，如果放到老洛克菲勒那里，他可能不会采取这种"怀柔"的政策，而是我行我素或针锋相对。

造成两代人行事风格不同的原因，除了性格之外，恐怕与社会的变迁也有关系。在小洛克菲勒所处的年代，不仅社会生产结构由"以生产为中心"向"以市场为中心"过渡，而且由于传播媒介的介入，任何一个组织都会暴露在大众的视野之中，不能再闭关自守、故步自封。

除了艾维·李之外，小洛克菲勒还聘用了威廉·莱昂·麦肯齐·金。这也是一个大人物，在为小洛克菲勒效力之后，他成为加拿大历史上在位时间最长的总理（1921 年至 1948 年）。

当时，在艾维·李和威廉·莱昂·麦肯齐·金的建议下，小洛克菲勒开始和那些曾经想要把他吊死在苹果树上的普通矿工广泛接触，他与金一起到了科罗拉多州，花了好几天时间与矿工会谈，甚至在舞会上与矿工的妻子们跳舞。

通过与矿工的亲密接触，小洛克菲勒缓和了与工人的紧张关系。

紧接着，艾维·李又提出一个计划：洛克菲勒家族要给著名的大学、医院、教会和慈善机构捐款，而且额度应该不低于 100 万美元。小洛克菲勒接受了这项计划，并且加大了捐献的额度。

在那个金本位的年代里，100 万美元绝对不是一个小数目。当时新闻界有这样一句话：100 万美元总是新闻。因此，小洛克菲勒的慷慨大方很快就成为各大报纸的头版头条。舆论界和民众对洛克菲勒家族的非议也因此平息了不少。

## 形象转变

事实上，通过此次事件，洛克菲勒家族也"领略"到了新闻媒体的巨大能量，那些占据话语权的记者仅仅用笔和嘴就能带来巨大的杀伤，这让洛克菲勒家族感到惊讶。为了避免自己再次成为新闻媒体口诛笔伐的对象，洛克菲勒家族采取一种简单而有效的手段——把他们买下来。

美国有一篇政治寓言：一个美国人来到一个小岛考察当地的制度。小岛的国王介绍说：我们这里非常民主，每当国家要做出决定的时候，就召集全国人民来开会，每人拿一个金喇叭，表决的时候，谁的声音大就听谁的。

美国人觉得这个方法非常好，决定现场观摩。

等到议事那天，开始"讨论"的时候，美国人发现，总是几个特定的人拿出金喇叭狂吹，而其他人一动不动。美国人觉得非常奇怪，问国王："其他人为什么不吹喇叭。"

国王回答说："因为这些人买不起金喇叭。"

美国人说："你们这里根本就是富人在统治嘛！"国王反问："那

你们呢？"美国人开始介绍新闻监督，怎么通过媒体来制约政府。

国王问："你们的媒体是谁的。"

美国人回答："有钱人的。"

国王笑道："那和我们有什么区别？"

虽然是则寓言，但它说明了一个现实的问题——美国的新闻界是由富人控制的。作为"富人"中的一分子，洛克菲勒家族从拉德洛惨案之后，也开始着力于控制新闻，控制舆论。在接下来的几年里，不仅是新闻记者，而且全部报纸都或者被洛克菲勒买了下来，或者要依赖其财政支持，或者由其设立。

最典型的一个例子就是：由亨利·卢斯（号称一个达到了财富和影响力顶峰的新闻人）所创办的《时代》杂志陷入经济困境时，J.P. 摩根接手了这家杂志社。摩根死后，他的金融帝国荣光不再，急于全面美化形象的洛克菲勒家族毫不犹豫地接管了这株新闻出版界的奇葩，以及它的姊妹杂志《财富》和《生活》，并专门在洛克菲勒中心为杂志社花巨资修建了办公场所——时代与生活大厦。

与此同时，小洛克菲勒还是《新闻周刊》的合伙人，这家杂志是在罗斯福总统"新政"早期由洛克菲勒、文森特·阿斯特、哈里曼家族以及洛克菲勒家族的其他成员和盟友们出钱创办的。

对新闻界的态度，也是小洛克菲勒和老洛克菲勒最大的不同之处，老洛克菲勒对新闻界比较轻视，往往采取对抗的手段，他和塔贝尔小姐长达几十年的"口角纷争"就证明了这一点。而小洛克菲勒则善于拉拢新闻界，更多地采取"怀柔策略"。

态度的不同，也导致了评价的不同。新闻界对老洛克菲勒可以算得上是苛刻，尤其是在标准石油解体的那段时间里，各种来自媒体的责难和批评不绝于耳。塔贝尔小姐甚至在报纸上公开抨击老洛克菲勒："所有的对他生平的公正研究只能得出一个结论，那就是他是所有的嗜好中可能最丑恶的那种嗜好的牺牲品，那种对钱的嗜好，把钱作为目的。这是一幅令人不快的画面……这个敛财狂秘密地、耐心地、持久地谋划着他如何可以增加财富……他把商业变成战争，并将残忍、腐败行径充斥其间……然而，他将他的巨大组织称为善行，将他去教堂做礼拜的行为及其慈善事业作为他正直的证据。这是披着宗教外衣的滔天罪恶。这只能称之为——虚伪。"言辞之激烈，令人惊叹。

但是，在小洛克菲勒身上，却不会出现这种情况。在他执掌洛克菲勒家族的几十年时间里，无论是在美国国内还是国外，很难再看到对洛克菲勒家族不利的言论，甚至连早先那些批评老洛克菲勒的言论也逐渐被淡化、被遗忘。

# 拉德洛效应

戴维·洛克菲勒说拉德洛惨案是"劳工关系史上的一个里程碑"。用"里程碑"这三个字去形容一次惨案，似乎有些主观的含义在里面。不过，这一事件客观上确实有着重要的标志性意义。

首先，它标志着小洛克菲勒成为洛克菲勒家族真正的掌门人。老洛克菲勒虽然早在19世纪末期（1895前后）就"退休"了，但事实上，他仍然在幕后掌管着庞大的家族。直到拉德洛惨案发生后，小洛克菲勒在处理这一家族危机中表现出了值得信任的能力，75岁的老洛克菲勒才放心地把家族大业交付于他。

这一事件也表明，随着社会的发展，老洛克菲勒的观念已明显落伍了。在他看来，雇用工人就是对工人的恩赐。如果工人非但不感恩戴德还要奋起反抗的话，资本家就有必要进行镇压。而在"拉德洛惨案"中持强硬立场，主张对工人采用暴力手段的科罗拉多燃料和铁矿公司董事会董事长拉蒙特·蒙哥马利·鲍尔斯，是盖茨的舅父。1915年1月，小洛克菲勒为安抚人心，将鲍尔斯解职，他说："这个老头儿还没有准备好进入新时代哩。"或许有一句话在他心里不敢说出来，那就是"老父亲也没有准备好进入新时代"。

其次，这一事件标志着劳工关系发生了重大的变化。不仅仅是洛克菲勒家族与劳工之间的关系发生了变化，整个资本世界与劳工之间的关系都发生了重大转变。历史学界一致认为：20世纪初，美国福利资本主义运动走向高潮，部分大企业开始尝试福利资本主义改革措施，在改善雇员福利方面下功夫——为雇员提供住房、娱乐设施、利润分享计划等，以期赢得雇员对企业的忠诚，建立和谐的雇佣关系。

这种改革的风潮，始于洛克菲勒家族。在拉德洛惨案发生后，洛克菲勒基金会建立了一个经济研究部，而科罗拉多罢工成为这个研究部的首选课题。惨案发生后两年，该研究部制订了"科罗拉多工业计划"，又称"洛克菲勒计划"。这个计划分为两部分，第一部分是雇员代表计划。规定公司每年召开年度会议，每 150 名工人选举一名代表参加会议。会议中，工人代表分别与资方代表在 5 个分区共同商讨雇员关注的安全、卫生、教育等问题。计划中还规定了"雇员申诉程序"，允许雇员依次向矿工监管、部门监管、助理经理、总经理及公司总裁申诉。在总裁的许可下，雇员代表可以将纷争提交给工业合作委员会（由资方、雇员及第三方代表组成）做最后的仲裁，其间所有的费用由公司承担。计划的第二部分是关于雇员工作环境的协议备忘录。

小洛克菲勒把危机变成了契机，计划实施后，他不厌其烦地向公众、媒体及政府机构宣传该计划及其哲学理念，不仅得到了公众的赞许，还获得了许多企业家的支持，其他大企业也纷纷开始效仿小洛克菲勒的实践。

1919 年，美国 10 家一流大企业的总裁在纽约成立了特殊会议委员会，其成员包括来自伯利恒钢铁公司、杜邦公司、通用电气公司、通用汽车公司、固特异轮胎橡胶公司、国际收割机公司、欧文国家银行、西屋电气公司、美国橡胶公司及美国电报电话公司的代表。这个委员会就是实践福利资本主义的专门机构。

此后数十年间，美国福利资本主义获得长足发展，劳工关系大为改善，可以说洛克菲勒家族对此功不可没。

以悲剧开场，以"大圆满"的剧情结尾，拉德洛惨案至此告一段落。在此期间，洛克菲勒家族虽然遭遇了重大的信任和名誉危机，但都被小洛克菲勒一一化解了，并因此开始为家族树立了良好的名誉与威望。

100 多年过去了，在拉德洛惨案中死去的工人、孩子、老人已化为白骨。但是，勇于争取个人权利和独立自由的精神却永存。

# 第**6**章
## 权力交接

"二战"过后，洛克菲勒家族的权力开始全面转移，小洛克菲勒成为家族真正的掌门人。而作为洛克菲勒家族的"中兴之臣"，小洛克菲勒成功地将家族带到了美国权力的核心地带。在他当掌门人的这段时间，洛克菲勒家族对于美国政治的影响达到了巅峰。时代在进步，与老派商人洛克菲勒相比，与总统共进早餐，与美国的权力最高层一同探讨美国未来走向的小洛克菲勒则是一个现代的"精英美国人"的杰出代表。

# 老约翰的天伦之乐

1922 年，小洛克菲勒和姐姐一起回到了洛克菲勒庄园。

两个孩子的到来让洛克菲勒非常开心。当时天气不错，老洛克菲勒"蠢蠢欲动"，于是他建议一家人出去打猎。

孩子们都长大了，都忙着自己的事情，洛克菲勒与他们相聚的时间很短。但是，由于孩子们都生活在城市里，他们不知道如何去摆弄枪支，这也让洛克菲勒感到很气馁。

两个孩子接受了父亲的建议，一家人走在山间的小路上，呼吸着新鲜空气，眺望远方的丛林，耳边传来潺潺流水和小鸟的鸣叫声，非常惬意。

几个小时后，洛克菲勒跟孩子们来到了家族的度假别墅。那是一间森林小屋，位于一条狭窄的砂石路深处的湖畔。不可思议的是，如此幽静而美妙的地方，离现代化的文明之地只有大约 30 公里远。

那一天，洛克菲勒和孩子们一共捕到了 7 只山鸡、4 只兔子，父子俩还捕到了一头羚羊。晚餐时，他们吃着野味，倍感舒适。

但是，晚餐过后，伊丽莎白端着剩下的残羹冷饭走出房门倒在院子的垃圾桶里，忽然她尖叫了一声，而后狂奔回房子里。洛克菲勒和小洛克菲勒闻声赶了过去，看到的是惊魂未定、一言不发的伊丽莎白，她用手指着院子。

原来，院子里来了一个不速之客——一只狼。狼的眼睛在夜色中泛着幽幽的绿光，是肉香味将它引诱至此。

洛克菲勒马上锁上了门，而小洛克菲勒则把窗户打开了一条缝，用猎枪瞄准了那只狼。狼似乎还没有感觉到危险，向前走了几步，这使小洛克菲勒瞬间变得很紧张。他想要扣动扳机，将狼打死，但是该死的猎枪却出了问题！

那头狼慢慢逼近，距离洛克菲勒的小屋只有七八米远了，小洛克菲勒和伊丽莎白吓得面色苍白。

与两个孩子相比，自小生活在乡村的洛克菲勒却相当镇静，他让小洛克菲勒点燃一支火把，而后出人意料地打开了门。这个举动把伊丽莎白吓坏了，她不停地叫喊着："小心，爸爸，小心，爸爸。"

洛克菲勒拿着火把走出了房子，狼看到火之后有些惶恐，向后退了几步。而后，洛克菲勒又把刚才用来烤制野味的篝火重新点燃，转身回到了屋子里，再次关上了门，在屋子里看狼的反应。

那只狼显然被篝火吓坏了，但是又不甘心就此走开，于是它退到了离篝火 10 米远的地方，来来回回地在屋子附近徘徊。几分钟后，那只狼或许明白自己无法克制对火的恐惧，于是消失在黑暗的丛林里。

洛克菲勒成功地化解了这个小小的危机，三个人的心情慢慢地平静了下来。小洛克菲勒则一直在找枪支无法发射的原因，最后发现，从家里出来之前，他给枪上的油太多了，白天还没事儿，到了寒冷的夜晚，这些油都结成了冰，枪被冻住了。

洛克菲勒对于孩子们的生存能力非常担忧，虽然已经是文明社会了，但是他仍然认为，一个人应该有在大自然中生存下去的能力。他对小洛克菲勒说："摆弄枪支是在大自然中生存下去的必要条件，而拥有强大的信心与聪慧的头脑在现代商界也是生存的必要条件。"

或许对于小洛克菲勒而言，这些本领算不上什么，因为自己永远也不想回到这个危险的地方了。但是，老洛克菲勒认为，大自然的美好要比人们所说的文明社会强上万倍。

第二天，洛克菲勒一家人在湖上划着小船，洛克菲勒这时还在想："孩子们怎么才能重视从自然中学到经验？"

老洛克菲勒的身体越来越不行了，在大部分时间里，他住在圣玛丽医院附属疗养院。在那里，他身边只有护士和医生。为了消遣寂寞，他养着一条小狗，每天都要在草坪上与它一起晒日光浴。洛克菲勒认为，与动物在一起时间长了，就会和它们一样健康。

伊丽莎白经常去看望父亲，当她来到疗养院的时候，看见父亲正和那只叫甜甜的小狗一起晒太阳。这种场景，让伊丽莎白有种如在梦中的感觉。在她的心目中，父亲是一个威严、强力的人，在大部分的人生里，他都是忙碌地工作着，严肃地发号施令，而如今，他也像所有普通的老人一样，越来越孩子气了。

伊丽莎白对洛克菲勒说："爸爸，你看上去精神不错啊！"洛克菲勒回头，看见女儿笑着向自己走来。

洛克菲勒很快就意识到，女儿的快乐有一些是装出来的，她心事重重。洛克菲勒很直白地问："你为什么看上去有心事？"

此时，伊丽莎白才意识到，即便是老了，眼前的这个男人依然聪明睿智。她对洛克菲勒说："一名高级管理人员迈克刚刚递上了一封辞职信，他是一个非常好的管理人员，我不想失去这个员工。而且在两个月前科尔曼也辞职了，如此一来，我就失去了两个重要的手下。"

洛克菲勒当然知道，工作人员有出有进是非常正常的事情，但同时失去两个部下，而且还是高级管理人员，这就很不正常了。在商界摸爬滚打多年的洛克菲勒想要把自己的经验传授给女儿，因此，他和伊丽莎白就此讨论了一个下午。首先，洛克菲勒告诉了她人员流动的正常性。"有的人仅仅是为了改变自己的生活状况而工作；也有人性格多变，不能一直在一个地方持久待下去；而最普遍的情况是：很多人为了追求理想的工作岗位而成了为观念所强迫的人，这些人无论去哪里都不会满意的。对于公司来说，这种人会造成时间和金钱的极大浪费，他们一走，就必须再招新人顶替他们的位置。人们换工作也有原因，但走的若是优秀职员的话，对公司的损失就更大了。"

　　洛克菲勒还用小洛克菲勒公司发生的相同的事情开导伊丽莎白，并说这些事情让小洛克菲勒知道培养一个重要的继任者要比填补那些"过客"更为重要，而伊丽莎白也应该明白这个道理。

　　到最后，伊丽莎白告诉洛克菲勒一些更具体的事情，原来她与那个迈克的交情原本很不错，但当伊丽莎白升为总经理后，迈克便开始慢慢地疏远她，而伊丽莎白则因为工作太忙，没有感觉到这种变化，最终导致了最坏的结局。洛克菲勒则告诉她："作为公司的首脑，你必须掌握职员跳槽的一切原因。只有这样，你才能消除员工跳槽的动机，留着那些踏实可靠的手下。"

# 幕后人物

晚年的洛克菲勒虽然不直接管理任何一家公司，但是对于孩子来讲，他却依然是那个最重要的幕后人物。

有一天，洛克菲勒突发奇想，穿上多年未穿的工作服，来到了标准石油的办公地点。当他走进大厦时，许多老员工纷纷前来问候。洛克菲勒感到心满意足——毕竟人们还没忘了自己曾经是这里的缔造者。

随后，他信步来到了小洛克菲勒的办公室。

父亲的到来让小洛克菲勒觉得很惊讶，因为父亲事先并没有通知他，这只是他的临时决定。

小洛克菲勒问父亲对公司的感觉，洛克菲勒说："还不错。"他对小洛克菲勒的工作成果还是比较满意的："至少工作有序，井井有条，和我在这里的时候没什么两样。"

父子两人聊着聊着，话题就集中到了一些老员工身上。洛克菲勒发现，一个叫作维奇的老员工不见了踪影，便问儿子这个人哪儿去了。小洛克菲勒回答说："维奇辞职了。"这个回答让洛克菲勒感到吃惊，在洛克菲勒看来，培养一个职员至他们能上岗工作，需要花费不少钱。所以，绝对不能轻易地放走一个好员工。

随后，洛克菲勒得知，小洛克菲勒正是维奇辞职的原因，因为小洛克菲勒的每一个方案都会遭到维奇的反对，日子久了，他对这个维奇产生了厌恶之感，于是与维奇吵了起来。两天后，维奇便交了辞职信。

维奇在标准石油公司工作了 13 年，在洛克菲勒看来，这个人忠于职守，是一位勤奋刻苦的职员。而小洛克菲勒则认为，这个维奇是"一条暗藏的毒蛇，准备随时随地乘人不备时咬上一口"。

洛克菲勒对儿子的这种看法很不满意，因为标准石油的每一个老员工都是自己精心挑选的，包括性格方面，他都有过考察。在洛克菲勒的意识里，不见得每个人都要十全十美，因为世界这么大，每个人都是不同的。我们不仅外表不同，想法也各异。所以，他对于小洛克菲勒仅仅因为一个人的性格与自己不合就与之发生冲突的做法，非常不满意。他对小洛克菲勒说："我们是在做一个企业，而性格分析是我们的外行。你应该反省这件事情。"

洛克菲勒认为，小洛克菲勒并不了解一个企业家应该有什么样的用人心态。他将用人心态总结出了五个要点：

第一，企业家首先要搞明白，自己的公司里没有不称职的人，只有放到了不适当职位上的人。每一个人都是公司重要的组成部分，只是职位不同而已。只有在思想上、情感上把员工当成人才，才能在行动中正确地使用人才。

第二，企业家在选拔、使用人才时，一定要公正客观地看待人才，才能招揽人才、适才适用。员工是非常宝贵的资源，不能将他们与青砖红瓦、泥灰等建筑材料相同对待，更不能将他们视作机器人。

第三，企业家在用人上要有"看人长处、容人短处"的宽容心态，才能调动自己手下的积极性，发挥人才效应，一定要记住七分看长处，三分看短处的心态。

第四，企业家还要具有不避讳使用仇人的用人心态（洛克菲勒在这一点上，是所有企业家的典范）。身为一个领导者，必须能够超脱个人情感的束缚，凡事包容。如此，才能招揽到更好的人才。

如果能更进一步地让这些人各尽其用，那么功效就更大了。

第五，企业家在用人上还要有感恩的心态，如此一来才能找到真正为公司着想的员工。

总之，在洛克菲勒的眼中，员工是宝贵的资源。就维奇这件事情，他虽然没有干涉小洛克菲勒，但是心里却想："关于这些企业家的用人哲学，约翰还是欠缺得太多啊！"

# 教 训

自从上次去小洛克菲勒的办公室一趟之后，洛克菲勒很久都没有再去看看了。但是，这一次他却不得不去。因为在洛克菲勒手中，有三张公司寄给他的账单，上面记着几笔大额支出。

老洛克菲勒虽然是世界首富，但是终生节俭，从来不乱花钱。他也希望自己的儿子有这样的品德，所以当账单寄到他的手中之后，他不得不去问问儿子，这到底是怎么回事儿了。

当洛克菲勒进入小洛克菲勒的办公室时，儿子正在接电话。为了不打扰他，洛克菲勒悄悄坐在沙发上。

小洛克菲勒正在和一位叫拉特利夫的人通话，洛克菲勒从通话内容中得知，当晚7点半，他们会在希尔顿饭店梦幻餐厅见面，那是一个非常豪华的地方，当然，价格就更不便宜了。洛克菲勒由此更加确定那些账单的真实性了。

小洛克菲勒挂断电话后，洛克菲勒开门见山地说出自己的来意："我认为你的支出过于庞大，费用实在是太高了，有两三张账单甚至让我联想到你是不是要接待什么王公贵族，而就我所知，我们的家族并没有和任何一个王公贵族有过合作。或许是一些庸俗的客人向你提出要求，希望以一种皇族的气派度过高贵奢华的夜晚？"

很明显，洛克菲勒是生气了，因为他这种冷嘲热讽的刻薄，只有在非常生气的时候才会表现出来。

面对父亲的一连串质问，小洛克菲勒说："我这么做只是为了吸引顾客，希望能给顾客一个很好的第一印象。我怕在参观工厂过后，食堂 10 美元的接待会影响顾客和我们之间的合作。"

这种为显示公司经济繁荣而做出的浪费之举让洛克菲勒有些激动，他甚至不敢相信，自己的儿子会变成这样一个人。洛克菲勒虽然承认自己的金钱观或许有些落后，但作为一个老商业家、一个父亲，他却不能对小洛克菲勒的举动不闻不问。

洛克菲勒想，自己应该和儿子就这个问题进行一次讨论，结果不重要，最起码他觉得应该了解儿子的金钱观。况且洛克菲勒一直认为奢侈不是什么好事情，因为一个合格的商人最应该重视的事情是如何创造利润，而不是想着把创造的利润消费掉。一个浪费的商人会被别人看作傻瓜，没有人想和这种人做生意。

洛克菲勒对小洛克菲勒说："傻瓜跟财富的友谊是不会长久的，而且根据我的经验来看，如果一个商人为了讨合作伙伴的欢心，就大笔地花钱，到最后往往得不到订单。因为对方会想，你所花的钱正是通过跟他们的交易得来的。"

洛克菲勒的这番话，绝对是至理名言。

就金钱观而言，洛克菲勒认为金钱对商人有两种作用：第一种是投资事业、期待更高收益；第二种是通过使用来得到快乐与幸福。

经过洛克菲勒的一番开导，小洛克菲勒似乎感到了羞愧，开始默不作声。洛克菲勒感到很高兴，但是他也十分理解儿子的行为。

在日记中，他这样写道："毕竟，在上天所授予我的无数恩惠当中，至少有一种至今还从未赐予给他，那便是对贫困的体验，而我因为出身贫寒，多少个春秋岁月都是在食不果腹吃了上顿没下顿的日子里生活过来的。有时回头去看看祖先，他们作为财产而拥有的东西，没有汽车，也没有电冰箱、电视机，而我们没有这些东西也能够生活，甚至可能有许多人会比当今世上的居民更要感受到幸福。"

这就是洛克菲勒对于幸福的感悟，这种感悟是如此深刻透彻。

为了让儿子也能够对真正的幸福有所领悟，洛克菲勒讲了一个故事。说他小时候和父母头一次到很远的地方去旅游，那是350公里以外的一个大城市，为了这次充满期待的旅游计划，洛克菲勒的父母花了好几个星期去制订计划。事实上，制订计划的过程，也是整个旅游过程中最为幸福的时刻。

通过这个故事，洛克菲勒向儿子展示了这样一个真理——有追求才是幸福，追求的过程更重要，而通过追求所得到的东西往往是次要的。

洛克菲勒原本以为自己会和儿子辩论一番，但是小洛克菲勒在听过他的话之后，向他承认了自己浪费金钱的错误。为此，洛克菲勒深感欣慰。

## 诞生与死亡

1925 年的一天，洛克菲勒异常高兴，因为他的女儿伊丽莎白生下了一个女儿，他有外孙女了。

那天一大清早，洛克菲勒就启程了。经过一个小时的路程，他来到了伊丽莎白的身边。当看到那个初生的婴儿时，他感到万分幸福。这个有一张粉嫩的小脸、稀稀的头发、明亮的眼睛的小女孩，不禁让洛克菲勒想起伊丽莎白和小洛克菲勒小的时候。

自己不知不觉地老了，孩子们慢慢长大了，孩子的孩子也降生了。将来，他们会变成美丽的姑娘或高大的小伙子。新生的小生命让洛克菲勒产生了无限的联想。而很多年前的事情，也逐渐涌上了心头。小洛克菲勒出生之后，劳拉为了抚育子女，辞去了广告公司高级主管的职务，成为一个没有固定收入的自由撰稿人。在很长的一段时间，她都没有上班。最初，洛克菲勒和妻子被家里的小家伙们搞得筋疲力尽，孩子们随时会哭闹起来，肚子饿了会哭，换尿布的时候会哭；白天会哭，夜晚也会哭。但是，凭着对孩子的爱，他们挺过了所有难熬的日子。

终于有一天，洛克菲勒发现，自己的女儿变成了一个美丽的大姑娘。伊丽莎白还悄悄用过她妈妈的化妆品，穿过她妈妈的高跟鞋，而且有了第一次真正的幽会……这一切一切，在他的回忆中慢慢浮现出来，而眼前这个新生的小家伙，则又将他从往昔回忆带到了对未来的幻想中，这让洛克菲勒充满了幸福。

在外孙女出生后不久，洛克菲勒接到了一个噩耗："班去世了。"

班是洛克菲勒最早的合作伙伴之一，他是一个身高 1.80 米、体重 100 公斤的壮汉，他和洛克菲勒一样，也是白手起家的，事业做得非常不错。

班和洛克菲勒的关系非常密切，就在一个月前，班和洛克菲勒还在一起钓鱼。他还曾经教育小洛克菲勒应有坚强的性格，有一次他教小洛克菲勒打棒球，说："你唯一应记住的就是，不管遭受到什么打击，都绝不应该倒下。"

就是这样一个坚强如铁的人，因为致命的心肌梗死，终于倒下了，这让洛克菲勒感到万分伤心。他说："班的去世，让我想到了很多。但我认为不论是谁，都要常保身心的和谐，善待自己的生命，爱家人和朋友，知道其可贵之处。我们往往濒死之时，才明白可爱的东西是如何的可爱，而早些明白这一点的人是幸运的……"

老伙计们一个个离去，让洛克菲勒感到悲伤的同时，也更加意识到拥有身心健康是多么重要。在洛克菲勒 40 岁那年，当时他既不吸烟，也不过胖，经常运动，胆固醇值也正常标准。但他到医院体检时，医生却说他患有窦心症。洛克菲勒感觉非常奇怪，认为这是不可能的，所以也没有太在意。结果在三天后，他觉得胸部有了压迫感，而且感觉越来越强烈，最终他不得不住进了医院。4 天后，他接受了手术治疗，两个月之后才出院回家。

这次住院的经历，让洛克菲勒对于自己的健康更加珍视。他想："倘使没有这次住院接受手术，我或许不会知道活着是一件好极了的事情，不知道拥有和家人一起度过的时间，以及享受这个世界上的好多东西会给我带来的欣喜的感觉。"

从那以后，洛克菲勒只要一感到不舒服，就一定会去找医生，听一些有益的建议，不让病症发展到连世界第一名医也无计可施的状态。

几天后，洛克菲勒和小洛克菲勒冒雨去参加了班的葬礼。葬礼持续了半个小时，洛克菲勒向班的家属致以最真诚的安慰，之后踏上了回家的路。在车上，父子两人还沉浸在对往事的回忆中。到最后，他们开始讨论起友谊的意义。

小洛克菲勒问父亲是怎样看待友情的。洛克菲勒说："人不可能单独地生活在这个世界上，因为每个人都需要他人的支持和关怀。"

小洛克菲勒向父亲抱怨说，他在进入商界后，社交圈子扩大了，但是真正的朋友却少了。他每天都在和不同的人接触，工厂的工人、推销员、采购员、承销商以及政府官员，而工作之外遇到的人则更多了，与社会的各个领域、各个阶层都有交往。洛克菲勒对他说："只是因为你进入商界的时间还很短，随着你事业的发展，和你交往的人，都与你有着某种特定的关系，比如合作关系、商业关系、上下级关系，等等，这就使你们之间有种复杂的联系，和大学时代截然不同。"

在小洛克菲勒的人生里，圣威廉姆斯·奥斯勒的名言曾经对他有所触动："就年轻人而言，幸福中最不可或缺的就是友情的惠赐。"他渴望友情，但是却越来越得不到真正的友情。他现在是一个成功人士了，因为他事业上的成就或者说财富和地位上的优势，很多人都想和他做朋友。但是，这种感情是不单纯的，那些希望和小洛克菲勒成为朋友的，大多数是希望在有钱人身上得到更多的安全感。这种状况也是洛克菲勒所要面对的，在他的一生中，很多人只因为他是亿万富翁而与他接近。洛克菲勒也知道，自己很有可能被一帮伪善的朋友包围，这些人对他的赞美之词不绝于耳，但是洛克菲勒却始终保持了清醒。他认为，一个人如果置身于虚伪奉承的海洋，就很容易无法自拔。

洛克菲勒比儿子幸运，因为在他拥有财富之前，便结下一批坚实友情基础的朋友，这些人是他真正信任的。小洛克菲勒则不同，他从生下来那天就是亿万富翁，人们会戴着有色眼镜看待他。所以，他自己也很难搞明白，谁是真正的朋友，谁是趋炎附势的小人。

洛克菲勒告诉儿子，有一种人是值得交往的。他们诚实厚道，虽然与有钱人认识，但是唯恐有钱人误会他们诚挚的友情，所以总是与有钱人保持一定的距离，不刻意营造一种亲密的氛围。这种人应该才是最值得交往的。

# 斯图尔特事件

10月3日，是洛克菲勒与妻子的结婚纪念日。40多年来，他们一起经历了各种各样的事情，但是，拥有几个出色的孩子才是他们最大的财富。

洛克菲勒自己也说，在年轻的时候，他是被妻子的美丽外表吸引，但是到了最后，却被她美好的心灵折服了。

洛克菲勒一直认为，除了妻子之外，自己再没遇到过比她更好的人。夫妻两个尊重对方的人格、意见，容忍对方嗜好和习惯，家庭生活一向和睦。用洛克菲勒的话来讲就是："我们二人既是完全独立的人，又在婚姻生活的框架内一起过得很和谐。"

当然，洛克菲勒与妻子也有意见相左或者发生争论的时候，但是到最后他们都能以宽容去化解这些不愉快。

在妻子眼中，洛克菲勒是正确的化身，只要他不违反社会的法律准则、道德约束，她都允许洛克菲勒按自己的喜好去做。这也是洛克菲勒最为感激的地方。虽然妻子已经去世多年了，但是洛克菲勒却始终想念她。

老年的洛克菲勒，就是这样生活的。他教育自己的儿女，同时也在不断地总结自己的人生。他对儿女献出深沉的爱，同时也在帮助他们改正身上出现的种种问题。这个时候，他不仅是儿女的父亲，更是他们生活中的朋友、工作中的老师。作为一个真正的智者，他不仅为自己开辟了一条光明的道路，也为儿女照亮了前进的方向。在老洛克菲勒的教导下，他的继承人小洛克菲勒也逐渐成长起来。

1925 年，小洛克菲勒与印第安纳标准石油公司董事长罗伯特·W. 斯图尔特上校发生了冲突。

当时传说，斯图尔特上校参与了一桩不诚实的交易。一家皮包公司自称为"大陆贸易公司"，向一位得克萨斯产油商以每桶 1 美元 20 美分的价格买进了 3300 万桶石油，然后又以每桶 1 美元 75 美分的售价卖给了印第安纳标准石油公司。

"大陆贸易公司"将此次交易中所得的利润，又转手给了印第安纳标准石油的几个高层管理者。而斯图尔特上校，则是其中的一个。

这种监守自盗的行为被曝光之后，引发了社会的关注，国会一个调查委员会称斯图尔特上校的行为是违反法律的。

小洛克菲勒知道这一情况后，非常愤怒。他是印第安纳标准石油公司的一个小股东，斯图尔特上校的行为侵犯了公司和股东们的利益。因此，小洛克菲勒坚持要求斯图尔特去国会把事情说明白。

面对各方的责难，斯图尔特上校逃到了国外。三年之后，他才回国，并于 1928 年 2 月 2 日在委员会接受质询。他一再强调自己是无辜的，没有在交易中获得一分钱。

小洛克菲勒则根据陆续揭发出来的事实，坚持要求斯图尔特辞职，斯图尔特断然拒绝。斯图尔特在给其他股东写的信中说："我不能承认洛克菲勒先生有权为所有 5.8 万名股东说话……他这么做是想要成为公司未来的唯一主宰。"

小洛克菲勒眼见这一招无效，便敦促印第安纳标准石油公司的董事会罢免斯图尔特的职务，而董事会则不予理会。

无奈之下，小洛克菲勒要求就这一问题召开一次股东特别大会。董事会再次拒绝，并明确表示支持董事长斯图尔特。已经愤怒到极点的小洛克菲勒创办了一个委员会，向股东们征集代表权，并且聘请著名律师查尔斯·埃文斯·休斯当委员会的法律顾问。

当时，新闻舆论大多与小洛克菲勒站在同一战线，纷纷谴责斯图尔特的恶劣行为。而站在斯图尔特一边的则是工商业和银行界的领袖，还有比较保守的股东。他们争辩说，开除斯图尔特有损于公司的形象。一时间，小洛克菲勒也无计可施。

为了对付小洛克菲勒，斯图尔特宣布向股东发放 5% 的股息，以此来讨好股东们。这一招果然有效，小洛克菲勒获得股东授权的希望越来越渺茫了。

1929 年 3 月 7 日，印第安纳标准石油公司召开股东大会，双方的授权代表都在武装保卫之下到达了会场。出人意料的是，小洛克菲勒获得了大部分股东的支持。

斯图尔特终于被开除出印第安纳标准石油公司，小洛克菲勒赢得了最后的胜利。

会后，小洛克菲勒郑重其事地对报界宣布："采取的行动不需要什么评论，不过它倒是澄清了一点，那就是有头脑的投资者对投资的永久性和基本价值不仅以股息（股息固然必不可少）来衡量，也要以行政管理部门不被怀疑的诚实和目标的单纯来加以估量。这次行动之所以有意义，是因为它强调了一个信念：最高的道德标准在商业上也像在生活的其他领域里一样必不可少。"

# 慈善工作

盖茨曾经对老洛克菲勒说过一句话："您的财产在蒸蒸日上，翻滚得像一场暴风雪——您必须把它散得比积得快！要不然，它会把您和您的儿女以及您儿女的儿女压垮的。"

老洛克菲勒听取了盖茨的意见，开始对慈善事业大力投资。由于老洛克菲勒对这项事业并无具体参与兴趣，所以就把它交给了小洛克菲勒。

在此后的 12 年里，老洛克菲勒一共为慈善事业投资了 446719371 美元又 22 美分。这些钱主要被捐到了医学研究所、普通教育委员会、洛克菲勒基金会和劳拉·斯佩尔曼·洛克菲勒纪念基金会（老约翰的夫人劳拉·斯佩尔曼·洛克菲勒于 1915 年逝世，享年 76 岁，该基金会是为纪念她而设的）。

在这些研究所、委员会、基金会中，小洛克菲勒的地位非同一般。他经常与一些知名人士到全国各地去考察，如 1901 年，他接受了慈善事业家罗伯特·奥格登的邀请，和全美 50 个知名人士一起乘火车考察了南方黑人学校。罗伯特·奥格登是慈善事业中的杰出人士，与他的接触，让小洛克菲勒受益匪浅，同时也坚定了他为教育投资的决心。

小洛克菲勒曾多次致信老洛克菲勒，请求创办普通教育委员会。老洛克菲勒在收到信之后，慷慨地捐出了 1000 万美元。一年半之后，老洛克菲勒又追加了 3200 万美元。随着洛克菲勒家族的慈善事业越做越大，捐赠数字不断上升。到 1921 年，老洛克菲勒的捐助总额上升到了 129209167 美元。

小洛克菲勒对于慈善事业的热衷，在很大程度上是为了恢复家族的名誉。事实上，他的行为也确实对此大有好处。《世界主义者》杂志于 1905 年发文称："拥有这样一笔财产的人，没用它去干坏事，而是施展自己的财力去彻底改革这个世界。"

由于小洛克菲勒的父亲对医学研究所和普通教育委员会等慈善企业的慷慨投资，使小洛克菲勒成了美国各个社会文化机构的宠儿。他之所以能得到如此多的尊重，一方面肯定离不开父子两人捐钱出力，另一方面也要归功于盖茨的出谋划策。

盖茨作为一位浸信会的牧师，自然对慈善事业有着天生的喜好，对于传播他的宗教则更是不遗余力。

在洛克菲勒基金会的第一次会议上，盖茨说基金会要"把光明散播到黑暗的大陆上去"。为了达成这一梦想，他开始向热带地区的疫病发动了一系列声势浩大的攻势，因为在他看来，疫病正妨碍着这些地区接受文明的影响和开展光明的事业。

当然，洛克菲勒家族投资卫生事业，不光是出于慈悲，也出于美国对菲律宾及加勒比海地区的军事殖民占领的需要。基金会在这些地区的代言人，都是从军事殖民占领人员中选拔组成的。

对于美国政府来讲，洛克菲勒基金会是一个在全世界宣扬美国价值观的平台，所以对洛克菲勒家族所从事的慈善事业大加褒扬。

1909 年，纽约市长竞选活动中争论的一个主要议题，就是卖淫问题。当地政府为此成立了一个特别的大陪审团来调查有关娼妓的买卖问题，小洛克菲勒被邀请去担当这个大陪审团的陪审长。

在陪审团工作期间，小洛克菲勒非常认真严肃地对待这份工作，态度积极，令人吃惊。他自己后来也回忆说道："我一生中从来没有这样拼命干过——早上干，中午干，晚上也干。"

这个陪审团原定工作一个月，结果一干就是半年，最后提交了一份翔实的报告。报告建议组织一个委员会来研究相关的法律和处理这个"存在于美欧大城市中"的社会邪恶弊病，目的是把纽约市中这种邪恶减少到最低限度。但市长拒绝设置这种委员会，在无可奈何的情况下，小洛克菲勒决定单独干。

1911年，小洛克菲勒投资500多万美元，终于建起了属于自己的社会卫生局，这个卫生局后来在美国的社会生活中非常重要。

卫生局首先派遣洛克菲勒研究所所长西蒙·弗莱克斯纳的弟弟亚伯拉罕·弗莱克斯纳到欧洲去考察，并找到欧美各国娼妓问题的异同之处。

亚伯拉罕·弗莱克斯纳通过考察得出结论：控制卖淫行为的办法，是驱使它转入地下，如此一来即便不能将其完全消除，也至少能在社会上起到隔离作用。此外，他还认为，不了解卖淫赖以盛行的合法环境，也就无法了解卖淫问题的根本所在。

为了搞明白卖淫的法律环境，卫生局又派福斯迪克前往欧洲，对警察行政系统开展了一次国际性考察。

在欧洲，福斯迪克看到的是专业化的欧洲警察。与之相比，美国警察则太过于自由散漫。根据这一情况，福斯迪克后来出版了一部研究著作。纽约市的警察局局长阿瑟·伍兹上校看过之后深受启发，从此开始与洛克菲勒基金会大力合作。

关于洛克菲勒为什么会从早年的极度吝啬走向慷慨，他自己的说法是，他一直没有吝啬过，他赚到的钱都是上帝的，所以到最后要还给上帝。这个说法从一个曾经视金钱为一切的商人口中说出来，着实让人难以相信。

当然，我们绝不否认洛克菲勒在慈善事业上是个伟大、高尚的人，但是他做慈善的动机是否真如他所说的那般高尚，或许也未见得。

在经济学上，有一种现象叫作"滚雪球效应"。就是说，一旦获得了原始的资本优势，资本"雪球"将会越滚越大，资本的优势也会愈加明显。简单来说就是，有钱的人通过资本运作，会越来越有钱。在社会财富相对固定的情况下，这就意味着穷人会越来越穷。

滚雪球效应发展到最后，就不仅仅是经济学问题了，还可能衍生出严重的社会问题——贫富差距拉大将影响社会的稳定。所以，美国政府一直在想方设法地平衡贫富差距。

很多年前，美国政府认为对富人们所拥有的产业征收重税，就能从富人的腰包里掏出更多的钱。所以，美国国会决定：针对游艇、私人飞机、皮衣、珠宝和豪华轿车等奢侈品收取高额的奢侈品税。由于这些东西都是富人才能买得起，所以，对奢侈品征税在当时被认为是合理的。

但是，最终的结果却不尽如人意。例如，美国政府对游艇收重税，那些富翁就不买游艇了，他们把钱用来买其他东西。如此一来，生产游艇的工厂纷纷倒闭，那些建造游艇的工人反而成了最大的受害者。

美国政府很快就意识到，通过奢侈品向富人征税的手段太"天真"了，所以美国国会在1993年废除了大部分奢侈品税。

相比于征收奢侈品税，美国政府更有效的手段是实行遗产税政策，对富人们的遗产征收重税。美国法律规定，如果富人们不想被征收高额税收，就要向福利机构捐助善款。通过这种政策，能让富人主动捐款，减少贫富差距。

　　早在 20 世纪初，钢铁大王卡内基就将自己大部分资产捐出来成立了卡内基基金会从事公益事业，一时间被传为美谈并引起无数富豪的效仿。最近几年，更有世界首富比尔·盖茨和巴菲特相继捐出自己的绝大部分家产投入慈善事业，成为全球媒体盛赞的榜样。时至今日，美国著名的富豪家族如洛克菲勒、福特都有以自己姓氏命名的慈善基金会。据统计，全美近 10 万家基金会中，有 90% 由私人或家族设立。

　　然而深究下去，就会发现富豪的爱心未必完全无私。为改善社会公平，美国早在 1916 年就设立了遗产税，到 30 年代更将税率提升至 77%，如今还保持在 50% 左右。也就是说，哪怕不捐赠，留给子女的财富也不及生前的一半。另外，缴纳遗产税时需要将资产变现，这又会导致低价变现资产甚至丧失企业的控股权，反而不利于家族持续控制。如果生前即将手中资产捐出，不仅能够豁免部分所得税，更能让子女通过进入基金会任职来变相继承股份，最大限度地维持对家族公司的掌控。

　　大众常有的误区是慈善基金会就是不断将手中的资产花出去的机构，但基金会通常的运作模式却是将收到的资产进行投资和经营，从每年获得的收益中提取资金用于慈善、行政运营以及广告筹款等开支。因此，建立慈善基金会反而是要将家族企业长期经营下去。比尔·盖茨虽然捐出了大部分家产，可微软公司仍然在他的控制之中，因为股份只是转移到他担任主席的基金会名下。未来如果愿意，他的子女也可以在基金会中占据要职，仅是不能将股份变卖挪作他用而已。

　　另外，根据美国法律的规定，基金会可以将每年收入的半数以上用作行政管理和筹款开支，这些开支的具体使用方向显然也由基

金会的主要管理者掌握。假如盖茨基金会每年从微软股份中获取 10
亿美元的收入，其中最多可以有 5 亿美元用于支付运营费用和筹款
广告。掌管如此巨额金钱的分配，显然本身就是一项巨大的权力，
会给拥有者带来崇高的地位和与之相配的各种利益。

　　从渊源上而言，现代私人慈善基金会脱胎于欧洲中世纪贵族财
团的家族基金会。为了维护财富不致被个别不肖子孙败落，美第奇、
富格尔等富豪家族规定继承人不能自由使用遗产的本金，只能用利
息作为个人的投资或花费。20 世纪之前没有遗产税，不需要借助任
何名义就可以直接将财富留给家族后人；而今天的富豪们为了避免
被高额税收削减财富，不得不在其上面覆盖一层慈善的光环。从这
个角度来说，家族慈善基金会不过是一个新时代的财富传承工具，
其慈善作用到底如何颇值得商榷。

## 崭新的契机

通过处理拉德洛惨案，以及随后罢黜斯图尔特上校、大力创办慈善事业和创立社会卫生局等活动，小洛克菲勒已经掌握了洛克菲勒家族的大部分权力。

一朝天子一朝臣，在小洛克菲勒掌权后，老洛克菲勒手下的"第一谋士"弗雷德里克·T.盖茨离开了洛克菲勒家族的权力核心。

通过小洛克菲勒的努力，不仅他自己成为美国社会上的重要人物，而且在很大程度上扭转了公众对洛克菲勒家族的负面态度。为了进一步改善家族在公众心中的印象，小洛克菲勒还努力地将家族的名字与爱国运动联系起来。

在参加第一次世界大战之后，美国出现了爱国团结的新气象。而洛克菲勒基金会则因为在战争中从事了大量的战时救济工作，受到了人们的称赞。

对于洛克菲勒家族而言，第一次世界大战给他们带来的好处远不止改善名誉这么简单。这次战争推进了内燃机技术的发展，战后，汽车已经成为最重要的运输工具，而石油也随之成为更宝贵的资源。"石油照明时代"从此过渡到"石油能源时代"。

在战争中，一位法国石油专员就曾经说："谁拥有石油，谁就将拥有整个世界。"这句话的正确性在后来的历史中得到了印证。

1916年，也就是美国政府对标准石油托拉斯的诉讼获胜5年以后，当时已接替约翰·阿奇博尔德担任新泽西标准石油公司董事长的A.C.贝德福特接受白宫的邀请，担任动员委员会主席，他的任务是把整个石油工业组织起来为国防服务。

这个委员会的成员包括了标准石油托拉斯老一辈的"石油先驱"，也包括了海湾、德士古和辛克莱等石油公司的新一辈的干将们。这些石油巨头在著名的百老汇大街26号总部，在约翰·戴维斯·洛克菲勒本人的肖像下，举行了一次会晤。

组织一个全国性的石油工业组织，是老洛克菲勒毕生的夙愿，曾经实现，但却遭到了政府扼杀。而现在，政府接过了老洛克菲勒的大旗，想方设法地促使这一组织的成立。不得不说，还真是挺具有讽刺意味的。

在国务卿查尔斯·埃文斯·休斯（此人从前是小洛克菲勒的老师，二人还有过一段同事关系）的领导下，石油工业组织得到华盛顿方面的全力支持，以致一些批评家称埃文斯为"石油卿"。英国外交部的一位官员甚至说："如今华盛顿官员们所想、所说和所写的，都开始像标准石油公司的雇员们一模一样了。"

20世纪，是石油的世纪。围绕石油资源的剧烈争夺上升到了国际政治的层面。而标准石油各公司则趁此机会大力发展海外业务，对于标准石油在海外的扩张，美国政府将其视作为"爱国行为"。

20世纪20年代，刚刚从英国殖民统治下独立出来100年的美国（对于一个国家历史而言，100年确实只能用刚刚来形容），开始在国际社会上占据越来越重要的地位，同时他们也需要更有能力的对外政策策划机构。

1921年，金融界和工业界的领袖们组建了一个"对外关系委员会"，这个委员会的成员包括了托马斯·W.拉蒙特（摩根家族的律师）、艾维·李（洛克菲勒家族的顾问）等一批大家族利益的代表。小洛克菲勒和洛克菲勒慈善企业也成为该组织最早的"投资人"之一。

到了这一时期，小洛克菲勒突然发现，自己在政治上获得了直接而重要的地位，这是他父亲都不曾有的辉煌。他开始频繁地出入白宫，虽然他之前也曾到白宫做客，但那时是以知交密友或竞选活动捐助人的身份去的。而现在，他是作为实施国家法律的第一流公民团体的首脑去参加正式的会议。

多年来对洛克菲勒家族造成不利影响的拉德洛惨案，也随着小洛克菲勒日渐升高的社会地位而逐渐被人遗忘。现在，人们提起洛克菲勒家族，想到的第一件事就是他们的慈善事业和政治影响力，而非那些丑陋的事情。

## 财产转移

小洛克菲勒越来越厉害了，他和总统共进早餐，与美国权力的最高层一同探讨美国未来的走向。不过，在洛克菲勒家族里，他却仍然像孩子一般。每当他做出什么值得老洛克菲勒高兴的事情，他的父亲就会给他一些奖励，有时候是股票，有时候是现金。此时的小洛克菲勒已经 40 岁了，却还得仰仗于父亲的定期恩惠！

1916 年，美国国会通过了一条法律，规定把资产在 500 万美元以上的遗产税率增加至 10%，1917 年又把资产在 1000 万及 1000 万美元以上的遗产税率增加至 25%。正因为这一系列的法律出台，才促使老洛克菲勒开始将财产真正交付到小洛克菲勒名下。

首先，老洛克菲勒拿出大量的股票，包括新泽西标准石油公司、纽约标准石油公司、印第安纳标准石油公司以及其他一些标准石油大托拉斯之下的子公司的股票。随后，老洛克菲勒又把自己在工业领域的一些资产转移到儿子名下。

在之后的两年时间里，老洛克菲勒逐步将自己的剩余资产转给了小洛克菲勒——当时大约有 5 亿美元，相当于今天的 100 亿美元。对于资本家而言，资本的转移就意味着权力的变更。

82 岁的老洛克菲勒只给自己留下 2000 万美元左右的股票，作为养老之用。

1923 年，小洛克菲勒为了向外界证明——洛克菲勒家族现在由他掌管，决定重修百老汇大街 26 号标准石油公司大楼的家族办事处。对老洛克菲勒而言，家族办事处不过是办理商务的场所，无所谓豪华与否，小洛克菲勒则不认同父亲的这一观点，他说"父亲做任何事只图方便和实利，而毫无审美的观点"。

为了重建家族办事处，小洛克菲勒请来了伦敦著名的建筑家查尔斯，支付给对方 7 万美元，请他将家族办事处来一次大翻修。

经过一番大修、装饰和充实，家族办事处果然焕然一新，显得金碧辉煌、庄严神圣。这个家族办事处也就成为洛克菲勒家族的"脸面"。

在小洛克菲勒正式接替父亲的工作之前，家族办事处的所有员工唯老洛克菲勒马首是瞻。为了显示自己在家族办事处的权威，小洛克菲勒对家族办事处的机构、制度做出了重新调整，他新设了一个职位——副主管，并开始在自己身边荟萃了一批精英式的助手，给他们封了官职，让他们成为洛克菲勒家族的智囊团。

逐渐，围绕在小洛克菲勒身边的智囊团，其影响力超过了以前的"标准石油公司帮"。他们的组织系统遍及洛克菲勒家族利益的一切范围：从石油到银行业务，从外交政策到教育、宗教、医药、政治和艺术的各个层面。那些社会上最有能力的精英纷纷加入小洛克菲勒的阵营，高峰时，在这个家族办事处任职的各界精英超过了100 人。

小洛克菲勒领导这个家族办事处的几年后，逐渐显现出成效，这个家族办事处越来越像是一家现代企业了——分工明确、制度森严。

## 小洛克菲勒的顶点

到了 20 世纪 30 年代，小洛克菲勒的事业登上了顶峰。不过，这种成功也是有代价的：1922 年，他患上了严重的头痛，久治不愈。他不得不在密歇根州的一家疗养院里静养了三个星期。最终，诊断结果是"因过度紧张而产生的自体中毒"。

洛克菲勒家族的掌门人不是那么好当的。做出一些成绩，人们会说："你有个好爸爸，做什么不行！"稍微有些差池，人们则会说："瞧瞧，这就叫虎父犬子。"

在性格上，小洛克菲勒则显得有些过分古板，有一个与他交往甚密的政府高官说："在他（小洛克菲勒）举办的宴会上，既没有鸡尾酒也没有果子酒，大家相谈甚欢的时候，他要祈祷，便要求在场所有人静下来。洛克菲勒夫人对我说，他一向坚持由自己做谢恩祈祷，即使有牧师在场也是这样。"

麦肯济·金和雷蒙德·福斯迪克与小洛克菲勒共事几十年，私下里关系也很亲密，但他始终称呼他们"金先生"和"福斯迪克先生"。对于忠心不贰的下属，小洛克菲勒像父亲一样，会用金钱来酬谢，但是别指望他有情感方面的表达。

对于金钱的态度，小洛克菲勒非常矛盾。他时而大笔一挥，就把几十上百万的资金捐出去了。但是有时却显得有些吝啬。例如，当年拉德洛惨案发生后，小洛克菲勒聘请"金先生"来为自己收拾残局。金那时濒于破产，坚持要求1.5万美元的年薪，而小洛克菲勒则只肯出1万美元。两人几经谈判，最终才确定了1.2万美元。再如，小洛克菲勒的内弟兼亲密同事温恩罗普·奥尔德里奇的小儿子突然夭折时，小洛克菲勒马上给奥尔德里奇专门包下了一趟列车，让送葬的人群前往参加葬礼，但是最后他却将此事喋喋不休地挂在嘴上，直到他内弟给了他229美元，才肯罢休。

不管怎么说，这位洛克菲勒家族的第二代掌门人还是继承了父亲的精明与节俭之风。当有人问他在社会上花费那么多美元究竟获得了什么成就时，他会回答说："我曾试图使人们和各个国家之间更加接近，试图巩固那些重要的但又乱糟糟的社会的各个层面，并树立起可以使广大人民快乐和学习的那种样板。"

从小洛克菲勒的描述看来，他做社会工作是"专门利人、毫不利己"的。但事实上，小洛克菲勒在慈善事业上的投资是很讲实效的。对他而言，慈善也可以算得上是一种商业投资，洛克菲勒家族为慈善设立的基金会同样给他带来经济上和地位上的好处。不过，小洛克菲勒会尽量将自己的工作与"钱"撇清关系。一次，他对《纽约论坛报》的一位记者说道："我要更多钱干什么呢？我父亲要更多的钱干什么呢？我和父亲在基金会所做的工作，完全是为了合理地分配我们的金钱。"但在私下里，小洛克菲勒则从不放弃经营和保护家族财产的责任。

小洛克菲勒对于家族财富所做的贡献，使得他的5个儿子能从父亲手里接过火炬，使石油——慈善帝国日益发展壮大，同时也使资产像滚雪球般越滚越多。

老洛克菲勒非常厌恶银行家们和他们的机构，所以他总是反对把自己的钱放在银行。但小洛克菲勒则不同，或许是因为他的岳父纳尔逊·奥尔德里奇实际上是国会中金融集团的代言人，所以小洛克菲勒极力说服父亲把钱交给银行家。最终，老洛克菲勒买进了公平信托公司的控制股份。这家公司原为公平人寿保险公司的子公司，由于 1911 年改革法的实施，该公司才被迫出售这些股份。

洛克菲勒家族巨额资金的加入，促成了公平信托公司的迅速扩张。到 1920 年，这家公司已拥有 2.54 亿美元的存款，是当时美国的第八大银行。

公平信托公司落到洛克菲勒家族手里，就沾上了洛克菲勒家族的习气。1929 年，这家公司开始发动兼并浪潮，一口气"吃下了"14 家较小的银行和信托公司，成为一家实力巨大的银行。

1929 年 12 月，公平信托公司的总经理切利斯·奥斯汀猝然去世，小洛克菲勒开始对这家公司的前景表示担忧。他同自己的心腹顾问托马斯·德比伏伊斯前去拜访妻子的哥哥温思罗普·奥尔德里奇，邀请对方出山，担任这家公司的总经理。

奥尔德里奇在担任新职之后不久，认为这个信托公司存在很大的问题，只有通过大规模的重组，才能挽回颓势。为了振兴这个属于洛克菲勒家族的金融机构，小洛克菲勒就和他的同事们密议，最终把目光投向了大通银行。

大通银行成立于 1877 年，由金融资本家约翰·汤普森创办，1930 年被公平信托公司吞并，并成为洛克菲勒财团的主要金融企业。

大通银行在国内外设有许多分行，1921 年起在中国的上海、天津等地开设分行，总行设在纽约。为了让大通银行有能力担负为其家族融资的重任，小洛克菲勒授意自己的小儿子戴维完成了大通银行与美国另一大银行——曼哈顿银行的合并（关于其中细节，会在戴维·洛克菲勒一章中详细描述）。

经过多年努力，小洛克菲勒终于成为父亲曾经讨厌的那种人——银行家。

大通银行的董事会中，有许多重量级的人物，包括伯利恒钢铁公司的查尔斯·施瓦布、通用汽车公司的艾尔弗雷德·斯隆、库恩·洛布公司的奥托·卡恩，而大通银行的总裁威金本人除了在大通银行担任总裁之外，还担任其他 50 家公司的董事。在他的操作下，这 50 家公司都把钱存到了大通银行。

就资产而论，大通银行是全世界最大的银行，它在国内有 50 家分行，另外在十个国家设有外国支行。这还不包括它的子公司美国捷运公司的 34 家国内办事处和 66 家国外办事处。

在威金退休后，温思罗普·奥尔德里奇开始掌管大通银行。在 1933 年的头几个月里，他总是一趟趟往华盛顿跑，试图将大通银行与政府的改革紧密联系到一起。

奥尔德里奇的行为在银行界饱受争议，那些顽固的银行家不想变革。只有洛克菲勒家族看出了现行银行制度存在的危机。

华尔街许多人认为，奥尔德里奇和小洛克菲勒在银行界的种种惊人举措，是为了打破摩根家族对全国金融事业的控制。人们之所以会这么想，是基于洛克菲勒家族与摩根家族"宿怨"的一种猜想，虽然言之凿凿，但并无证据。

大通银行为洛克菲勒家族带来了滚滚财源，这些虽然不属于他们但却可以由他们支配的金钱，让洛克菲勒家族在商业社会里拥有了更崇高的地位。而与洛克菲勒家族关系很不一般的奥尔德里奇则搭上了洛家的顺风车，一举成为全美知名的大银行家。

# 老洛克菲勒的故去

1933 年，洛克菲勒中心落成。这是一个由四栋大楼及广场组成的建筑群。其中最大的是奇异电器大楼，高 259 米，共 70 层。

洛克菲勒中心可以看作洛克菲勒家族的标志，而修建它的人正是小洛克菲勒。

1928 年，小洛克菲勒把一块属于家族所有的土地出租给纽约哥伦比亚大学。1930 年，他开始筹划在这块土地上建造一栋大楼。小洛克菲勒原本想在此修建一座歌剧院，但是，由于 30 年代的经济大萧条，小洛克菲勒改变了初衷，不再投资歌剧院，而是计划建造一个以商业大楼为主的中心广场。

洛克菲勒中心是当时全世界最大的私人投资的单一建筑项目，负责总规划的建筑师叫雷蒙德·胡德，建造商是约翰·托德的公司。1930 年 5 月 17 日，正式破土动工，1933 建成了第一栋建筑，1939 年才全部完工。为了让洛克菲勒中心名垂青史，小洛克菲勒雇用了美国非常著名的建筑家华莱士·哈里逊。

最初，洛克菲勒中心没有正式命名，洛克菲勒家族的首席公共关系总经理艾维·李建议用"洛克菲勒中心"来命名这个建筑群，并得到了认可。

洛克菲勒中心建成后，小洛克菲勒把洛克菲勒家族办事处从百老汇大街 26 号标准石油公司大厦迁到了洛克菲勒广场 30 号第 56 层。从那时起，洛克菲勒广场 30 号 5600 室就成为洛克菲勒家族的权力核心。

建造这样一个建筑群，过程自然会有一些波折。在洛克菲勒中心修建之前，预计要花费约 1.2 亿美元，其中 4500 万美元是由小洛克菲勒私人担保向都会人寿保险公司借的。其他的款项则是小洛克菲勒自己筹措的。当然，洛克菲勒中心给小洛克菲勒带来的利润也很可观，他每年大约可从中获利 580 万美元。

到了 1937 年，洛克菲勒中心的建造接近尾声。然而，老约翰·D. 洛克菲勒却没能看到这个家族标志最后建成的模样。5 月 23 日凌晨 4 时，这位 98 岁高龄的老人先是忽然昏迷不醒，然后于一小时后去世了。

1937 年 5 月 23 日，洛克菲勒家族所有的男子都等候在塔里敦火车站，迎接火车把洛克菲勒的棺柩从他在佛罗里达州奥蒙德比奇的冬季住宅运来。

这一天，这个家族的所有男性成员集体合影。回忆起那张合影，洛克菲勒家族第三代人戴维感慨颇深，他在回忆录里写道：

如今回想起那个画面，我发现那是一个绝好的写照，"捕捉"住了我们彼此之间的关系，我们当时在人生道路上的位置，以及我们也许会一起走向何方。

约翰以其一贯的性格，站在人群的边上。31 岁的他是家里的长子，家族的继承人。他从普林斯顿毕业后，父亲就让他加入了家族中许多机构的董事会，其中有洛克菲勒基金会、洛克菲勒医学研究院和殖民风格威廉斯堡修复协会，培养他成为家族的领袖。但是，他羞涩腼腆，对自己的能力没有自信。

纳尔逊努力让自己站在了这幅相片的正中央位置，傲然地看着镜头。他 29 岁，即将成为洛克菲勒中心的总裁。

27 岁的劳伦斯是个哲学家、商人，目光凝望着不远处。他正成长为航空界领先的投资人，不久将与第一次世界大战的王牌飞行员埃迪·里卡巴克一起买下东方航空公司的大量股份。

温斯罗普长得最帅气。母亲奥尔德里奇的特征与洛克菲勒的基因综合起来，使得温斯罗普产生了电影明星般的美貌。温是我们中间最调皮捣蛋的一个，从来不能融洽相处。他已经 25 岁，在得克萨斯的油田当油井修建工。

我是最小的一个，21 岁，看上去还是个乳臭未干的毛头小伙。我刚刚完成了哈佛大学经济学第一年的研究生课程，那年夏天将去伦敦经济学院继续我的学业。

已经 63 岁的父亲略显老态，父亲昂然伫立在那里，绝对的坦诚直率，一脸友善、仁慈。

我们把祖父带回了他跟父亲一起于 25 年前在波坎蒂克山家族地产上建造的宅子里。宅子取名叫"基魁特"，坐落在山顶上，壮观的哈得孙河尽收眼底。第二天，只剩下直系亲属和几个挚友的时候，我们为他举行了葬礼。我记得那是美丽的春季，从敞开的法国式大门通往露台，哈得孙河在我们的下面泛着耀眼的蓝光。祖父最喜欢的风琴手阿彻·吉布森博士在大厅演奏着。当我们还是孩子的时候，经常随着他的乐曲假装表演一番。

葬礼结束后，祖父的贴身男仆约迪先生朝我做了个手势。约迪是个衣冠整洁的瑞士人，30 年来一直作为贴身男仆陪伴在祖父左右。我跟他很熟，但是，他在我面前从来都是缄默寡言的。我走到他跟前，他把我拉到一边，走进一个无人的过厅。"你知道，戴维先生，"他开口道（自打我记事开始，仆人们从来都是这么称呼我们。"洛克菲勒先生"太容易混淆，因为我们有那么多人可以叫这个名字，而直呼其名又太过亲密），"在你们所有兄弟当中，你祖父一直觉得你最像他。"我当时一定是一脸惊讶。我万万没想到他会说这个。"是的，"他说，"他最喜爱的就是你。"我笨嘴拙舌地向他表示感谢，但他只是摆摆手，说："不，不，我只是觉得你应该知道。"我实在不知道该说些什么。我觉得应该是纳尔逊。但是，我无法掩饰自己的喜悦。（摘自《洛克菲勒回忆录》，戴维·洛克菲勒著）

约翰·戴维斯·洛克菲勒以 2000 美元起家，赢得数亿财富，如此成就，古今商界未有所闻。积累巨富家财，又能勤俭如一者，亦为罕见。个人节俭却热心慈善，然而，约翰一生为求财富，大举兼并、排挤同行，使无数小康之家一夜赤贫，终招骂名。

其中的是非曲直暂且不论，老洛克菲勒一死，世间再无洛克菲勒。两年后，小洛克菲勒头顶硬壳帽，手戴工人手套，亲手为洛克菲勒中心大厦钉上了最后一颗铆钉。

## 洛克菲勒中心的传奇故事

洛克菲勒中心，有许多传奇的故事在那里发生。现在，我们讲述它的故事。

第一个故事——英国间谍潜伏于洛克菲勒中心。

当欧洲大国和许多亚洲国家都陷入战争中的时候，美国作为当时的一股重要力量却在一边"观战"。

当时的国际局势就像是一个天平，同盟国和协约国站在天平的两端，正好维持了一个均势。而这时候，在一边观战的美国就像是最后一个砝码。它的立场，很可能决定未来世界格局的走向。法国外长乔治·博内公开说："如果美国人能够明确表示站在我们一边，那么，就足以让我们的战争取得胜利。"

其实，美国的政客们早就知道自己该站哪边了。只是由于当时的美国民众并不愿意让自己的国家卷入战争中去，所以美国总统罗斯福也不敢轻举妄动。当时马上就要总统大选了，在这个时候得罪选民，可不是什么好事儿。

同盟国知道美国人的立场还是倾向于自己一边的，但却迟迟没有动作，同盟国有点坐不住了。

1940 年 4 月，英国海军大臣丘吉尔准备派遣威廉·史蒂芬森到美国一趟。此行的目的非常明确，就是拉拢美国。

为了能把美国拉拢到自己的阵营之下，丘吉尔同意把英国最新破译出来的德国情报和美国共享，并且愿意"把每天的情报摘要通过 FBI 传递给总统"。

史蒂芬森来到美国之后，见的第一个人就是联邦调查局局长胡佛。

见到胡佛后，史蒂芬森说："我希望我们可以在情报领域展开广泛的合作。"虽然当时胡佛权势熏天，但是没有总统的命令，这种事情他还是不能擅自做主的。于是，史蒂芬森要求和总统当面谈。不久，史蒂芬森到了白宫，在那里见到了罗斯福，并且再次提出了自己的请求。罗斯福当场下令：FBI 同英国情报局进行最密切的合作。

两个国家的情报机构从此展开了联合行动。而英国间谍在美国的办事处，就设立在洛克菲勒中心。

可以说，当时双方的合作是非常成功的。仅仅在一年时间里，英国人就从洛克菲勒中心情报站给联邦调查局寄送了多达 10 万件的情报。

第二个故事——日本人购买洛克菲勒中心。

第二次世界大战之后，日本经济在经历了短暂的低潮之后，突然开始加速发展。

当时，日本生产的电子产品、汽车、民用品……大量出口美国，所以在很长一段时间里，日本都保持着极高的贸易顺差。

从 1955 年到 1973 年，日本经济都在以 10% 以上的速度发展。索尼、日立、东芝等日本企业把自己的产品销售到了全球各个市场，尤其是美国。仅 1985 年一年，日本对美国的出口额就达到了 568 亿美元，美国成为日本的最大客户。

有了钱的日本人开始变得得意起来，索尼集团总裁盛田昭夫甚至公开说："日本模式必将被世界所效法。"

1985 年，美国伙同 7 国集团强迫日本签署"广场协议"。这份协议规定：日元必须升值。几年之后，日元就从协议前的 1 美元兑换 240 日元升值到了 1 美元兑换 160 日元。到 1988 年，日元兑换美元的汇率更是上升到了 1 美元兑 120 日元。

美国人为什么能逼迫日元升值？一是因为日本是"二战"战败国，一直受到美国政治和军事上的"节制"。另外一个原因就是由于当时美国是日本最大的出口国，经济被对方绑架。

"广场协议"签订以后的几年时间里，日元币值差不多上升了三倍，日本的工业出口能力深受影响，但日本人也因此变得比以前更加富裕了。日本人手里的日元可以换来更多的美元。这就意味着，美国的资产在日本人看来突然便宜了很多。以前那些在日本人看来根本买不起的东西，现在可以唾手可得。

于是，手里握着大把美元的日本人开始在美国大肆购买。普通消费者热衷于在夏威夷之类的地方买一些商品，而日本企业家们则开始对美国企业资产大量收购。

这些挥舞着支票本的日本人似乎可以买下整个美国，"美国正在变成日本的第四十一个县"，狂妄的日本人如是说。

在这个看起来有些疯狂的购买潮中，出现了不少让人目瞪口呆、匪夷所思的事情。

一个日本人要购买一栋美国大楼，美国人报价 4 亿多美元，双方谈妥之后，就等日本人付钱了。日本人忽然拿出一份新的合同书，上面写的价格是 6.1 亿美元。美国人感觉不可理喻，日方人员解释说，他们的老板昨天在吉尼斯世界纪录里看到，历史上单个大楼出售的最高价是 6 亿美元，于是就想要打破这个纪录。

到了 1989 年，日本人购买美国资产的热情达到了巅峰。这一年的 6 月，索尼公司宣布，他们以 34 亿美元的价格，成功购买了美国娱乐业巨头、美国文化的象征之一——哥伦比亚影片公司。

这一举动是索尼公司由制造业转向娱乐业的战略行动之一。而就在不久之前，三菱公司已经以 14 亿美元购买了洛克菲勒中心，这个代表着美国资本主义进入全盛时期的伟大建筑现在属于日本人了。

日本人在美国大量购买资产，尤其是购买像洛克菲勒中心这样的美国文化地标，引起了美国社会的极大反响。

目睹本国众多有影响的大公司、大产业转而由日本人充当老板，美国舆论声称：这简直像是日本第二次入侵美国，上一次是在珍珠港。美国人甚至自嘲说：说不定什么时候就会传来这样的消息，日本人买走了自由女神像。

那些把资产卖给日本人的美国商人则受到了公众的指责，人们说他们是唯利是图的贪婪之辈。舆论则认为，这些人鼠目寸光，为了赚钱不惜出卖具有美国象征意义的建筑及企业。

有人开始呼吁政府出面制止日本人购买美国产业，以维护国家利益，还有人要求政府设法防止美国的房地产价格被日本人炒作到不可接受的地步。

总之，美国上下哀鸿遍野。而日本人则感觉自尊心得到了极大的满足。很多日本人为自己在世界范围内的疯狂购买而喜不自禁。

多年来只能对美国服服帖帖的日本似乎看到了自己有望超过美国，成为世界最强国。

不过，没用多长时间，日本人就发现事情恐怕没那么简单。三菱公司购买洛克菲勒中心后不久，就因为经营不善而亏损。最后，不得不把洛克菲勒中心又还给了洛克菲勒家族。

# 世界大战

1939 年，第二次世界大战开打。对于这场战争的意义，只要学过历史的人就一定会有所了解，在此就不多加复述了。我们要讲述的"二战"故事，是洛克菲勒家族纬度的"二战"故事，是商业层面的世界大战。

虽然美国没有在"二战"初期加入战争，但是这并不意味着美国人对战争作壁上观。事实上，美国权势集团中的主要政策制定者在 1939 年下半年德国入侵波兰之前，就开始组建有高度影响力的政策小组。这个秘密小组存在的意义，就是制定美国战后的经济和政治目标，以实现美国振兴的目的。这个政策小组叫作纽约对外关系理事会"战争与和平研究组"。

我们先来解释一下这个纽约对外关系理事会是个什么样的组织。

1919 年 5 月，凡尔赛和会期间，巴黎马杰斯提酒店召开了一次专门会议。出席这次会议的有 J.P. 摩根银行的代表、洛克菲勒家族标准石油公司的代表以及其他一些政治人物，如伍德罗·威尔逊总统的顾问爱德华·豪斯上校等。

正是在这次会议上，一干美国政界、商界的大佬达成共识，成立了纽约对外关系理事会，这个机构的主要工作是为政府提供"意见和建议"。

当时，大部分美国企业的业务范围还仅仅限于美国国内，多数大公司的总部都设在纽约。这些美国最有权力的商人形成了一个地区性的权势集团，因此被称为东海岸权势集团。

"一战"后，这个权势集团的总部实际上就是设在纽约的对外关系理事会。它的首批资助者包括 J.P. 摩根、约翰·洛克菲勒、金融家奥图·卡恩、伯纳德·巴鲁克、雅各布·希夫和保罗·沃伯格。

一开始，对外关系理事会的主要工作是游说国会通过一系列法案，保障大商人在海外的商业利益。就当时来看，美国海外利益的核心就是摩根家族的大银行和洛克菲勒家族的石油利益集团。

1929 年，美国国民生产总值达到了 1040 亿美元。但在接下来的几年中，这个数字不升反降，只剩 580 亿美元了。这意味着美国创造财富的能力打了对折。

生产力降低导致了严重的经济危机，民众普遍感觉失望，儿童唱起了儿歌："梅隆拉汽笛，胡佛敲起钟，华尔街发信号，美国直往地狱冲。"1932 年 3 月，美国更是爆发了大规模的群体事件，约 3000 名失业工人在底特律的福特汽车厂前示威。警察向示威人群开枪，造成 4 人死亡。

在此情况下，那些大资本家终于坐不住了，一部分商人和他们在耶鲁、哈佛、普林斯顿、约翰·霍普金斯等私立大学中的学术同伙以及华尔街主要律师事务所的一些高级合伙人都在研究如何统治全球市场，保持美国经济发展。他们的目的很简单，就是在大英帝国的"泛大不列颠时代"摇摇欲坠的时候，巩固美国的实力，进而取而代之。

这些美国的政策制定者与大英帝国的统治者不一样，他们称霸全球的目的是赚取更多的经济利益，而不是抢夺其他国家的土地，建立殖民地。这是一种人类争霸模式的转变。

就在此时，"二战"打响了，美国资本家意识到这场战争是美国取代英国称霸全球的最好机会，所以洛克菲勒基金会资助成立了纽约对外关系理事会"战争与和平研究组"。

虽然名为小组，但是它的权力非常大，承担着美国国务院所有战后规划的重要任务。在1942年珍珠港事件以后，小组中的大多数成员都被直接列入国务院的工资名单。

有资料显示，从1939年11月到1942年美国加入"二战"，洛克菲勒基金会捐助了35万美元给战争与和平研究组。他们这么做的目的，就是希望通过小组的影响力，定义战后美国的全球商业帝国。

从最终的结果来看，第二次世界大战既宣告了德国的失败，也宣告了大英帝国政治强权的消亡。从18世纪工业革命开始，统治世界将近150年的英国失去了"日不落帝国"的往日荣光。世界的重心开始由欧洲偏向了北美。从大战的根本原因上来看，第二次世界大战可以看作一场"因石油而起，以石油决胜负，瓜分石油利益"的战争。

因石油而起，是因为在石油成为主要的能源之后，各个国家对这种资源展开了争夺，因此在一定程度上引爆了第二次世界大战。

以石油决胜负，是说在第二次世界大战中，那些主宰着更多石油权力的国家在战争中优势尽显，并且最后赢得了战争。

有一个例子可以说明这个问题。1944年，美军在太平洋战场上向日本发动反攻。日本当时的军力比较强大，所以交战双方陷入了苦战。为了打败日本，减少战争的代价，美国决定先切断日本主要物资的补给线，让其无力再战。日本是个岛国，各种资源都比较匮乏，尤其是石油资源严重不足，粮食也需要进口。但是，由于战争的需要，日本每天都在消耗大量的石油，这些物资必须通过海上运输才能抵达日本。因此，海上交通运输就是日本的生命线。美国人也意识到，只要切断日本的海上交通，阻断其石油的供应，日本就会陷入工业停滞、军用物资供应不足的局面。因此，美军投入了大量海空军兵力，在日本海域形成围堵之势。

美国将阻断日本能源和粮食供应的行动称为"饥饿战役"。从1945 年 3 月 27 日到 8 月 15 日，美国彻底封锁了日本的交通补给线，导致日本进口物资下降 90％，日本维持战争所需要的石油更是彻底断供。军工厂因此停产或关闭，飞机、舰艇由于燃料不足失去了战斗力。当时，日本国民陷入饥荒的恐惧之中，日军士气也日益低落。

最后，说第二次世界大战是一次瓜分石油利益的战争，一点也不为过。早在战争还没有结束的时候，美国方面就已经向英国首相丘吉尔讲清楚：战后的世界不会遵守传统的势力范围划分。而最为明显的转变，就是英国将失去对中东石油的控制权，而改由美国接手。因此，美国石油业的利益和权势从第二次世界大战后迅速崛起。

战争结束后，罗斯福委任纳尔逊·洛克菲勒全面负责对拉丁美洲的"睦邻"政策。更为关键的是，总统还把"石油王国"沙特阿拉伯的石油专营权交给洛克菲勒石油公司。拥有了这个权力之后，洛克菲勒家族开始在沙特疯狂地开采石油。1938 年，沙特阿拉伯国王阿卜杜勒·阿齐兹（AbdulAziz）曾经说过："能想象人们到达火星后会发现什么吗？他们会发现美国人正在火星的沙漠里找油呢。"这句话或许可以从侧面反映出洛克菲勒家族对沙特石油的渴望。

洛克菲勒家族之所以能在"二战"前后得到美国政府如此的"青睐"，是因为他们强大的影响力及对政府高层的"渗透力"。

罗斯福的内政部长哈罗德·伊克斯在这个位置上待了13年，他不仅从1941年就开始担任国防石油协调员，还是罗斯福新政的公共工程管理局的负责人，权力很大。他与洛克菲勒家族的关系非常密切，经常与小洛克菲勒以及他的儿子戴维·洛克菲勒会晤。自20世纪30年代以来，伊克斯一直是洛克菲勒家族在纽约州波坎蒂克山私人庄园的常客。要知道，很少有人能获得这种资格。也正是他，说服了罗斯福总统，把沙特石油的专营权交给了洛克菲勒家族。

获得沙特石油专营权，对于洛克菲勒家族意味着什么？钱？不错，他们是可以从中获得经济上的利益，然而钱并不是这个家族最大的收获。

"二战"后的美国，把石油看作国家利益的重要组成部分。随着美国人对沙特石油的开发和利用，这个地方已经成为美国石油权力的核心所在。而且，随着石油作为一种重要能源，在人类社会中的作用越来越大，石油带来的权力也越来越大。基辛格说："控制了石油，你就控制了所有国家甚至所有大陆。"这句话就是对"石油权力"的最佳注解，掌握了沙特石油的洛克菲勒家族同时也掌握了美国最核心的权力。这就是他们在第二次世界大战中最为重要的收获——商业范围之外的更大权力。

# 权力的扩张

"二战"过后，洛克菲勒家族对于美国政治的影响达到了巅峰。我们之前所说的"美国东海岸权势集团"，其成员绝大多数与洛克菲勒集团或他们的亲信有关系。因此，洛克菲勒家族对美国政策有着非同一般的干预力。

1946 年，洛克菲勒标准石油公司财务主管里奥·D. 韦尔奇对美国政府表示："美国对德国以外的国家，包括英国、西半球和远东地区，对它们在政治、军事、领土和经济上的要求和条件都可以明着说出来了。我们是最大的资本源泉，我们对全球机制的贡献最大，我们必须当领跑者，我们必须为大多数股东负责任，我们股东的公司就叫作世界……这可不是为了干完一个任期，这是一个永久不变的义务。"

"我们股东的公司叫作世界。"在当时的国际社会，也只有美国有资格说这样的话；而在当时的美国，也只有标准石油有资格说这样的话。1948 年，美国国务院制定冷战战略的核心人物之一乔治·凯南给美国国务院提交了一份机密的内部备忘录。在这个备忘录中，非常简洁地概述了以洛克菲勒家族为首的美国权势集团的战后纲领：

我们拥有世界一半的财富，但人口只占 6%。亚洲各国与我们之间差距非常明显。在这种情况下，我们不能成为被嫉妒和仇恨的对象……为了实现这个目标，我们不能自欺欺人，在世界各地干那些毫不利己、乐善好施的事情，这对我们来说太奢侈了。

这份备忘录，可以总结出两个要点：第一，美国要想办法阻止全世界的"仇富心理";第二,美国不能无偿帮助其他人,一定要做能获得利益的事情。这是典型的商人思维,不过这并不奇怪,因为此时美国政府背后的"巨人"正是那些企业家。

"二战"结束之后,美国制订并公布了一项欧洲经济重建计划,这就是大名鼎鼎的"马歇尔计划"。这个计划表面上看是为了振兴被战火洗礼过的欧洲,但实际上美国的真实目的并没那么单纯,他们是要通过这个计划使美国制造业、大型石油工业和金融业在战后的欧洲保持控制力。

"马歇尔计划"中规定:苏联必须对西方和美国实行经济开放,并向西欧供给大量原料等。苏联人自然不愿意做这种亏本买卖,他们拒绝加入这个计划。美国人早料到苏联会拒绝,他们也乐于看到这样的结果,因为如此一来,美国就能独自在经济上主导西欧。

在"马歇尔计划"中,包括大规模输送美国工业产品到欧洲的条款,而其中最重要的就是来自洛克菲勒家族的石油。根据美国参议院的调查,"马歇尔计划"给受援国最大的一单支出,正是以最高价格购买的美国石油,供货商就是洛克菲勒标准石油公司。

"马歇尔计划"执行短短几年时间,"标准石油五姐妹"就控制了西欧一半以上的石油供应,成为"马歇尔计划"中最大的受益人。

对于洛克菲勒家族的所作所为,美国政府中不是没有人反对,很多政府机构的中层工作人员就批评他们滥用"马歇尔计划"的资金,但是这有什么用呢?庙堂之上皆为羽翼,试问谁能撼动?

从 1945 年到 1948 年,短短三年间,洛克菲勒石油公司将欧洲油价推高了一倍多,从每桶 1.05 美元涨到每桶 2.22 美元。在某些特定的欧洲国家,价格还要更高,比如希腊,他们购买石油的价格是英国的两倍。

欧洲国家虽然知道被标准石油宰了，但是却没有办法。因为"马歇尔计划"规定，欧洲不得将援助资金用于建设炼油厂，所以他们只能任由洛克菲勒宰割。

"马歇尔计划"始于 1947 年 7 月 12 日，一直到 1953 年。在此期间，美国为欧洲国家提供了 130 亿美元的经济和技术援助，只有加入了欧洲经济合作组织（OEEC）的国家才有资格享受。当然，享受援助也是需要付出代价的。例如，法国必须放映美国电影以换取美国援助，因此，法国的电影业遭受重创；美国的价值观则通过电影广泛传播，并影响到了法国社会的方方面面。

1953 年，"二战"名将艾森豪威尔当选美国第 34 届总统。

艾森豪威尔当选总统，对于洛克菲勒家族而言，是个好消息。据美国一家杂志透露，因为艾森豪威尔在战后所奉行的扩军备战、向外扩张的政策符合美国大财团的利益，所以洛克菲勒等大财团都在暗中支持他竞选总统。最早站出来支持艾森豪威尔的人，就是洛克菲勒财团的首脑人物、大通银行董事长奥尔德里奇。

等到艾森豪威尔当选总统之后，自然要对洛克菲勒家族以及其他支持他的大财团"投桃报李"。洛克菲勒基金会主席约翰·福斯特·杜勒斯当上了国务卿，洛克菲勒的"御用律师"艾伦·杜勒斯当上了中情局局长，通用汽车公司的总经理查尔斯·欧文·威尔逊当上了国防部长。因为艾森豪威尔政府中的重要职位几乎全被大财团中的人物所包揽，所以美国报纸把这届政府称为"大企业家集团"。

1953 年，艾伦·杜勒斯指挥中情局推翻了危地马拉的哈科沃·阿本斯民选政府，罪名是阿本斯政权威胁到了美国的商业利益。事实上，他所谓的美国商业利益主要是和洛克菲勒家族有关的"联合果品公司"的利益。

阿本斯担任危地马拉总统时，努力推行温和的土地改革，想要把国家的土地分给农民。当时，洛克菲勒家族在危地马拉拥有大量土地，如果任由阿本斯推行土地改革，那么便会有损洛克菲勒家族在危地马拉的核心利益。正因如此，杜勒斯才会指使中情局发动政变。

此外，杜勒斯还推翻了当时非常受欢迎的伊朗民选首相穆罕默德·摩萨德。摩萨德在位时，曾经把英国石油公司收为国有。等到美国人推翻了摩萨德之后，伊朗石油的控制权就从英国石油公司转移到洛克菲勒标准石油公司的手中了。

在国内，艾森豪威尔政府也为洛克菲勒家族提供了不少便利条件。当时政府最大的公共投资项目是公路，艾森豪威尔在位时，通过了《全国州际和国防公路法》《公共法第84-627号》。有了法律的支持，政府开始大兴工程，他们拨款250亿美元，预计在20年内建造66000公里州际公路。这是当时美国历史上最大的公共工程项目。这项工程的最大受益者是底特律的通用汽车公司和洛克菲勒的标准石油公司，因为公路运输的大发展，促进了汽车和石油的消费。

# 夺 权

第二次世界大战爆发之前，洛克菲勒家族的第三代就已经开始了社会活动，并取得了一些成绩。战争开始之后，第三代中的五兄弟几乎都投入战争中，他们或是直接参军，或是帮助政府做事。直到"二战"结束后，洛克菲勒家族五兄弟才从各自的"战争岗位"回归并重新聚集到了一起，开始从事各自负责的家族事业。

洛克菲勒三世后来说："这是一个新的时期，我们大家又聚到了一起，并做出重新分工的决定。"

洛克菲勒三世的任务是负责洛克菲勒兄弟基金会，这个基金会是由洛克菲勒五兄弟联合成立的，职能是调控五兄弟的资金及投资。

老二纳尔逊负责洛克菲勒中心。

老三劳伦斯接管"杰克逊·霍尔保护土地公司"和其他资源保护区投资。

老四温思罗普参与了"城市联盟"和"威廉斯堡殖民区"事务。

老五戴维参加了"医学研究院"（不久又改称"洛克菲勒大学"）董事会，并负责处理"河边教堂"事务。

从表面上看，洛克菲勒家族五兄弟分工明确，团结一致，一派家庭和睦的景象。但事实上，他们之间仍然存在着隔阂。毕竟，偌大家业的继承权是谁都想要的。他们之间只在一件事情上可以达成共识——迫切地希望父亲让权，以摆脱父亲的控制。作为五兄弟中能力最强的纳尔逊，自然也成了与父亲"作战"的核心。

恰好这时，联合国组织选定永久会址的工作开始了。费城、旧金山都有可能成为联合国总部未来的所在地。纽约市也在力图争取，市长奥德怀尔专门成立了一个委员会，劝说联合国选定纽约为长期会址。

纳尔逊也是委员会成员，为了把联合国吸引到纽约来，他表示愿意提供"洛克菲勒中心剧院"作为联合国大会会场。

纳尔逊的慷慨捐助，让他成为当时各大报纸的头条人物，他的慷慨陈词也被纷纷转载。但是，由于纳尔逊事先没有和父亲商量这件事，所以小洛克菲勒感到恼怒，并否决了这个提议。

纳尔逊不得不把说出去的话收了回来，这让他的自尊心受到了极大的打击。那段时间，纳尔逊非常消沉。

1946年12月11日，是联合国代表们决定会址的最后截止日期，费城甚至旧金山都比纽约更有可能成为联合国的会址。但是，纳尔逊得到消息说："联合国代表其实看中了纽约，但是没有合适的场地。"于是，纳尔逊马上回到了纽约，试图再做一次努力。

10月10日早晨，纳尔逊在家族办公室里与弟弟劳伦斯及其他两个心腹商讨对策。建筑师沃利·哈里森提到有一块17英亩的土地，是地产商人威廉·泽肯多夫的产业。据哈里森估计，泽肯多夫可能会以850万美元的价格出售这块土地。假如交易成功，那么联合国大厦的土地问题就有着落了。

纳尔逊听了这个消息后，马上给小洛克菲勒打电话。出人意料的是，小洛克菲勒说："把那块地买下来，然后捐给联合国盖大楼！"

纳尔逊闻言大喜，马上派哈里森去找地产商泽肯多夫，双方很快达成了协议。

两天后，联合国代表们正式接受了洛克菲勒家族提供的会址。小洛克菲勒与纳尔逊共进早餐，并签署了有关文件。

在这件事情上，纳尔逊虽然得到了父亲的帮助，但是他也因此感到自己的权力实在有限，不能放开手脚，除非家族的权力核心和权力象征能够转移到他和他的弟兄们手中。

其他几个兄弟们也都有同样的想法。小洛克菲勒在1940年聘请的一位助手林斯利·金布尔回忆道："洛氏第三代的弟兄们觉得他们一定要摆脱父亲的阴影，这是十分必要的。我记得有一次温思罗普流着眼泪跑来对我说：'啊，我多么希望自己能够独立自主地去做一些事呀！'"

五兄弟中以纳尔逊最为剽悍，想当总统却竞选失败，在继承和争夺洛克菲勒家族的玉玺上他可不想再次失败了。于是，五个本来温顺的儿子如今如咆哮堂前的老虎一般。

小洛克菲勒对于五个儿子缺乏信任，在他眼里，这五个小子还不具备继承偌大家业的能力，所以始终攥着权力不放手。

双方的冲突终于围绕着德比伏伊斯展开了。德比伏伊斯是小洛克菲勒手下的"谋士"，一个墨守成规的守旧派，被洛氏第三代的兄弟们视为老顽固。这位被称为"内阁总理大臣"的人决不肯背离多年来建立起来的那一套正规化的经营程序。而那些少壮派则觉得如果不改变经营程序，就永远无法掌握权力；另一方面，战后的世界形势发生了重大的变化，如果不做出改变，就会落伍。

1947年，五兄弟和德比伏伊斯的冲突愈演愈烈。纳尔逊希望雇用约翰·洛克伍德为家族的正式法律顾问，这个洛克伍德是他的私人律师。德比伏伊斯知道自己肯定在这个位置上待不长了，但是又不甘心让纳尔逊的阴谋得逞，所以他推荐范德比尔特·韦布为他的继任人选，这是他的人。

斗争虽然激烈，但是表面看来双方都心平气和，讨论时所用的表达语气又是那么温文尔雅。这是纳尔逊久经政坛后修炼成的一项绝技。

最终，纳尔逊赢得了这场不见硝烟的战争，洛克伍德被任命为家族的首席律师，韦布则彻底失势。德比伏伊斯好一点，当了小洛克菲勒的私人顾问。

德比伏伊斯退出洛克菲勒家族的权力核心，意味着五兄弟从此接掌大权。其他"老人"则见风转舵，纷纷投靠在五兄弟门下。作为回报，五兄弟公开宣布，他们将不打算清洗第 5600 室（家族办事处的地址）的人员。不过事实上，那些老人虽然没有被清洗，但是也失去了最重要的权力。五兄弟的亲信们则乘虚而入，占据了关键性的职位。从那以后，家族办事处的工作人员更难做了，原来他们只需要效忠小洛克菲勒一个人就可以了，但是现在，又加上了五兄弟。

拿下家族办事处之后，纳尔逊又开始觊觎洛克菲勒中心的管理权。这一次，经过讨价还价、处心积虑的马拉松式谈判，纳尔逊终于说服了他的父亲，把该中心的证券转给他和他的弟兄们。

洛克菲勒中心是纽约城里最有影响和最值钱的地产，它的市场价值随着战后日趋繁荣的建筑业的每一次上扬而猛涨。尤其是联合国会址建筑计划落实之后，位于联合国大厦不远处的洛克菲勒中心也随之涨价，甚至比纽约曼哈顿区的地价还要贵。

掌握了洛克菲勒中心，对于洛克菲勒五兄弟而言，不仅是掌握了重大的财富，更掌握了对纽约市事务的重大发言权，还能提供多个高薪职位，拉拢一大批人。

到此为止，洛克菲勒家族已经被五兄弟把持。新的时代开启了。在接下来的篇章里，我们将分别记述这五兄弟各自的成长经历及命运变迁。

# 第7章

# 政治巅峰

　　可以说，在第二次世界大战期间，没有任何一个集团能像洛克菲勒家族尤其是纳尔逊·洛克菲勒那样更能体现美国大公司的全球观。纳尔逊在定义农业全球利益中起到了决定性的作用，但是人们却大多不知道他的此项功绩。他躲在幕后，谨言慎行，很少在此事件中抛头露面。纳尔逊十分精明地把洛克菲勒家族的私人利益与"美国国家利益"混为一谈，为洛克菲勒家族赢得了更多、更好的发展空间与机遇。

# 弃商从政

纳尔逊·奥尔德里奇·洛克菲勒被视作五兄弟中最有出息的一个。他是洛克菲勒家族第三代中的老二，自小患有阅读障碍症，这种病困扰了他一生。

患上阅读障碍症的人，往往不能通过阅读领会文章所要表达的含义。这种病虽然对身体健康没什么大影响，但是却会让人在学习和工作中遭遇难以想象的困境。就拿纳尔逊来说，他在童年时因为阅读障碍症而一直无法有好的成绩；工作之后，阅读障碍症令他无法记住讲话稿。但是，这似乎并不妨碍他成为洛克菲勒家族第三代中的佼佼者。纳尔逊毕业于达特茅斯学院，这所大学是著名的常春藤学院之一。

步入社会之后，纳尔逊先在家族企业中任职，担任克里奥尔石油公司董事。1940 年，纳尔逊"弃商从政"，进入美国政府供职，任国务院美洲事务调解人。

这个职位是纳尔逊非常乐于接受的，因为这个职务不仅能帮他涉足政界，更重要的是，还能帮助洛克菲勒家族拓展在美洲的生意。

当纳尔逊来到美洲的时候，第二次世界大战刚刚开始不久，此时美国尚未参战，洛克菲勒家族的标准石油公司总裁沃尔特·蒂格尔还正在安排向纳粹德国空军运输战争中的重要物资——四乙铅汽油。

标准石油的所作所为，让英国人感到不满，当时英国正遭受纳粹空军的轰炸，若是标准石油继续为德国空军提供所需的燃油，那么就等于是在助长德军的气焰。因此，英国政府提出抗议，标准石油公司不得不改变了政策。（关于美国公司资助纳粹的历史，德国汉堡社会研究所的调查结果证实，20 世纪 30 年代中期，100 家最大的美国公司中有 26 家在德国积极参与过纳粹活动，其中就包括标准石油。而且，洛克菲勒家族与德国法本公司关系非常密切。"二战"期间，当时的美国参议员、后来的美国总统富兰克林·罗斯福就曾经指控洛克菲勒家族因涉嫌资助纳粹，"几乎犯了叛国罪"。）

事实上，标准石油并未决定停止向德国运输石油，他们只不过使了一个障眼法——将负责运输的船队改为在巴拿马注册，从而躲过英国的搜查或扣押。巴拿马是一个美洲国家，而纳尔逊则是代表美国政府的"美洲特派员"。所以，在洛克菲勒家族借道巴拿马时，纳尔逊的存在起到了很大的作用。

在美洲工作的那段时间里，纳尔逊构思了美国—拉丁美洲防御理念，这一理念在冷战中将这一地区的军事精英与美国的政策紧密地联系到了一起。这些军事精英都是美洲大陆上的独裁者，他们从与洛克菲勒家族的"亲密关系"中获得了巨大的经济利益，同时也确保了洛克菲勒家族在商业利益上获得优惠待遇。纳尔逊把那些得到他支持的、与美国合作的拉丁美洲的军事独裁者称为"新式军人"。在美洲，除了为政府履行职责之外，纳尔逊还在为家族的事业分忧，当时，他担任着标准石油公司委内瑞拉分公司——克里奥尔石油公司的董事。到了 20 世纪 40 年代，纳尔逊成立了墨西哥美国开发公司，并亲自向战后的墨西哥工业进行投资。他利用美国政府做担保，启动大通、花旗等纽约私人银行向拉丁美洲提供大规模的贷款。他还鼓励他的弟弟戴维·洛克菲勒在墨西哥建立大通银行拉丁美洲分行。纳尔逊这么做的目的，是想通过大量的投资来拉拢美洲地区的领导人，让他们为洛克菲勒家族在美洲的生意"开绿灯"。

"二战"临近结束时，纳尔逊开始在美洲进行影响深远的秘密活动。他费尽心机拉拢美洲国家支持美国，以确保美国在国际社会的声望。（正是通过这种手段，美国在1945年间获得了国际货币基金组织和世界银行的实际控制权。）历史学家约翰·罗福特斯称，洛克菲勒曾在幕后对所有拉丁美洲国家施加压力，强迫他们支持1945年在旧金山召开联合国成立大会，并支持美国。

## 石油农业

在美洲工作的时间里，纳尔逊开始为洛克菲勒家族实行"绿色革命"。1941年，他与时任美国副总统、前农业部部长亨利·A.华莱士派出一个代表团到墨西哥与当地政府讨论提高粮食产量的办法。

就在这一年，纳尔逊和兄弟劳伦斯开始在拉丁美洲大量购买高质量的廉价农田。这标志着洛克菲勒家族的业务开始从石油工业扩展到农业。

对于财大气粗的洛克菲勒家族而言，他们涉足农业自然不是家庭作坊式的小打小闹，而是要开创全球性的"商业化农业"。

商业化农业是一个20世纪50年代出现的新概念，它还有另外一个名字——石油农业。

如果用传统的观点来看，石油工业和农业是两个互无关联的产业。但到了20世纪，情况发生了转变。这个时期，美国农业多实行企业化和集中式经营，无论是农业机械还是化肥制造，都需要耗用大量以石油为主的能源和原料。而石油农业也具有高产、高效、省力、省时、经济效益大等优点。

在石油农业中，石油是核心。而石油对于洛克菲勒家族来讲，是天然的优势。所以，他们大力支持发展石油农业，并试图以此为契机控制粮食市场，再搞一次"粮食托拉斯"。

为了扩大自己在农业方面的优势，纳尔逊要求美洲国家只对美国的商业利益敞开大门，而对其他国家紧锁国门，要求世界上的其他国家（包括拉丁美洲政府）为美国包括农业在内的所有产品打开市场大门。

纳尔逊此举，是为了洛克菲勒家族进军农业做准备。要知道，对于一个国家来讲，一个时期内的粮食需求量基本上不会发生太大变化。如果洛克菲勒家族生产出了更多的粮食，而美国本土的粮食需求却不会因此而大幅增长，唯一的办法就是把粮食卖给那些缺乏粮食的国家。所以，只有打开世界各国的贸易大门，洛克菲勒家族才能保证自己的产品有足够的市场。

在 20 世纪 50 年代初，美国农产品出口的重要性几乎与武器和工业产品相同。由于美国掌握着全世界绝大多数人的"饭碗"，所以粮食也成了它们的一种武器，谁不听话，对不起，粮食不卖给你了，饿着吧。如此一来，谁敢不从？

事实上，纳尔逊的农业控制计划完完全全是美国的一场"阴谋"。在这场阴谋中，他们先是向其他国家大量购入低端的工业产品，诱使许多国家忙于生产衣服、鞋子、电视这类商品，忽视粮食生产。

这些国家的粮食产量降低之后，粮食出现短缺。这时候，美国人站了出来，他们用很低的价格将本国的粮食卖到缺少粮食的国家，让这些国家不会为吃饭而发愁。美国的粮食为什么便宜？就是因为有像纳尔逊这样的商人，用先进的商业和技术手段，将农产品的成本降到了最低。

生产工业产品能卖到美国赚钱，粮食不够了能买到低价的美国粮食。如此一来，许多国家都逐渐减缓了农业发展的脚步。即便是有些国家意识到必须发展农业，但还是由于大量低价粮食的涌入，导致了本国农业的衰退。

在这样的大环境下，很多国家的农业产值开始"负增长"。我们拿亚洲几个国家与地区的数据来说明这一问题。2010年，日本谷物的生产水平相较于历史最高下降了33%，韩国下降31%，中国台湾下降19%。日本的粮食自给率更是由77%下降到27%。也就是说，日本国内生产的粮食只够27%的人吃。剩下的人想要吃饭，就必须依赖于进口。

正因为农业在美国的政治体系中有着如此重大的作用，所以掌握了美国大部分粮食生产的洛克菲勒集团也对国务院产生了巨大的影响。具体表现为：从1952年开始一直到吉米·卡特执政晚期的1979年这段时间，每个担任过美国国务卿的人都曾在洛克菲勒基金会的领导层工作过。如艾森豪威尔时代的国务卿约翰·福斯特·杜勒斯在1952年到美国政府任职前曾任洛克菲勒基金会的主席；约翰·肯尼迪和林登·约翰逊的国务卿迪安·腊斯克则在1961年前担任洛克菲勒基金会的主席；尼克松的国家安全顾问、1974年腊斯克的接班人亨利·基辛格也来自洛克菲勒基金会内部的小圈子。这个现象，不得不让人猜测——作为一个非营利的慈善组织，洛克菲勒基金会是否还有不为人知的一面？

到了1947年，"二战"结束，纳尔逊·洛克菲勒又成立了一家公司——国际基本经济公司。这家公司与美国私营农业综合企业巨头嘉吉公司联手，在巴西开展业务。他们的计划包括杂交玉米生产、生猪生产、利用直升机喷洒农药、承包耕种以及粮食存储。

由于国际基本经济公司开发出了一种杂交玉米的新品种，这使得巴西一跃成为世界上第三大玉米生产国，仅次于美中两国。

对于洛克菲勒家族而言，发展石油农业是一件一举两得的好事儿。他们除了可以获得农业上的利润，还可以增加石油的销量。正如世界观察研究所主席莱斯特·布朗所说："如果农民想充分发挥新型种子的潜力，在需要的各种新投入中，化肥是必不可少的。一旦现代技术的应用能够使农民获利，他们对各种农用投入的需求就会迅速增加。"

而生产农药的主要原料就是石油，所以石油农业的发展同样也带动了石油产业的发展。

到此为止，由洛克菲勒家族发起、纳尔逊主持的"绿色革命"发挥出了巨大的能量，并且在未来很长时间内都会对世界格局产生不可忽视的重大影响。

# 副总统

从性格上来看，纳尔逊似乎继承了他母亲奥尔德里奇家族的一个特点：热衷政治。

从拉丁美洲回到美国之后，纳尔逊成为美国政坛上的一颗新星。1952年的时候，他就已经当上了艾森豪威尔总统的顾问委员会主席，卫生、教育和福利部副部长，可谓平步青云。

作为美国第一大家族，洛克菲勒家族在美国社会有着巨大的影响力，而且纳尔逊的外公也是一名成功的政治家。所以，无论从哪个角度来看，纳尔逊在政坛上的成功似乎都与他的家世有着千丝万缕的联系。

在纳尔逊担任艾森豪威尔总统外事顾问期间，他在美国首府华盛顿附近的匡提科海军陆战队基地召集了一批学者专家，开会讨论国家安全政策。在这些人当中，有一个叫作基辛格的年轻人。

基辛格回忆说："一进门，纳尔逊就拍着每个人的肩膀，尽量叫着他们的名字，这让他显得卓尔不群。"

在这次会议上，专家们轮番上阵给洛克菲勒出主意，建议他如何运作以及如何实现外交政策目标。可能是因为其中某些人提出了一些不太合乎时宜的策略，纳尔逊收起了微笑，脸一沉说："各位，我要你们告诉我的不是如何操纵钻营，我只想知道怎么做才是最重要的。"

在匡提科会议中，纳尔逊并没有得到合理的建议或策略，但是他却有了另一个重要收获——政治伙伴基辛格。

纳尔逊的母亲曾有句名言："常和比你高的人打成一片。"或许是纳尔逊看出了年轻的基辛格是个非常有能力的人，所以在此之后，他始终保持着与基辛格在政治上的同盟关系。

在基辛格的眼里，纳尔逊最初扮演的是"伯乐"的角色，他说"纳尔逊智力二流，但阅人一流；而我有着一流的头脑，但相人也就是三流水平。"显然，基辛格也意识到，自己之所以能得到第一家族传人的青睐，是因为自己有着出众的头脑。

正如基辛格所说，纳尔逊确实善于识人，而且他知道如何把有用的人才笼络在自己周围。这些优点正是脾气暴躁的基辛格所不具备的，因此他格外敬重纳尔逊的这些品质。

1958 年，纳尔逊被选为纽约州州长。

纳尔逊能够成为这个州的最高长官，证明了他的政治实力。不过，对于颇具雄心的纳尔逊而言，仅仅成为州长还远远不够，他有更高的追求——当选总统。

为了实现目标，增加在国内的认可度，在担任纽约州州长期间，纳尔逊发起了一场花销巨大的公关活动，纽约州的财政、文化、教育都大为改观，州立大学制度大为发展，州政府雇员和预算分别增加 1 倍和 3 倍。

有富可敌国的洛克菲勒家族撑腰，振兴地方经济似乎也不是什么难事儿。他的种种举措赢得了纽约人的欢心，所以纳尔逊之后获得了三次连任，在美国历史上，这是第一次有人三度连任州长。

1968 年是美国的大选年。已经在纽约获得声望的纳尔逊决定竞选总统，他的主要对手是重新回归政坛的尼克松。

尼克松是美国政坛上的老前辈了，早在 1952 年，他就作为艾森豪威尔的竞选伙伴当选美国副总统，任职 4 年。1956 年，再度当选副总统。

1960 年，尼克松开始竞选总统，但是以微弱票差被击败，击败他的是约翰·肯尼迪。竞选失败后，尼克松暂时离开了政坛，在洛杉矶和纽约从事律师工作。现在，他又回来了，成为纳尔逊总统之路上的一块绊脚石。

在总统竞选中，基辛格担任了纳尔逊的外交政策顾问。作为纳尔逊的忠实盟友，基辛格对竞选对手尼克松显然没什么好印象，经常在报纸上或是其他一些公开场合把尼克松骂得狗血喷头。

虽然有基辛格一班人马的极力运作，但是纳尔逊还是在总统竞选中落败，尼克松成为美国第 37 位总统。

失败后的纳尔逊将自己失败的原因归结于"美国人喜欢自我奋斗的平民英雄，而不喜欢含着金钥匙出身的贵族，即使我能力比尼克松强十倍"。

纳尔逊的话不无道理，相较于权势熏天的第一家族传人，民众似乎对那些来自普通家庭通过自我奋斗获得成功的人更有好感。这是普遍的社会心理现象。不过，纳尔逊似乎忘了一件事情——如果他不是洛克菲勒家族的一员，如果他的外公不是一名政治家，他可能根本就没有资格参加这场权力的角逐。

尼克松当选总统之后，重用了基辛格，聘请他担任总统国家安全事务助理。与此同时，基辛格依然担任着纳尔逊的兼职顾问。

至于尼克松为何会任命曾经与他作对的基辛格，有人说是因为尼克松胸怀宽广、不计前嫌，有人说是纳尔逊通过自己的权力将心腹基辛格送入白宫，以求影响美国的对外政策。事实究竟是什么样子的？恐怕除了当事人，谁也说不明白。

基辛格确实是个有能力的政治家，在之后的几十年间，无论是尼克松当政还是福特成为总统，他在美国政府都扮演着重要的角色。20 世纪 70 年代，中美关系"破冰"，尼克松访华，也是由基辛格一手操办。值得一提的是，在尼克松访华之时，同行的除了基辛格之外，还有洛克菲勒五兄弟中的戴维·洛克菲勒。

1972 年，美国发生了历史上最大的政治丑闻——水门事件。

在 1972 年的总统大选中，为了取得民主党内部竞选策略的情报，尼克松竞选班子的首席安全顾问詹姆斯·麦科德等人潜入位于华盛顿水门大厦的民主党全国委员会办公室。他们在安装窃听器并偷拍有关文件时，被保安发现，随后被捕。受此事影响，尼克松不得不宣布辞职，从而成为美国历史上首位辞职的总统。

水门事件除了是美国最大的政治丑闻之外，还可算得上是美国最大的谜案之一。因为直到今天，仍有众多疑问未被合理解释。这里我们只谈关于洛克菲勒家族的那一部分。

就在水门事件爆发、尼克松辞职之后，纳尔逊·洛克菲勒就当选美国副总统，成为水门事件的最大获益人之一。与此同时，基辛格也再获升迁，成为美国国务卿（国务卿在美国政坛地位颇高，位于美国总统继任顺序的第四位）。

有传言说，尼克松在任时拒绝签署关贸总协定。这项协定的宗旨是：通过削减关税和其他贸易壁垒，削除国际贸易中的差别待遇，促进国际贸易自由化，以充分利用世界资源，扩大商品的生产与流通。对于洛克菲勒家族而言，这项协定有利于他们开拓国际市场，所以尼克松拒绝签署协定的行为使得洛克菲勒家族非常不满，因此他们发动了"阴谋"，制造了"水门事件"，逼迫尼克松下台，并将自己的家族成员纳尔逊推上了副总统的宝座。尼克松下台之后，新总统福特马上就签署通过了这个协定……

　　这种说法看似有道理，但最大的问题是缺乏有效的证据支持，而且偏向于"阴谋论"，所以不能确定其真实性。在此举出，仅是作为一种参考。

　　不管事情的真相到底如何，有一点可以肯定，那就是水门事件之后，洛克菲勒家族在政治上的权位达到了顶点，家族成员纳尔逊是副总统，与洛克菲勒家族交往甚密的基辛格大权在握。一切都在他们的控制之下。

　　事实上，纳尔逊出任副总统，也给洛克菲勒家族带来了一定的负面效应。因为在任命纳尔逊的国会听证会上，洛克菲勒家族的巨额财富再次成为人们关注的焦点。纳尔逊迫于压力公布了当时的家族资产——13亿美元。他的这种行为，令其兄长约翰·洛克菲勒三世视为对家族的背叛。因此，洛克菲勒三世从此接管了洛克菲勒的家族产业，并在很长时间内不和纳尔逊交谈。

# 死因之谜

自从卸任副总统一职之后，纳尔逊就很少在政坛活动。

1979 年 1 月 26 日，纳尔逊猝然辞世，时年 70 岁。对于他的死，公开的说法是由于心脏病突发所致。

根据其家人对事故的描述，纳尔逊的心脏是在夜间 11 点 15 分停止了跳动。但是，纳尔逊家里的一位发言人第一次就死亡时间做出通告时却说，纳尔逊是在夜间 10 点 15 分死于"洛克菲勒中心"办公室的，当时他并未提及是否有人在场。奇怪的是，不久之后这位发言人对纳尔逊的死做正式解释时，却说深感悲痛的梅根小姐，无意中把时间报告错了。也就是说，纳尔逊死时，有个叫作梅根的女人在场。而这个梅根小姐，是纳尔逊的科研助手，年轻漂亮。

据一位到过纳尔逊死亡现场的医生说，在纳尔逊的办公室里，他们没看见有什么翻阅书籍或纸张的迹象，但是却看到了一个半空的酒瓶和一些进餐的迹象。于是有人推断：他是在与其迷人的助手约会时死去的。

在以后的两周里，这位梅根小姐成为记者们争相追逐的对象，大家都试图从这位纳尔逊死亡的唯一见证人口中得到相关真相。

虽然梅根并不愿意与媒体说太多，但一些更为严肃的情节还是被披露出来。梅根小姐闪烁其词地透露说，她已得到良好的报酬，而且数目相当可观。

最令人意想不到的是，在纳尔逊的遗嘱中，梅根小姐是个"令人惊奇的受惠者"，她有随时向纳尔逊的公司借钱的权利。新闻记者、梅根小姐的朋友彭茜塔·庇尔思则披露说：在1月26日夜间快到11点时，她曾接到过梅根小姐的电话，在电话中梅根小姐要她去洛克菲勒中心一趟，而后她在纳尔逊的办公室里看到了死去的纳尔逊，并帮助梅根小姐给911急救站打了电话。

这两条线索让人迷惑，梅根小姐为什么能得到纳尔逊的青睐，获得"特权"？纳尔逊死的时候，梅根小姐很可能在场，但是纳尔逊的家人为什么对此讳莫如深？

我们不是侦探，没有根据线索做出推断的权利，所以在本书中，这些疑问不会得到任何方式的解答。不过，我们可以陈述一个事实——历史学家尼尔·波尔斯和杰里·哈格斯特洛姆曾经说："纳尔逊·洛克菲勒于1979年1月26日逝世之后，他依然继续受到好奇公众的追究。这段秘史使得纳尔逊·洛克菲勒的巨大业绩黯然失色。"是什么让纳尔逊的巨大业绩黯然失色？他们没有明说，但却值得玩味。

纳尔逊死后留下了两个遗孀和五个孩子。这五个孩子，是洛克菲勒家族的第四代成员。

# 第**8**章
## 家族利益与国家利益

　　洛克菲勒三世所做的一切，慈善捐助、青年研究、亚洲事务，从根本上讲，都是为了改善洛克菲勒家族的名誉。在他之后，洛克菲勒家族被贴上了新的标签——爱国家族。但当时，在反对者的眼里，这个标签却是窃国家族。洛克菲勒三世用自己的一生维护着家族的利益，而且他也深知洛氏王朝的命运已同美国的国家前途紧密地联系到了一起。而他则进一步推进了这种关联。最终，"洛克菲勒家族的利益，就是美国的利益"这一观念，也被无形中接受。

# 觊觎者

小洛克菲勒的长子名叫约翰·戴维森·洛克菲勒三世。

由于是家族长子，所以自他出生的那一刻起，就被赋予了极大的责任。洛克菲勒三世早年曾经说："我父亲的想法是，他的儿子一定得跟他同一个模式。我和弟弟们必须做有利于他的事，我因而被卷进了他的各种活动。从年轻时起，我就被安置在这些早已建立的机构中，同我一起工作的都是一些年纪比我大、能力比我强的人。但我所处的地位却很有趣，也十分合算，因为一切工作都是人家为我做好了的，犯了错误也算不到我的头上。我不是这里的人才选拔委员会的主席，就是那里的财务委员会的委员长。我参与了父亲的每一件事，各种委员会和董事会。我想，可以从洛克菲勒基金会一直算到西尔港网球俱乐部。我是他的西尔港网球委员会主席，我的任务是每年物色职业网球运动员。这就足以向你们说明我所掌握的各种机会的范围了。"

从洛克菲勒三世的话中，不难体会到他对自己的命运有些不甘、无奈和轻微的反抗倾向。

但是，他一辈子也没有真正反抗过一次。

如果把洛克菲勒家族视作一个王朝，那么洛克菲勒三世就是太子。帝王最喜欢什么样的继承人？听话的！不会管理不要紧，帝王已经为他安排好了一切；没有能力不要紧，帝王已经给他物色好了"顾命大臣"。只要你听话，按部就班地走下去，帝国就会永保辉煌！这就是洛克菲勒三世的处境。

　　洛克菲勒三世的地位是与生俱来的，1929 年，当他大学毕业时，曾接受新闻媒体的采访。《展望》杂志记者是这样说的："假如富豪统治的美国能够有一个威尔士亲王的话，那这儿就有这么一位。年轻气盛的洛克菲勒不仅仅是一个富豪的儿子，他还是巨大财富传到了第三代的标志和象征。他的王朝拥有荣誉，他必须妥善管理，完整无缺地把它传下去……他将拥有比大多数人所能想象到的还要多的钱。至于他是否因此得到永恒的快乐，则是另一个问题。"

　　和大部分洛克菲勒家族的后代一样，洛克菲勒三世有些社交障碍。如果他某一天答应去参加舞会，那肯定是为了取悦他的母亲，因为他自己从来没有对这些社交活动产生过兴趣。

　　洛克菲勒三世就读于普林斯顿大学的时候，班级里曾投票选举谁是"最可能成功的人"。结果，洛克菲勒三世高票当选。虽然如此，他在学校里总是感觉不自在，他觉得自己有些"老土"，颇受盛名之累。不得不说，从性格上看，他是和父亲最像的一个。

　　洛克菲勒三世大学毕业的几年后，就跟一个叫作布兰奇特·费里·胡克的女人结了婚。布兰奇特的母亲是费里种子公司的产权继承人，父亲是著名的工程师，也算是名门世家。

　　洛克菲勒三世曾作为他父亲的代表去日本京都参加了太平洋关系学会的一次会议，而后又环球旅行了一圈。回国后，他立刻去找父亲，想要获得一个能够施展才华的机会。

　　在父亲最终决定让他做什么之前，洛克菲勒三世开始参加纽约青少年犯罪问题的调查研究，他把很多时间都用在与少年犯的交谈当中。

　　最终，小洛克菲勒决定让洛克菲勒三世去掌管家族的慈善业务。到了 1931 年，洛克菲勒三世已经成为洛克菲勒基金会、普通教育委员会、洛克菲勒学会、中国医药会和其他一些组织共 33 个不同的理事会或委员会的理事。而这些职务也帮他奠定了在洛克菲勒家族中掌管大权的基础。

1943 年之后，在纽约洛克菲勒中心 30 号楼——美国无线电公司大楼第 56 层的办公室里，洛克菲勒三世正在策划着一出新戏——利用父亲给他的权力，推动家族向前一步。

不过，那些和洛克菲勒家族来往比较频繁的人都知道，洛克菲勒三世虽然地位颇高，但是却缺乏真正的领导能力和一个领袖应该具有的统治力。在洛克菲勒家当过长期职员的霍华德·诺尔斯回忆道："约翰是跟人家保持距离的人，甚至可说是一个不太合群的人。遇到事情的时候，他总想往后退一退。他有些害羞，如果他做得到的话，他宁愿选择一声不响地走到一个角落里。而纳尔逊则与之相反，他一走进房间，就会亲切地和所有人交谈。他是一个与众不同的人。我记得有一次，当全体五兄弟坐下来拍照时，纳尔逊竟然旁若无人地坐在正中，不过这看起来是那么自然，因为他是所有人注意的中心。这时，洛克菲勒三世却默默地坐在边上，一点也没有不高兴的样子。摄影师正准备拍摄时，纳尔逊才意识到自己的行为很不妥。他急忙跑上前去，一手挽着洛克菲勒三世说：'来，好约翰，你是老大，你应该坐在正中。'约翰还是不说话，默默地走到了最中间的位置上。"

从这一席话中，我们就可以看出，洛克菲勒三世在家族中的权力和地位并非稳如泰山，他的弟弟纳尔逊，这个洛克菲勒家族第三代中的佼佼者，正是那个想要取而代之的人。

关于纳尔逊所获得的成就，前面我们已经详细地描述过。这个有能力当选副总统的人，是个不折不扣的野心家。他不甘心家族的最高统治权为大哥所有，因此一生都在想方设法地与洛克菲勒三世斗争。

尽管洛氏第三代的五个兄弟都以家族荣誉为重，但是他们之间的合作不是基于感情基础，而是出于共同利益。他们努力地扩张着家族的利益，同时也不会忘了扩张自己的利益。

为了五兄弟的生意，纳尔逊曾经与父亲直接对抗。所以为了个人利益，他也不会忌惮与哥哥的斗争。

为了更多地掌握家族权力，每当家族办事处的职位出现空缺，纳尔逊就赶忙把自己的亲信安插进去。他几乎主宰了这个办公室，并使它成为"纳尔逊"的利益代言人。纳尔逊在家族会议上多次宣称："鉴于洛克菲勒家族第三代参与外界事务的情况是前两代洛克菲勒所没有的，所以他们需要有一个具有高级决策地位的人来协调家族的宣传工作和对外关系。这个职位的候选人当然是弗兰克·贾米森。"

贾米森和纳尔逊共事多年，虽然他与洛克菲勒众兄弟的关系都还不错，但是与纳尔逊之间的情义绝对是超乎他人的。纳尔逊的另一个心腹则说："对外关系和宣传工作处于十分重要的地位，因为不管是谁控制了这一地位，谁就是家族的真正领袖。这又是非常清楚的，弗兰克首先是为纳尔逊效力，其次才为其他兄弟着想。他的主要精力是用在纳尔逊事业上的。在早先的日子里，有时兄弟们尔虞我诈，也曾发生过可怕的竞争。"

关于纳尔逊和洛克菲勒三世之间的夺权战争，最后的结果是——没有结果。事实上，这是最好的结果。随着纳尔逊在政治领域的成就越来越大，他似乎对家族权力的争夺没那么热心了。洛克菲勒家族兄弟之间的权力争夺，也因此没有发展到剑拔弩张的地步。

# 政坛退隐

洛克菲勒三世的小心谨慎和无为而治，也让他成为洛克菲勒兄弟中最不应受到责难、非议、指斥的。所以，尽管激烈的争论和骚乱经常会影响到那些他负责的组织，但是他仍然稳如磐石、处之泰然。

在洛克菲勒三世的一生中，最值得引以为豪的事情就是他把家族的慈善事业做得越来越大。经他手施舍出去的金钱，比家族中其他人要多很多。这些金钱大部分捐助给了与他有关的一些事业，当然，也有很大一部分钱捐给了那些最需要钱的地方。

把钱捐出去，是一种善举，但是这种善举并不总能得到善意的回应。例如，他在 1970 年捐赠给马萨诸塞州汉普郡学院的学生 2 万美元，作为环境保护的经费。当学生们知道这笔钱来自洛克菲勒家族之后，便展开了激烈的讨论。一些人使用了"肮脏金钱"这个词来形容这笔钱；另一些人则说，洛克菲勒三世是"美国帝国主义的建筑师"。因此，当他前来访问时，迎接他的不是欢迎的队伍，而是抗议的人群。其中有人甚至头戴石油井架的帽子，讽刺他的家族对于石油行业的垄断。

如果从政治的角度来看，洛克菲勒三世最大的成就是在亚洲事务中的成就。

作为洛克菲勒家族第三代掌门人，洛克菲勒三世在海军服役时，曾经在亚洲地区广泛活动。在美国国会研究亚洲问题的时候，洛克菲勒三世被挑选为与会的"中国通"专家之一。在那次会议上，美国就亚洲问题做出了战略部署，而洛克菲勒三世则对这一战略的形成产生了重大影响。

1951 年，洛克菲勒三世被派往日本执行任务，这是他政治生涯的一个转折点。尽管他并没有进入外交界高层，但是他在此期间做了大量的工作，与日本政界建立了关系。此后 20 年中，他接待了访问美国的每一位日本首相和皇室成员，而他的身影也越来越多地出现在日本。

1954 年，美国卷入了越南战争中。南越头目吴庭艳于 1957 年第一次以南越总统身份出访美国时，洛克菲勒三世曾举行午宴为他洗尘，当时出席宴会的有大通银行的董事长约翰·J.麦克洛伊等人。后来，洛克菲勒三世又和他的五弟戴维在波坎蒂克招待了吴庭艳，出席宴会的大多数是美国高层人士。

越南战争的后期，美国国内的反战呼声越来越高，尤其是大学校园里更是反战示威不断。所以，洛克菲勒三世主持的东南亚发展顾问团成了众矢之的。从那以后，洛克菲勒三世在政坛露面的次数就越来越少了。

# 人生中最大的成就

对于国际事务态度的冷淡，洛克菲勒三世解释道："我过去在国际事务方面活动得较多了一些。可是出于我的责任感，我感到我更应当多为祖国效劳。"

自从工作重心转回到国内之后，洛克菲勒三世的亲密助手唐纳德·麦克利安建议他物色一个与国内关系更加密切的项目，并建议说："林肯艺术表演中心乃是洛克菲勒三世可以努力扩展的最有前途的一个项目。"

洛克菲勒三世听从了助手的建议，并以他那独特的勤奋精神从事这个项目。在他的努力下，原来设想的建立一个音乐中心的计划发展成了建设集多种艺术表演于一体的中心。1957年，他出任林肯中心公司的总经理。1960年，林肯中心大厦破土动工，洛克菲勒三世又升任该中心的董事长。

由于计划发生了变化，所以林肯中心的建设成本由原来估计的7500万美元一下子变成了1.85亿美元。洛克菲勒三世挑起了筹措这笔财政赤字的重担。他从洛克菲勒基金会筹集到了1500万美元，父亲小洛克菲勒也提供了1100万美元，代表洛克菲勒五兄弟的洛克菲勒兄弟基金会则提供250万美元。

林肯中心占地面积非常大，工程量也异常庞大，所以施工过程也尤其艰难。但在洛克菲勒三世的管理下，最终还是顺利建成。

对于洛克菲勒三世而言，林肯中心的建成代表着他的事业进入了一个新的高度。这个高度不仅仅是指他在这个项目中赚了多少钱，而是指洛克菲勒三世对于家族做出了至关重要的贡献。

对于家族的贡献，让洛克菲勒三世在往外掏钱做慈善的时候更加理直气壮。在他看来，洛克菲勒家族的第三代人更应该承担起社会慈善的责任。他知道，这种想法会使他同家族中另外几个兄弟的关系更加疏远，因为他们对慈善有些排斥。但是，洛克菲勒三世依旧在慈善事业上不遗余力。

1963 年，洛克菲勒三世创建了自己的私人基金会，即约翰·戴维森·洛克菲勒三世基金会。基金会成立的最初五年，他总共拨款约 500 万美元，全部用来做慈善。

在做慈善的同时，洛克菲勒三世也在政界制造出了不小的"动静"。在亚洲工作的时候，他看到了亚洲人口爆炸性增长的局面。所以，回国之后开始着手于"帮助"亚洲缩减人口。

1952 年 11 月，他成立了"人口协会"这一新组织，该协会头一年的 25 万美元研究经费都是由财大气粗的洛克菲勒家族承担的。

洛克菲勒三世还成立了"农业发展协会"，这个协会和纳尔逊的农业工作遥相呼应，都是为了增强洛克菲勒家族对农业的控制而存在的。

1953 年，洛克菲勒三世 47 岁，艾森豪威尔总统邀请他出任美国驻印度尼西亚的大使，但却遭到他的拒绝。他一生都不愿意在政府中任职，是因为作为洛克菲勒家族的传人，他有着更重大的责任。

到了 20 世纪 60 年代末，洛克菲勒三世已经是一个年过花甲的老人了。他白发苍苍，瘦骨嶙峋，再不复往日的丰神俊朗。与此同时，弟弟纳尔逊则一天比一天顽固、极端。

对于纳尔逊的状态，洛克菲勒三世了如指掌。对于弟弟，他表现得很宽容，说"纳尔逊是在过自己的第二个童年"。

晚年的洛克菲勒三世最操心的事情可能来自子女。长女桑德拉竟然想要脱离洛克菲勒家族，这种行为在洛克菲勒三世看来，无疑是大逆不道的。更何况，这种思想倾向在他的家庭里颇有泛滥趋势。

为了解决家庭问题，洛克菲勒三世在自己的基金会下面设置了一个青年特别工作组。当然，这个特别工作组研究的对象不仅仅是洛克菲勒家的孩子，还包括一切有着强烈叛逆精神的年轻人。

在洛克菲勒三世看来，青年人之所以叛逆，是由于青年对"权势集团"的反感。他认为，特别工作组的主要工作是找到与青年人沟通的最好方法。因此，他在六个主要城市安排了青年活动分子和一些重要的企业界领袖之间的对话。按这个基金会1971年的年度报告所说，对话的意图是"使企业界和地方上的领袖人物能更好地了解青年对社会问题的看法；使青年人对现有制度规定范围内的办事程序有较深的洞察力"。青年特别工作组在完成自己的使命后，转而成立了青年问题研究组。

在自己家里，洛克菲勒三世也开始增加与年轻子女们的沟通。例如，他在做重要演讲之前，都要同他的幼女艾利达商量，甚至会根据女儿的建议修改演讲稿。他多次举办午餐会，在会上同子女及友人的子女聊天。

在与青年人的接触中，洛克菲勒三世发现自己被他们身上的活力与批判精神打动。他说："年轻人敢于闯出新路子，怀疑古板的老一套，的确难能可贵。"

洛克菲勒三世后来根据青年问题研究组的工作经验，撰写了一本题为《第二次美国革命》的书。对于撰写这本书，他说："这是我曾经承担过的最艰巨的工作之一。"

洛克菲勒三世在书中，提出了许多青年人的问题，并给出了解决之道。他写道："今天我们所想到的美国革命和工业革命的价值结合到了一起，也把人道主义和唯物主义的道德准则结合到了一起。"这是对青年人在时代大潮中所起作用的一种肯定。除此之外，洛克菲勒三世也表达了老年人的一些颇具见地的看法，希望这些看法可以中和青年人血液中不理性的一面。当然，他在书中也没有忘记倡导那些行之有效的治家之道，并说这是一场"方兴未艾的革命"。

1974 年，洛克菲勒三世的办公室接到尼克松白宫班子官员之一列昂纳德·加门特打来的电话。原来，当时"水门事件"被揭露，将影响到美国即将举办的国庆大典，因此，尼克松政府不得不请求洛克菲勒三世出面予以协助。洛克菲勒三世在与其助手磋商之后，决定参加美国建国两百周年的庆典委员会，并投入了一大笔资金，这才使庆典活动不受水门丑闻的恶劣影响得以顺利进行。

洛克菲勒三世所做的一切，慈善捐助、青年研究、亚洲事务，从根本上讲，都是为了改善洛克菲勒家族的名誉。在他之后，洛克菲勒家族被贴上了新的标签——爱国家族。但当时在反对者的眼里，这个标签却是窃国家族。

洛克菲勒三世用自己的一生维护着家族的利益，而且他也深知洛氏王朝的命运已同美国的国家前途紧密地联系到了一起。而他则进一步推进了这种关联。最终，"洛克菲勒家族的利益，就是美国的利益"这一观念也被无形中接受。

这就是洛克菲勒三世最大的成功。

# 第 9 章
## 环保主义者

　　作为一个一生致力于环境保护事业的洛克菲勒家族成员，劳伦斯已经非常注意维护家族利益了，但是他仍然难以做到面面俱到。在这种情况下，他选择了维护家族的利益，最终也因此而葬送了靠环境保护工作积累起来的声誉。这也证明，试图靠和稀泥、打马虎眼这种手段两面讨好是不能长久的。一个人不管怎么样，还是要有自己立场的。

# 青年时光

洛克菲勒家族第三代兄弟中排行第三的是劳伦斯·斯佩尔曼·洛克菲勒。童年时，劳伦斯是二哥纳尔逊的玩伴儿。成年之后，兄弟两人的关系仍然十分密切。

1940 年，当纳尔逊到华盛顿发展时，劳伦斯已经变成了一个神情严肃、身材魁梧的青年人。他脱离了二哥的羽翼，开始为自己的远大前程而奋力拼搏。在大学的选择上，劳伦斯则追求大哥洛克菲勒三世的脚步，进入了普林斯顿大学。

同哥哥们一样，劳伦斯被视为"前途无量的人"。他主修的学科是哲学，不过他的爱好非常广泛，对很多学科都有所涉猎。大学毕业时，他的学位论文题目为《价值观及其与伦理学的关系》。

当劳伦斯大学毕业踏上社会之后，他的两个哥哥已经在各自的领域有所成就。他自然也想干一番事业，而他的母亲则认为洛克菲勒家族中应该有个"自己人律师"，所以"派遣"劳伦斯进入哈佛大学法律学院进修。

但劳伦斯最终没能成为一个律师。1934 年，他认识了玛丽·弗伦奇，并决心与其共结连理。这位姑娘是纳尔逊在达特默思学院念书时同寝室同学的妹妹，来自佛比林斯（蒙特州北太平洋铁路公司创办人）家族。

结婚之后，劳伦斯夫妇在纽约安家，并放弃学业，开始在家族办事处工作。在此期间，劳伦斯到大通银行学习了几个月的业务，随后就成为洛克菲勒中心董事会的一员。

劳伦斯很想摆脱家族的荫庇，独自发展一番事业。但在选择时，他却不得不考虑自己的事业与家族利益之间是否存在冲突。最终，在1937年，劳伦斯同华莱士·哈里森和哈蒙·戈德斯通两位建筑师合作，开办了一家"新家具公司"，主要业务是家具进口与销售。

老洛克菲勒去世后，劳伦斯又购买了祖父在证券交易所的经纪人席位，开始成为金融界的一员。

他对于那些老公司不感兴趣，反倒是特别中意那些不为人们所重视的新公司，这体现了劳伦斯性格里热衷于冒险的一面。

劳伦斯为了独辟蹊径，选定了航空事业。当时航空业才刚刚起步，他的祖父和父亲都没有乘坐过飞机。劳伦斯决心在这一新兴工业中闯出一条路子来，成为"一代天骄"。投身航空业后，劳伦斯大力支持他早在童年时期就曾无限倾慕的飞行英雄埃迪·里肯巴克上尉。

埃迪·里肯巴克上尉是第一次世界大战中的王牌飞行员。1938年，里肯巴克上尉想要购买东方航空公司，需要350万美元资金，劳伦斯为其提供了1万美元。

里肯巴克执掌东方航空之后，干劲十足、精力充沛。劳伦斯认为这个人大有作为，便在之后的几年中陆续增加了对东方航空公司的投资，并逐渐成为公司的大股东。

1939年，劳伦斯又结识了另一个年轻有为的企业家，来自阿肯色州的苏格兰人詹姆斯·S.麦克唐纳。这个人精力旺盛，志存高远，曾担任总工程师多年。他眼看第二次世界大战可能会很快爆发，就决定自己创办一家公司，生产军用飞机。

麦克唐纳在圣路易斯飞机场的美国航空公司机库上面租了一个办公室，聘请设计师设计一款新型飞机，同时物色投资者和新式战机的买主。

劳伦斯最初支持麦克唐纳是因为对方是自己的大学同学，但是到最后，他开始对麦克唐纳的事业产生了兴趣。于是，劳伦斯给麦克唐纳投资了 1 万美元，并且帮助他与政府签订了购销合同。

到了 1940 年，劳伦斯已经在投资航空项目的事业中越走越远。为了获得更多家族资本的支持，劳伦斯不得不请求他父亲准许他动用他名下的 1934 年信托基金的本金。如此一来，他的个人事业变成了家族事业，销售商品和采购原料均由家族办事处统一办理。

第二次世界大战爆发后，劳伦斯暂时离开了自己的事业，进入海军服役，军阶至少校。直到战争结束，他才重返商场，继续寻找新创立的企业进行投资。

劳伦斯在投资上颇有天赋，他头脑灵活，懂得与时俱进，引入新概念，推动创业投资基金，发展高科技和其他新兴行业。他联合洛克菲勒家族其他成员以及包括现代艺术馆在内的一些机构，成立了专事风险投资的凡洛克风险投资公司。另外，他所投资的项目非常具有竞争力，包括投资苹果电脑和全美最大的芯片公司英特尔集团。《华尔街日报》的一篇文章特别指出劳伦斯在"风险资本"这一新领域所做的贡献，从而确立了他"风险投资之父"的地位。

# 环保事业

1958 年的时候，艾森豪威尔总统任命劳伦斯担任"对外游乐资源和考察委员会"的工作。不久，劳伦斯就从一个企业家变成了自然资源保护者。在"对外游乐资源和考察委员会"的工作花费了劳伦斯大量的精力，同时也使他在华盛顿结识了不少议会领袖、在委员会共事的民间自然资源保护者、内政部的要人和企业界的巨头。

经过几年艰苦工作，劳伦斯在 1962 年向肯尼迪总统递交了一份厚厚的报告和 29 份补充研究报告。在报告中，劳伦斯提出：经济发展和资源保护可以结成亲密的伙伴。

劳伦斯之所以如此热衷环境保护事业，很可能是因为他担心在保护自然资源运动背后隐藏着反对企业界的倾向，而企业家们也对环境保护充满敌意。所以，先入为主，由企业家的身份承担起保护环境的责任，以打消外界的顾虑。

1963 年，劳伦斯在纽约美国工业界代表大会第 70 次年会上发表演讲，向企业家们保证：近来人们关心淡水和空气的纯净问题，并不是一种对企业界的威胁。他对到会的企业家们说："工商界对这方面情况的发展，可以泰然处之。过去许多年来工商界曾经从容采纳了其他一些看来像是广泛的社会义务而实际却是经济义务的各项步骤，在这个问题上，情况也是一样的。环境保护，正像其他许多情况一样，其结果将总是对工商业有利的。"

劳伦斯的表现感动了一些人，其中之一就是新任总统林登·约翰逊。约翰逊在 1964 年的公开演讲中表明："自己打算认真对待保护自然资源问题了"。

当年秋天，总统设立了一些专门工作班子，其中就有一个关于保护风景区的班子，劳伦斯自然成为这个班子中的一员。

约翰逊总统的夫人对环境保护非常感兴趣，她对外宣称：这将是她作为第一夫人特别关心的领域。劳伦斯经常搭乘总统夫人的"美化环境的宣传车"同她一起到处旅行，他还聘请总统夫人担任杰克逊·霍尔风景保护区公司理事。

在与总统夫人共事期间，劳伦斯将许多家族成员介绍给总统夫人认识。从那以后，总统夫人就成为洛克菲勒家族的座上宾。在总统夫人的传记中，有大量关于洛克菲勒家族的记载。很明显，夫人对于洛克菲勒家族的善意接纳心存感激。而且，她也成了劳伦斯的忠实拥护者，在很多公开的场合里，总统夫人都会热情洋溢地谈论劳伦斯对美化环境所做出的贡献，称他为"主张保护自然资源的头号人物""美国主张保护自然资源的最重要公民"。

1965 年年初，约翰逊总统宣布召开一次关于保护风景区的白宫会议，会议将由劳伦斯主持。会议之后，成立了一个关于游乐和保护风景区市民咨询委员会，劳伦斯毫无悬念地成为该委员会主席。

从此，劳伦斯平步青云，成为约翰逊总统在环境保护方面的私人顾问，并逐步跻身国家权力高层。劳伦斯升迁之快，即使是在洛克菲勒家族中，都足以藐视群雄。他曾经一度被提名为未来内政部长的人选。

由于劳伦斯在保护自然资源方面的领袖地位，所以他也曾以多种方式卷入了 60 年代中期有关资源保护的大多数战役。

第一次重大战役是关于斯托姆金山风景区的争论。斯托姆金是一座巨型花岗岩绝壁，巍峨耸立，颇为壮观。当地居民十分喜欢它久经风霜的雄姿，但是他们却并不知道，统一爱迪生公司（大科学家爱迪生的公司）正在计划炸掉这座山，以便修建一个水电站。

1962 年，爱迪生的计划才为大众所知晓。为了得到环境保护组织的同意，爱迪生公司向纳尔逊进行了游说，纳尔逊则表示这个计划是"富有想象力的、能解决能源问题的长远大计"，因而大力支持。作为纳尔逊的弟弟，劳伦斯也跟着哥哥一道支持爱迪生。不过，为了使这一项目对环境的影响降至最低，劳伦斯与统一爱迪生公司的经理人员举行了会谈，说服他们变更了原先一些可能对环境有不利影响的设计。

接着，劳伦斯便对大众宣称，这个项目是民主规范的事件。在他的大力周旋之下，爱迪生公司的这一项目获得了大部分人的支持。

不过，还是有一部分当地居民是反对的，他们对这个项目提出了异议，并且成立一个名为"保护赫德森风景区联合会"的组织。这个组织提供了一些资料数据，说明建造水电站将会破坏当地的水环境。

这场关于水电站的争论持续了足足一年，影响力逐步发酵，包括知名的电影明星詹姆斯·卡格尼和歌唱家皮特·西格以及纳尔逊的儿子史蒂文等人都加入了"保护赫德森风景区联合会"。联合会聘请了律师向法院起诉，还在宣传上大做文章，例如说抽水到蓄水池所需的能量是放水发电产生的能量的一倍半。

1965 年 3 月，联邦动力委员会做出裁定，允许统一爱迪生公司在这一地区修建水电站。他们之所以如此裁定，很大程度是因为劳伦斯的支持。

在大众的眼里，劳伦斯这位号称全国头号保护资源主义者，如今竟成为一个自然资源的破坏者。"保护赫德森风景区联合会"研究人员在《康沃尔地方新闻报》上指责劳伦斯说："纳尔逊州长同他的弟弟劳伦斯是在同公司进行秘密会谈之后才同意建立这座电厂的。"言外之意就是说，劳伦斯是得到了统一爱迪生公司的好处，才支持这个项目的。

统一爱迪生公司确实与洛克菲勒家族有很大的关联，纳尔逊兄弟的叔祖父威廉·洛克菲勒就是这个公司最早的创办人，而且洛克菲勒家族当时拥有这个公司价值 1000 万美元的股票。

第二次重大战役，也是有损于劳伦斯在环境保护领域声誉的，是一条公路的修建。

1965 年，纽约州宣称，赫德森河谷和曼哈顿之间的南北交通存在问题，由于第 9 号联邦公路不能满足交通需要，所以要修建一条联系纽约市与赫德森河畔的克罗顿高速公路。环境保护论者指责这条高速公路会对赫德森河的环境造成损害，同时他们还指出这条计划修建路线正好经过洛克菲勒庄园，所以很可能是为了洛克菲勒家族的私人利益。

就在人们为这条公路的路线问题争论不休的时候，美国联邦政府内政部写了一份题为《高速公路对洛克菲勒家族的好处》的保密备忘录。备忘录中写道："可能对洛克菲勒家族产生最大的经济利益，是根据这样一个事实：高速公路修建以后，第 117 号公路将从高速公路延伸到第 9 号联邦公路，这样就为洛氏家族的地产出售给远在纽约市的居民打开了方便之门。"

在小洛克菲勒和老洛克菲勒看来，自己的家族庄园越僻静、越隐秘越好。但是，纳尔逊和劳伦斯却认为，巨额税费和维修将让洛克菲勒家族那 3600 英亩的土地逐渐变成负担。所以，他们在庄园附近修建了一大批"商品房"，准备出售。若想把房子卖出去，就必须要有一条路直通这里，因此，纽约公路的修建对他们是有利的。

为了保护家族的利益，劳伦斯掌管的纽约州赫德森河谷委员会对公路工程表示支持，并一再声称公路"不会使该河的自然资源遭到重大的破坏"。这个委员会举行了关于高速公路的意见听证会，具有讽刺意味的是，参加听证会的43名做证人员只有两人支持这一项目，但委员会却无丝毫悔改之意。

洛克菲勒兄弟对大众的质疑充耳不闻，在这件事情上，他们的表现可以用"拙劣"来形容。纽约州众议员劳伦思·卡伯特回忆说，有一次，他曾亲自把选民区一大堆反对兴建高速公路的函件带到纳尔逊州长的办公室。这位纽约州州长大概地浏览了一下函件，随即耸耸肩说："真奇怪，我却一点也没有听说过有人反对兴建高速公路呀！"外面已经闹得沸沸扬扬的公众事件，一贯耳目聪颖的纳尔逊州长居然不知道，唯一的解释可能是：他那段时间和普通人生活的空间不是同一个纬度。

至于劳伦斯，人们对他还是抱有希望的，很多人恳求劳伦斯出面干预这条高速公路的兴建。但是，劳伦斯却说："我不认为这是个环境问题。"

事实上，反对修路的人们已经委托渔业专家进行了调查研究，结果表明挖方填土会导致环境破坏，直接影响这一地区河鲱、鲈鱼、鲟鱼以及其他鱼类的洄游产卵，同时会使当地的贝壳类动物灭绝。内政部长斯图尔特·尤德尔曾经一度为反对者所打动，他说："沿着赫德森河这样风景宜人和有重要历史古迹的走廊修建高速公路，会让我们一直以来试图保护的美好环境受到破坏。"

洛克菲勒兄弟得知内政部长有所动摇后，开始对其施加影响。1968年1月25日，尤德尔被请到纽约纳尔逊的家里，同洛克菲勒兄弟会谈。会谈之后，尤德尔又开始出现了动摇。尽管他与纳尔逊之间是政治上的敌对关系，但是他明白，在环境保护事务方面，连约翰逊总统都听劳伦斯的，实在犯不着因为一条公路与洛克菲勒兄弟撕破脸。

最终，尤德尔改口了，他说："我认为，劳伦斯和纳尔逊州长误会了。我并不真正喜欢这条高速公路。但是在会上，他们拿出了足够多的证据，让我相信这条公路没那么可怕，更何况，修建这条公路的钱全是由洛克菲勒家族承担的。"

就在尤德尔公开宣布他决定允许陆军工兵部队颁发破土动工的许可证之后，西拉俱乐部和赫德森河谷市民委员会将这项工程告上了法庭，并获得了禁止兴建公路的指令。

洛克菲勒兄弟自然不肯善罢甘休，他们同样利用法律来为自己的行为进行辩护，于是一场复杂的诉讼战开始了。两年后的1970年，联邦最高法院拒不受理纽约州就该事件提出的上诉。到此为止，洛克菲勒两兄弟兴建高速公路的计划才终于停止。

# 雷德伍德国家公园

20 世纪 60 年代中期，一个关于建设国家公园的项目又引起了无休止的争论。

在美国雷德伍德河地区，有大片的原始森林和良好的自然景观。植物的多样性使得这里成为修建国家公园的理想区域。

如果这里建成国家公园，那么公园内的树木就会受法律保护，禁止砍伐。所以，雷德伍德国家公园项目受到了许多木材公司的反对。反对者认为，如果一定要建造公园，就应该选择米尔河地区作为园址。

米尔河地区的面积比不上雷德伍德河地区，而且已经有了两个州立公园。

为了平衡公园项目和木材商人的利益，劳伦斯出面了。他在政府与木材商人之间尽力沟通，最终提出了一个建议：在雷德伍德地区修建公园，但是只限于很小的一部分地方。如此一来，既修建了公园，又保护了商人们的利益。

通过这件事，我们可以得出一个结论：政治家们的手段并不高明，有时候甚至可以说是在敷衍，但是他们特别善于通过表象蒙蔽大多数人，而且总是能获得成功。

1968 年，在尼克松竞选运动中，劳伦斯为其提供了一大笔资金。尼克松上台后，劳伦斯仍然被任命为联邦政府环境质量市民咨询委员会的主席。因此，他在政界仍享有盛誉。

70 年代初期，曾有一份措辞谨慎却没有署名的关于劳伦斯势力影响的备忘录在内政部上层圈子中悄悄传阅。美国作家阿伦·塔尔博特认为，这份备忘录的语气森然，类似联邦调查局就有关意大利人在美国的秘密犯罪组织"黑手党"某大亨的一份档案材料。

在这个备忘录中写道：劳伦斯"控制了"两个环境保护组织，"渗入了"11 个相关组织，并且有渗透另外 8 个组织的"嫌疑"。而且，他与其他一些环境保护组织的负责人关系过密。或许是因为人们对劳伦斯在这一领域的绝对统治力而感到恐惧，所以政府对他的态度也越来越"冷淡"了。

1970 年，美国保护环境论者为了号召人们同环境污染作斗争，把每年的 4 月 23 日定为地球日。在这一天，有大批的环境保护者举行集会、游行。而美国民间的环境保护组织也如雨后春笋般出现。

在这种情况下，劳伦斯显得有些进退失据。他可能确实讨厌破坏环境，但是他又不能与其他环境保护组织者站到一起，因为在这些人反对的对象中，就包括标准石油。

尽管劳伦斯已经非常注意维护家族利益了，但是他仍然难以做到面面俱到。例如，他这边正在宣传核能的危害，那边哥哥纳尔逊和弟弟戴维却正在投资原子能技术。

很显然，劳伦斯已经难以平衡自身事业与家族事业的关系了。这也证明，试图靠和稀泥、打马虎眼这种手段两面讨好是不能长久的，一个人不管怎么样，还是要有自己立场的。

2004 年 7 月 11 日，坐拥亿万家财，在美国叱咤风云的劳伦斯·洛克菲勒在睡梦中与世长辞，享年 94 岁。

# 第 **10** 章
## 家族中的异类

　　在洛克菲勒家族五兄弟中，温思罗普是个异类，他与家族中其他几个兄弟的联系不是那么紧密。他总想自己做出一番事业让其他人对自己刮目相看，但由于种种原因，他不能获得像哥哥们那样的成就。但是，就算他再不起眼，也终究是洛克菲勒家族中的一员，因为他仍可以获得一般人无法企及的成就与荣耀，担任过阿肯色州州长就是最好的证明。

## 倔强的温思罗普

温思罗普是小洛克菲勒的第 4 个儿子。

童年时期，温思罗普经常受二哥纳尔逊和三哥劳伦斯的气，因此养成了倔强的性格。两个哥哥经常把他打翻在地，纳尔逊骑在他的头上，劳伦斯则压住他的脚，温思罗普虽极力抵抗也无济于事。而弟弟戴维，是家族中的幼子，聪明伶俐，深受父母喜爱。因此，他成了一个生活在夹缝中的人。

在洛克菲勒家族五兄弟中，温思罗普是个异类，他与家族中其他几个兄弟的联系不是那么紧密。他总想自己做出一番事业让其他人对自己刮目相看，但由于种种原因，他不能获得像哥哥们那样的成就。于是，他与家族的关系就更加疏远了。

温思罗普与兄弟们的关系一般，但在林肯学校里与同学们的关系却很好。最起码在这一点上，他比洛克菲勒家族的其他人要强。

与良好的人际关系相对应的，是他糟糕的学习成绩。在小洛克菲勒眼里，这个孩子需要严加管束。于是，便把他送到卢米斯寄宿学校去，而这又进一步疏远了家族与温思罗普的感情。

当温思罗普从学校毕业之后，母亲艾比曾经给自己的姐姐露茜写信说：“总算幸运，他还真的毕业了！”

中学毕业后，在家庭教师的辅导下，又经过一个暑假的艰苦努力，当然也通过父亲的关系，温思罗普居然“考上了”耶鲁大学。远离家庭之后，温思罗普有种鱼归大海的畅快感，这种畅快感给他带来了灾难——忘了记账。

记账，是洛克菲勒家族中重要的生活内容。洛克菲勒家的孩子必须在学期末把自己的账册交给父亲审核才能领取下学期的费用。没了账本的温思罗普惊慌失措，一度萌生邪念，妄想偷寄同学的钱去平衡自己的收支。还好，他没有那么做，而是向大姐巴布斯求援。

巴布斯借给了他一大笔钱来应付老爸的盘查，温思罗普才躲过一劫。而他又足足花了三年的时间，才还清了这笔债。

在耶鲁大学，温思罗普表现稳定——稳居班级末尾。最后不得不留级。备受打击的他硬着头皮向父母说自己实在熬不下去了，家里也只好同意他退学。

对温思罗普极度失望的小洛克菲勒，把四公子送进了标准石油公司在得克萨斯州的一家规模极大的原油子公司——亨布尔炼油公司。在那里，他获得了一份炼油工人的工作，还是实习生。

一开始，其他炼油工人都怀疑四公子是洛克菲勒家族专门派来监视他们的密探，于是对他非常不友好，有些脾气暴躁的人甚至扬言要除掉这个卧底。小洛克菲勒知道后，非常着急，毕竟是自己的亲儿子，有个三长两短那怎么得了？于是，他想给温思罗普雇用保镖。温思罗普否决了父亲的提议，他自己去向炼油工人们解释：如果洛克菲勒家族真想派卧底，绝不会让一个姓洛克菲勒的人来。另外，他花了1美元，向警察局副局长领取了私人佩带左轮手枪的许可证。

不得不说就这件事而言，温思罗普表现出的勇气和智慧比他的哥哥们都要出色。

事实上，工人们倒不是真的想对温思罗普怎么样，只是在工人的圈子里，欺负新人是个传统。等一个新人经过了这层考验，就能融入圈子里了。

温思罗普在油田工作了一年，当过勘探工、半熟练的炼油工、石油精炼工和油管安装工等。在石油大王洛克菲勒的家族里，这是唯一一个干过全套工种的石油工人。

温思罗普一贯的谦和也赢得了工友们的尊重，大家都管他叫"洛克"。

我们有理由相信，在炼油厂的这段时间，可能是温思罗普一生中最美好的时光之一。

虽然小洛克菲勒对温思罗普不那么重视，但是洛克菲勒家族的成员是不可能一辈子当炼油工人的。在炼油厂干了一年之后，小洛克菲勒把他急召回去，派他到大通银行当见习生，同时还在石油公司给他物色好了一个职位。

1937 年，温思罗普和纳尔逊等人去了一趟委内瑞拉，视察油田，回来之后开始担任大纽约基金会的副主席，也算是开始为家族打理慈善事业了。

此时的温思罗普非常想得到家族的认可，但这并不是一件容易的事儿。因为有些人一直说他有酗酒的毛病（可能是在和工人的接触中养成的习惯），更有些记者，如吉米·菲德勒和其他"花边新闻"的专栏记者时不常地报道他出没于色情场所的消息。小洛克菲勒为此感到很苦恼。1941 年，温思罗普入伍，小洛克菲勒从此才算松了一口气。

虽然在洛克菲勒家族第三代人中，大部分人都参过军，但是五兄弟中真正的军人可能只有温思罗普一个人。他是洛克菲勒家族中唯一从士兵逐级晋升到军官的。他参加过太平洋战争，还在进攻冲绳岛时受了伤。

# 流落阿肯色州

"二战"结束之后，温思罗普复员了。在战场上表现优异的他，回到普通生活中，依旧属于弱势群体。

与哥哥们相比，他的事业是失败的；与祖父相比，他的婚姻是失败的——与结发妻子离婚了；与父亲相比，他的名誉是失败的——以酗酒而臭名远扬。

一个人不能总活在失败里，为了逃离这种失败，温思罗普决定换一个地方发展，他来到了阿肯色州。

在远离洛克菲勒家族影响的阿肯色州，温思罗普找到了失落已久的自信。他是这里唯一的洛克菲勒，又不必被家族的枷锁困扰，他自由自在，无所顾忌，可以自己选择要走的路。

在落后、闭塞的阿肯色州，温思罗普重起炉灶。

首先发生转变的是他的家庭生活。1956 年，温思罗普梅开二度，同 37 岁的珍妮特·埃德里斯结婚。珍妮特·埃德里斯与前夫有两个孩子，温思罗普把这两个孩子带到了阿肯色州，悉心照顾。

从温思罗普来到阿肯色的那一天起，就引起了当地政治家的关注。就算温思罗普在洛克菲勒家族再不起眼，也毕竟是洛克菲勒家族中的一员。

1955 年，奥瓦尔·福巴斯州长在温思罗普身上"下注"，他任命温思罗普为阿肯色州工业发展委员会主席。

当时的阿肯色州是全美失业率最高的地方之一，为了解决这个问题，温思罗普下了一番苦功。由于棉花种植场的机械化发展使大批农业工人失业，而阿肯色州的工业又比较落后，所以很多找不到工作的阿肯色人开始国内移民，这个州的人口一直在下降。

要解决这些问题，就必须投资。可是，当时阿肯色州政府穷得叮当响。关键时刻，温思罗普义不容辞地慷慨解囊，承担起振兴该州经济的重任。最初，他为了聘请三哥劳伦斯推荐的两位来自纽约的经理人员来主持工业发展委员会的工作，只好自掏腰包，拿出 8000 美元来补足雇员的差额薪金。这两位经理人确实有能力，用了一年时间，就帮助阿肯色州新建了 73 家工厂，增加了 7236 个就业岗位。而温思罗普则开办了温洛克企业公司，这是一家拥有数百万美元股本的投资公司，业务范围包括农业、制造塑料管和兴建居民住宅。

温思罗普不遗余力地工作，为他在阿肯色州赢得了广泛的赞誉。没用多长时间，他就成为州长的有力竞争者。

1961 年，温思罗普当选为共和党全国委员会委员。从那以后，他经常在阿肯色穿梭旅行，来往活动。

1964 年，温思罗普在阿肯色州的温思罗普村正式宣布参加州长竞选。这位洛克菲勒第三代的四公子已经用事实证明了自己是真心实意为该州人民谋求福祉的。正是在他的努力之下，阿肯色州工业发展委员会新建起了 600 家企业，为全州人民提供了 9 万个新增工作岗位和 2.7 亿美元工资额。在他来到阿肯色的 8 年时间里，这个州的人均收入增加了 50%。

面对温思罗普在政治上的野心，当年推举他的阿肯色老州长福巴斯深感忧虑。他利用温思罗普的财富和民权问题全力中伤温思罗普。还说温思罗普·洛克菲勒曾在全国有色人种协会发表过演说，和很多黑人是朋友（当时美国的种族主义比较严重）。千言万语汇成一句话：此人靠不住。

第一次州长竞选时，温思罗普败给了福巴斯，不过他获得了43%的选票，离最终的胜利已经很近了。

在之后的两年时间里，温思罗普继续周游全州，他这么做就是为了迎合当地人的好感。

1966年，福巴斯即将退休，阿肯色州当权的保守民主党人却想方设法提名了一个狂热的种族隔离主义者詹姆斯·D.约翰逊来竞选州长。

詹姆斯·D.约翰逊是阿肯色州最高法院的法官，一贯认为阿肯色州应该成为白人的乐园，让黑人统统离开。最终，在与此人的竞争中，温思罗普赢得了州长竞选的胜利——获得56%的选票。温思罗普也成了美国南北战争之后该州的第一位共和党人州长。

1967年1月1日，温思罗普·洛克菲勒如愿以偿，宣誓就任阿肯色州州长。在他看来，这个胜利足以改变自己"无能"的形象。

事实上，虽然当选州长，但是温思罗普在该州的政治地位并不稳固。首先是因为在135名州议员中，只有3名是共和党人。其次，阿肯色州太过贫穷，而温思罗普又给选民们描绘了一幅太过美好的画面，若是他所说的美好未来不能变成现实，势必会众失所望。

1968年，温思罗普继续为阿肯色州长，但是支持率与第一次当选时却相去甚远。在州议会中，共和党人的势力依旧薄弱。

这时，温思罗普政府内部也出现了一些问题，他的助手们开始认为温思罗普只想当州长，不想办事儿。关于他酗酒的事情则再度被提起。另一个问题是，温思罗普性格谦和，所以看起来不像其他政治家那么"霸气"；他很少待在自己的州长办公室，宁可待在乡下；他起床很晚，虽然也工作到很晚，但是人们却只看到他睡懒觉，看不到他晚上加班。

于是，温思罗普再度沦落到失败的边缘。他提出的法案遭到州议会的反对，他所遇到的问题一个比一个严峻。关键在于，他好不容易建立起来的自信心也随之一点点被消磨掉。

最后，温思罗普垮了下来。郁郁寡欢，再无蓬勃之意。

而且，温思罗普当选州长之后，他和妻子的关系也一天不如一天。对珍妮特·埃德里斯来说，温思罗普的政治活动简直是家庭生活的仇敌，破坏了她所希望的那种静谧、温馨、舒适的生活。

工作不顺利，家庭不和睦，温思罗普只能重新走上老路——借酒浇愁。酒越喝越多，脾气越来越差，他怨天咒地，与妻子的关系更是因此而疏远。温思罗普的妻子开始闭门不出。到 1969 年，温思罗普再次离婚。

到此为止，温思罗普决定最后一搏，他执意要参加 1970 年的州长竞选。这一次，阿肯色州民主党没有提名主张种族歧视的保守分子，而是提名了一个年轻的温和派政治家戴尔·邦珀斯。

在竞选中，邦珀斯明显占据上风。以前，温思罗普的对手总要用酗酒这件事来敲打温思罗普，但这一次完全不需要这么做了，因为只要看到温思罗普，就知道这人一定是个酒鬼——步态踉跄、结结巴巴、醉眼蒙眬。

最终，温思罗普又一次失败了。

## 姐弟俩的相同命运

1971 年 1 月 12 日，温思罗普在州议会发表了自己的告别演说。到了这个时候，他说话时仍旧口齿謇涩，断断续续。在人们眼中，这位前州长身体发胖，头发稀疏，颤颤巍巍，立足不稳。与四年前那个踌躇满志的温思罗普判若两人。或许有人会在心中暗想：失败者永远是失败者，即便侥幸成功也是昙花一现。

1972 年夏天，这位前州长以代表的身份前往迈阿密，出席共和党全国代表大会。几个星期之后，他回到阿肯色州帮助开展理查德·尼克松的第二任总统竞选，使其成为继乌利斯·辛普森·格兰特之后第一个在该州获胜的共和党总统候选人。

同年，温思罗普的私人医生在他的腋下发现了一个囊肿，并诊断为恶性肿瘤。1973 年 2 月 22 日，这个一生始终落在兄弟们后面的温思罗普·洛克菲勒却赶在众兄弟之前离开人世，那一年他 61 岁。

1976 年 5 月，在温思罗普被癌症夺去生命三年后，他在洛克菲勒家族里最亲的人、姐姐巴布斯也因身患癌症不治而亡。

巴布斯是小洛克菲勒的大女儿，出生后，小洛克菲勒特地为唯一的女儿建造了一个游憩室。这个所谓的游憩室相当于一栋小别墅。而居住在洛克菲勒庄园附近的小姑娘们经常被邀请到这里来，与巴布斯玩耍。有时候，甚至会有 50 多人来这里做客。这些人中有小洛克菲勒从纽约派来的乐队，又有艾比请来的女监护人。

洛克菲勒庄园的面积，比摩纳哥（欧洲小国）大 10 倍，单单是维修巴布斯的房子，每年就要花掉 5 万美元，而整个庄园的维修费则需要 50 万美元。位于庄园中心的"公园"，面积达 250 英亩，成队的电动汽车在公园中行驶，男孩子们可以随时拦住一辆上车去玩。

虽然在家族提供的奢华环境中长大，巴布斯却对自己的家族缺乏好感。她曾被送到保守的蔡平小姐女子学校去学习。但是，这也不能让她变得顺从。不久，巴布斯成了家族中公开吸烟和偶尔喝酒的女子。

当巴布斯成长为一位楚楚动人的少女时，她穿着最奢华的衣服，头戴一顶窄边圆顶的女帽，变成了一个狂热的享乐主义者。在她成年之后，几乎所有的时间都被用在了参加舞会上。

巴布斯每天都回家很晚，第二天中午才起床，以便晚上再去过那种纸醉金迷的夜生活。一位叫作戴维·米尔顿的青年律师追求她，这个年轻人个子挺高，头发金黄，身材魁梧，出身于波坎蒂克地区的一个有着消夏别墅的上等家庭。

1922 年，巴布斯与戴维结婚，他们搬到了纽约市的一个公寓里。

直到 11 年后，巴布斯 35 岁时，她才带着自己的两个孩子回到洛克菲勒庄园，并在那里盖了一栋住宅。

作为一个女人，巴布斯只想要一段完美的婚姻。但是，世界上没有那么多心想事成的好事儿。她与戴维结婚 17 年后的 1942 年，夫妻关系亮起了红灯。到最后，这个小洛克菲勒唯一的女婿几乎每天都不回家了。于是，巴布斯和丈夫选择了离婚。

离婚后，巴布斯把自己在洛克菲勒庄园的住宅卖给五弟戴维，随即迁居长岛。

1946 年，巴布斯嫁给了第二任丈夫欧文·H. 帕迪。

1953 年，巴布斯又同第三任丈夫让·毛茨结为连理。

总的来说，巴布斯的一生和四哥温思罗普一样，充满了不幸和失败。

虽然巴布斯和温思罗普在洛克菲勒家族的地位并不是太高，但是他们的离世还是给家族带来了巨大的震动。戴维·洛克菲勒在回忆录里说："随着他们的去世，我和我的 3 个哥哥为洛克菲勒兄弟基金会、家族办公室和波坎蒂克地产的未来产生了争执。我们之间在这些家族机构问题上的激烈争吵和意见不合受到了该期间'侄子侄女们'的态度和行为的影响——两代人之间的叛逆斗争十分激烈，甚至一度威胁到了家族本身的团结和延续性。"

# 第 **11** 章
## 卓越的银行家

　　作为家族银行的掌舵者，戴维·洛克菲勒是卓越的银行家。在他的带领下，大通曼哈顿银行在扩张国际业务方面颇有建树，并成为国际金融系统中重要的一环。在他任期内，新设立了 63 个国外分支机构、17 个代表处，国际业务收益从 1971 年的 2900 万美元增长到 1981 年的 2.47 亿美元。

# 成 长

戴维·洛克菲勒出生于 1915 年，是小洛克菲勒第五个儿子。

五岁那年，戴维就进入林肯学校上一年级了，原因是他的哥哥们都去上学，他自己在家待着很无聊。

16 岁时，戴维就到了上大学的年纪。至于上哪所大学，戴维受母亲的影响很大。这是因为洛克菲勒刻意避免向儿子提出任何一个具有倾向性的建议，在他看来，应该给孩子留下足够的选择权。

戴维的母亲希望五兄弟中有一个人能念哈佛大学，因为她最喜欢的兄弟温思罗普·奥尔德里奇就毕业于哈佛。这位温思罗普·奥尔德里奇与洛克菲勒家族的关系非常密切——曾经执掌大通银行，而大通银行一直被外界认为是洛克菲勒家族的专属银行。

戴维的母亲希望洛克菲勒兄弟中有人沿着温思罗普的足迹走，戴维的哥哥们都上了其他大学，因此他是母亲最后的希望。虽然母亲并没有明确表示戴维非上哈佛大学不可，但他依旧遵循了母亲的希望，选择了哈佛。

戴维在哈佛大学非常用功，因此成绩还算不错。对于他而言，获得好成绩并不太难，难的是与人相处。

洛克菲勒兄弟在年轻的时候多多少少都有些社交障碍，这是因为他们从小在优越且封闭的环境中长大。戴维少年时的交谈对象多是一些著名的公众人物或艺术家，与同龄人相交甚少。他当年的朋友曾经回忆说："女同学都不怎么喜欢他，因为他最爱吹嘘自己有钱，夸耀自己去过的地方多等。"

戴维的大学生活是比较沉闷的，他很少参加集体活动，和诸位导师也缺乏良好的沟通。

就在大学生活临近结束的时候，戴维还不是很清楚自己这辈子要干什么。毫无疑问，即使他一辈子什么也不做，照样可以过上优越的生活。但是，对于一个背负着家族荣誉的人而言，享受家族的好处却不为家族做任何贡献是可耻的。这种想法是洛克菲勒家族中的普遍共识，或许正因如此，这个家族才能富过六代。

为了找到自己的目标，戴维去请教威廉·莱昂·麦肯齐·金（就是那个当年与小洛克菲勒一起处理拉德洛惨案，后来当上加拿大总统的人）。金先生在就业的问题上给了戴维一些建议，希望他可以从事经济类的工作。这个建议使戴维决定在哈佛继续学一年研究生课程，以便开始跟著名奥地利经济学家熊彼特学习经济学。

当戴维学成回到纽约之时，恰逢第二次世界大战爆发。当时，戴维的主要任务是完成博士毕业论文。

戴维住在远离市区的洛克菲勒庄园里，构思着自己的毕业论文。最终，他写出了一篇题为《闲置资源与经济浪费》的论文，这篇论文的核心内容是当时一个范围很广的社会话题：纠正作为大萧条时期典型表现的超常失业水平和工业产能的闲置问题，主要应当依靠市场因素还是政府干预。

毕业之后，戴维开始跟着纽约市长当"学徒"。而后又加入了美国军队，并在军队中经受战争的洗礼。

到了 30 岁的时候，戴维才开始正式进入洛克菲勒家族工作——到大通银行担任对外部的经理助理，这是银行系统中级别最低的管理人员，年薪 3500 美元。在这个位置上，戴维度过了在大通银行的头几年。

后来，戴维被调到海外部拉丁美洲处。他的这一调动与哥哥纳尔逊在拉美的频繁活动有很大关系。

任职期间，戴维在古巴、波多黎各和巴拿马开设分行，还创办了一份很有影响的金融季刊《拉美要闻》。

1952 年 9 月的一天，大通曼哈顿银行总裁把戴维叫到他的办公室，对他说要提升他为高级副总裁。第二天上午，戴维带着自己策划的组织结构图来到总裁面前。他提议将银行所有的公司业务统一起来，设立一个新的"美国部门"，由乔治·钱皮恩负责。另外成立一个"特殊行业部"，将公共设施组和石油航空部包括进去。戴维自己则负责管理第三个新部门——"城市部"，负责城市里所有的零售分行以及许多大型公司客户的关系。

在这份重组计划中，保留了三个部门：信托、债券和对外部。总共六大部门，每个部门都将由一个高级副总裁负责，这些副总裁直接向总裁负责。

众所周知，想要改变一个庞大机构的人事和经营不是一件容易的事情，因为人们往往倾向于墨守成规，讨厌改变。所以，戴维的银行改组计划一直被搁浅。

20 世纪 50 年代，美国曼哈顿银行开始实施一种零售战略，银行存款得以高涨。戴维很想让大通银行收购曼哈顿银行。

在美国银行业的排名中，大通银行排名第三，而曼哈顿银行排名第十六，所以洛克菲勒的收购计划并非异想天开。但是，曼哈顿的大部分股东却拒绝把银行卖给洛克菲勒家族。

几次兼并失败之后，戴维突发奇想：既然曼哈顿银行不能并入大通，那就把大通银行并入曼哈顿。因为管理层如果要把银行卖出去的话，需要征求股东的意见，只有所有股东都容许才可以。但是，要买一家银行，就无须获得全体股东的一致同意。

"逆向思维"的戴维很快获得了成功，1955 年，只有 16 亿美元资产的曼哈顿银行"购买"了拥有 60 亿美元资产的大通银行，新成立的银行命名为"大通曼哈顿银行"，并成为全美最大的银行。当时有报纸评论说："小虾吃了大鱼。"

在新成立的银行中，戴维担任副总经理的职务，主管银行的发展部。

大通与曼哈顿两家银行的兼并，为戴维提供了完成改组计划的最好时机，他再次提出要设计一种更加严密、更加有效的组织结构。但银行里的很多人都表示反对，戴维再一次陷入了传统派与改革派僵持的局面。

幸运的是，戴维找到了折中点。原来的高层管理者害怕改革损害自己的利益，所以才百般阻挠。戴维向他们保证，在人事改革之后，会保留他们的一切权利。如此，改革才得以顺利进行。而戴维主导的改革也成了大通历史上的一个重要转折点。

通过这次内部大手术，戴维在大通的威望得以提升，人们开始明白，这个看起来文弱的人，对于大通银行的影响力其实非常大。

就这件事来看，戴维·洛克菲勒和他爷爷约翰·洛克菲勒一样，意志坚定、不畏惧挑战。

# 世界性的扩张

戴维·洛克菲勒是个非常有野心的人，在大通银行成为美国第一银行之后，他又把目光转向了海外，转向了全世界。

戴维多次提出关于国际多元化的路线观点，但大通的领导层却从来不对此发表任何有用的看法，戴维认为这是一种目光短浅的做法。国内业务当然重要，但若想更好更快发展，必须跳出现有业务的范畴，建立更多的海外分行，收购国外机构，提供更大范围的产品种类。

在戴维的鼓动下，大通银行联合美国其他银行，推出了一种为期1～5年的中期信贷品种，用于大宗出口商品的融资，比如蒸汽推土机、电涡轮机、掘土设备和铁路机车。

在20世纪50年代，戴维一直在缓慢而稳固地建立这样一种美国银行的形象：关心国家利益，并极具开拓精神。

1971年至1972年，戴维偕夫人开始了欧洲旅行，不过他们的主要目的不是享乐消遣，而是商谈业务。在匈牙利、南斯拉夫、罗马尼亚和波兰四国，戴维与政府首脑和当地的大银行家们就对外贸易进行了会谈。他所访问的国家当时都是社会主义国家，而在冷战时期，资本主义与社会主义水火不容，很少有西方资本主义国家与这些国家开展联系。

戴维给这些国家的重要人物留下了深刻的印象，波兰共产党的总书记盖莱克就曾经对下属说："你看他那双棕色眼睛，就知道他大脑里的每个细胞都在不停地奔跑。"

戴维的访问获得了一些成功，例如波兰就推出了法令，允许美国公司在波兰搞合营，但这并不是戴维的主要目的。1971 年 3 月 5 日，他在罗马尼亚的一次会议上说："资本主义国家与社会主义国家应该建立更密切的联系，尤其是经济、贸易的联系。铁幕应当为玻璃板所代替，这是两国人民的共同呼声。"

1973 年 5 月，大通银行在苏联开设了一家分行，这是第一家在苏联开设的美国银行。分行坐落在卡尔·马克思广场 1 号，离克里姆林宫只有一条街。人们都相信，戴维的壮举将会使得两大政治阵营的经济贸易量大大增加。

# 美国外交协会

除了银行家的身份外，戴维还曾经兼任过美国外交协会的主席，另外他还和家族顾问布热津斯基一起建立了三边委员会。卡特总统曾经邀请他做美国财政部部长和美联储主席，不过他都拒绝了。

美国外交协会又叫美国对外关系委员会，1921年成立，是一个专门研究美国外交政策和国际事务的非营利、无党派的会员制组织。这个协会每半个月出版一期《外交事务》，它被认为是美国最有影响力的外交政策智库。美国历史上有很多重要人物，包括美国国务卿、国防部官员、银行家、律师、教授以及美国中情局成员都出自这个协会。

洛克菲勒家族和外交协会联系密切，1953年到2007年的半个多世纪中，该协会共有三位主席，分别是约翰·麦克洛伊、戴维·洛克菲勒和皮特·皮特森。这三位无一不是带有深深的洛氏烙印。

麦克洛伊当过世界银行行长、总统顾问和大通曼哈顿银行的行长。据说麦克洛伊和洛克菲勒家族的关系在他大学时就已经建立，当时年轻的麦克洛伊负责教洛克菲勒兄弟驾驶帆船。

该协会的第三任会长皮特·皮特森也和洛克菲勒家族有着密切的联系。洛克菲勒三世、麦克洛伊以及道格拉斯·狄龙曾经邀请他担任一个慈善基金委员会的主席，该委员会负责向总统提供关于如何管理慈善基金会的建议。之后他在尼克松总统任期内做了一年美国商务部部长，1973年到1984年间担任雷曼兄弟的董事长和首席执行官，1985年他和施瓦茨曼一起创立了黑石集团。也正是在这一年，他接替戴维成为外交协会的主席。退休之后，他在洛克菲勒家族的日本社团及现代艺术博物馆中任职，还担任过洛克菲勒中心的董事。

另外一个和洛克菲勒家族关系密切的机构是三边委员会，这个委员会由戴维在 1973 年创立。委员会的成员大部分是来自北美洲、欧洲和日本的各界领袖，委员会的工作是通过定期的讨论会促进地区之间的经济合作。该委员会日后成为一个极具影响力的政策智库。1998 年三边委员会 25 周年庆的时候，曾经的白宫主人乔治·布什、吉米·卡特都给戴维发来了贺文。

在三边委员会创立的过程中，基辛格和保罗·沃尔克发挥了至关重要的作用。基辛格曾经在该委员会中担任了 20 多年的执行委员，他曾经为洛克菲勒兄弟基金会工作过，同时他还是纳尔逊·洛克菲勒的支持者和顾问，纳尔逊当副总统的时候他是国务卿。

上述事件都证明了戴维在美国上层社会的广泛关系，这也为他和他的家族在世界各地的活动带来了诸多便利。

1971 年 3 月，戴维和夫人拜访了埃及新总统萨达特。1974 年，紧张的中东局势稍趋缓和之后，他率先在开罗成立了大通银行的又一个分行，为埃及的石油管道工程提供了大笔贷款。

在戴维的带领下，大通曼哈顿银行在扩张国际业务方面颇有建树，并成为国际金融系统中重要的一环。在他任期内，新设立了 63 个国外分支机构、17 个代表处，国际业务收益从 1971 年的 2900 万美元增长到 1981 年的 2.47 亿美元。

# 另类爱好

就财富而言，戴维一生都没有成为世界首富。不过，若是论甲虫收藏量，戴维绝对是世界第一。他收藏的甲虫有9000种、157000只。他的成就被列入美国自然历史博物馆目录，作为回报，戴维出钱资助设在亚利桑那州的一个研究站，这个站的工作是专门采集美国各州的昆虫标本。

戴维从小就钟爱于甲虫的收藏，10岁开始就在黄石公园的树林里四处寻找甲虫，并把它们做成标本。等到他进入哈佛大学之后，对甲虫的偏爱更是无以复加，因而获得教授的特许，选修研究生的昆虫学课程。当年他在哈佛大学中唯一获得优等成绩的，就是这一门课。

在成为世界第一大银行的首脑后，他还是没有放弃自己的这一爱好，因此经常有这样的滑稽场面出现：这位董事长正当谈话的兴头上，突然开始变得心不在焉，视线从对话者的脸上转向了地面。只见他徐徐将手探进胸前口袋，小心翼翼地掏出一只小瓶子，随即饿虎扑食般扑向地上爬行的昆虫，逮住后迅速盖好瓶口，心满意足地放到口袋里，然后若无其事地继续他刚才的话题。

戴维对于昆虫如此执着，以至于人们相信：如果他不是成为一个银行家，很可能会成为一个昆虫学家——他有足够的才能和专注力在任何领域获得建树。

或许是一生都有一种爱好作为寄托，令人心情愉快，所以戴维的身体非常好。他有一个美满的家庭和6个儿女，时至今日，他还在洛克菲勒庄园里享受他的美好时光。也正因如此，我们对于他的故事讲述甚少，因为很多事情还不是下结论的时候。我们只能说，从出生以来，戴维走的路够长的了。他师承祖训，勤奋、勇敢，工于心计和计算，富有商人的冒险精神。41 岁时担任大通银行董事会的副董事长，一生经历了诸如下注华尔街，建设国际大厦，巨资支持基辛格，抢先登陆苏联、中东及中国等地，将业务扩展到全世界等壮举。他被公认为国际金融领域中的一位领袖级人物。2011 年，他以 95 岁高龄登上福布斯全美富豪榜，身价 24 亿美元，排名 153 位。

当年，老洛克菲勒的愿望是活到 100 岁，但最终未能如愿。他的这个愿望被自己的孙子戴维实现了，戴维·洛克菲勒活了 101 岁。2017 年 3 月 20 日，这位经历了一个世纪商海沉浮的传奇人物与世长辞。

关于洛克菲勒家族第三代人的故事，就此告一段落了。需要指出的是，洛克菲勒家族的财富和权力在传承到第三代时达到了巅峰，若是想对一个偌大家族的财富总量给出一个具体的数字，基本上是不可能的。而且，洛克菲勒家族本身对自己有多少财富也是秘而不宣。纳尔逊竞选总统时，曾经向国会透露了关于家族财富方面的一些数据，还引起了洛克菲勒三世的巨大不满。不过，有证据表明，即便是纳尔逊给国会提交的数据，也可能不完全属实，远远没有能够揭开洛克菲勒家族财富的谜底。

纳尔逊说："我父亲遗留给还活着的后代的全部股权，包括手头的和由信托基金管理的在内，合计不超过这些公司（这些公司主要指标准石油公司和大通银行）中任何一个公司的 2.6%。"可是，根据一些资料显示，洛克菲勒家族第三代至少掌握着各家标准石油公司 8% 至 16% 的股票。

纳尔逊还说："我父亲的后代中没有一人现在担任任何一个石油公司的董事，而且我们并不控制其中任何公司的经营管理或制定政策的权力。"他还透露了洛克菲勒家族在大通银行的份额——持有这家银行现行股份的 2.54%。

虽然纳尔逊提供的数据可能是"缩水"之后的产物，但还是揭露出了洛克菲勒家族拥有巨大财富并掌握为数巨大的有价证券的事实。

在纳尔逊发表这些数据之后，《纽约时报》记者采访了华尔街一些金融大亨。这些金融大亨一致表示，洛克菲勒家族的财富就如同是海上的冰山，露出来的仅仅是一小部分，更大的部分深藏在水下。一位投资银行家谈到洛克菲勒家族的影响时指出："如果你只看到他持有的股份，那就是一叶障目。你只要在脑子里对自己说，这可是洛克菲勒家族啊！你就会明白了。"另一位金融家的话则更直接："就美国各家族的实力而言，洛克菲勒家族谁也比不了。"

正如我们一再强调的那样，洛克菲勒家族的实力并非仅仅来自货币，更来自洛克菲勒的机构和协会所形成的独特的权力网，它始于经济，却在政治、文化和知识界开花结果。

由于第三代洛克菲勒兄弟们毕生活动于社会组织和政府中间，所以在美国，几乎没有一个重要的决策领域是不受他们影响的。

仅以洛克菲勒基金会而言，虽然洛克菲勒家族在基金会的主导权日益缩减，但是毕竟管理这个基金会的人都是由他们指定的。这些管理者由于接受了洛克菲勒家族的慷慨赠予，因此对这个家族怀有感恩之情，所以可以肯定的是，洛克菲勒家族始终保持着对这个基金会的影响力。

# 第 **12** 章
## 家族第四代

　　洛克菲勒家族的第四代，再也没有出现像父亲、祖父和曾祖那样的伟大人物。不过，毕竟这个家族有着无与伦比的巨大能量，所以直到现在，关于洛克菲勒家族第四代的故事还是会频繁地见诸报端。从心理层面上来讲，第四代人非常矛盾，他们享受着家族带来的好处，就算有些人始终想要放弃家族的财产，在外人看来，这其实也仅仅是一种非常"矫情"的做法。你能放弃财产，但是放弃不了家族的光环。只要这个光环还在，你就享受着家族带来的莫大好处。

# 金钱负担

到五兄弟时代，洛克菲勒家族已经传承到了第三代。这个家族非但没有呈现出颓势，反而进入了另一个新的发展阶段。

20世纪50年代中期，战后的美国开始向全世界辐射它的影响力，无论是军事、文化还是经济，处处可见美国人的身影。而洛克菲勒家族则是这种全球化战略的背后推手。

洛克菲勒家族掌握着大通银行和标准石油公司，此外还有一些华尔街投资公司和律师事务所（诸如库恩·洛布公司、拉扎德兄弟公司和德比伏伊斯·普林顿律师事务所、米尔班克·特威德律师事务所等）与他们交往密切。这个家族的触角已经深入全国工业与金融业的主动脉。

在政治领域，通过洛克菲勒基金会、对外关系委员会和共和党，洛克菲勒家族与国家最高权力机关也产生了一定的联系。每当华盛顿开会要作出战后重大的决策时，洛克菲勒家族的人（包括为之服务及与其关系密切的人）一定能在会场得到一把椅子。

我们在之前已经介绍过洛克菲勒家族五兄弟在政治领域所发挥的作用。那么，这个家族的第四代人又会有怎样的表现呢？

洛克菲勒家族传承到第四代时，人数已经很多了。共有21个堂兄弟姐妹，而且这21人中还不包括纳尔逊与后妻玛格蕾塔·墨菲所生的两个儿子——小纳尔逊和马克，也不包括他和前妻玛丽·克拉克所生的儿子麦克，因为这个儿子英年早逝，死时仅有23岁。还有一个非常有趣的现象是，在洛克菲勒家族第四代的21人中，只有七个男孩儿。

这么多人，如何瓜分家族财富这块巨大的蛋糕，成为一件非常重要的事情，不过小洛克菲勒早有打算。1952 年，他从自己剩下的新泽西标准石油股票中拿出 12 万股，为他的每一个孙女、孙子和外孙、外孙女设立了信托基金。等到他们年满 21 岁时，就会接到银行的通知——从现在开始，你在我们银行的账户里拥有了 500 万 ~ 900 万美元资产（具体是哪个数字，要看基金的表现），你随时可以折现。

作为一个普通人，仅仅幻想一下哪天突然天降横财，自己成为一个超级富豪，就足以让人激动的了。但洛克菲勒家族成员不需要这种幻想，因为他们生来注定是有钱人。

心理学界有一个命题——如果人失去幻想会变成怎样？洛克菲勒家族第四代似乎可以给解答这个问题一些启示。

第四代人中最年长的是纳尔逊的儿子罗德曼，生于 1932 年，20世纪 70 年代初任国际基本经济公司总经理。

和父辈、祖辈们一样，罗德曼是一个忠于事业的企业家。但在第四代人中，像他这样继承了家族传统的人并不多，准确来说是再没有别人了。罗德曼是这一代人中唯一一个在商业领域有所建树的人。

1937 年出生、比罗德曼小 5 岁的杰伊·洛克菲勒（为了和他的祖父区别开来，下文会称他为"洛克菲勒四世"）是第四代人中最有名气的，因为他在西弗吉尼亚州的政界有良好的表现。

洛克菲勒家族第四代儿孙们的政治观点差异很大，温思罗普的儿子温思罗普·保罗（生于 1948 年）是个保守共和主义的拥趸，而戴维的大女儿艾比（生于 1943 年）则是个马克思主义者。他们的生活方式也千差万别，劳伦斯的次女马里恩（生于 1938 年）经常住在一节破旧的车厢里，而巴布斯的长女艾比（生于 1928 年）则过着奢侈的生活。

如果把第四代的这 20 多个人放到一个客厅里，你根本无法从外在表现看出他们是一家人。

当然，第四代人也有一些共同的特点。例如，他们成长到一定程度的时候，都会问同样的问题：为什么我周围只有亲戚？为什么我只能在有人站岗的大门里边玩耍嬉戏？为什么我们的家族历史是一个禁忌的话题？当然，这是因为他们从小都生活在一个非常封闭的环境中——家族出于安全的考虑，对他们采取了保护措施。

好不容易到了上学的年纪，终于可以接触到外面的世界了，但第四代人却不会因此而感到放松，他们又进入了另一种悲惨的境地。从上小学时起，这些有钱人家的孩子就成为敌意、谄媚、嘲笑的对象，几乎所有第四代人都有同样的感觉。戴维的长女艾比说："做一个洛克菲勒，对我说来是一个渗透一切的和中心的大问题。从小学二年级起，它一直使我烦恼着。我不得不全力以赴地去应付它所造成的窘境。"劳伦斯的女儿露西（生于 1941 年）则非常害怕在学校里听见别人讨论自己的姓氏，她没有选修美国历史，因为一上这节课，她的姓氏就成为一个绕不开的话题。

财富和姓氏，成为洛克菲勒家族第四代人的一个"囚笼"。

哪里有压迫，哪里就会有反抗。劳伦斯的次女马里恩就是这样一个反抗者。她放弃了大城市的舒适生活，周末和夏天都会待在一节破旧不堪、油漆剥落的 694 号车厢里。这种只有穷人才会过的生活，似乎给她带来了无尽的欢乐。

和现在很多有钱人在闲暇时喜欢到乡下住上几天，过过忆苦思甜的偶尔尝鲜不同，马里恩是实实在在地喜欢这样的生活。她总是和丈夫商量着搬到 694 号车厢里来长住，还把车厢周围的两亩地改建成了一个使用有机肥料的农场。等到秋天时，他们会把收获的农作物拿到市集上去卖。

马里恩身家千万，却似乎不准备动用那些钱，生活上完全自给自足。她对自己的生活开支控制得很严，70 年代初，他们一家 4 口的生活费用控制在每月 700 美元左右，这个数字低于当时的全国平均水平。

马里恩的丈夫华伦是个助教，工资微薄，为了补贴家用，马里恩给人家看孩子、做编织活儿，她还在车厢后面的空地里种植雏菊，卖给当地的保健食品店。恐怕人们会难以相信，这个粗手大脚、兢兢业业的劳动妇女，竟是一位拥有 1000 万美元信托基金且有望得到更多倍于这些财产的洛克菲勒家族的成员。

不管怎么说，马里恩过上了自己想要的生活，在第四代人中，她可能是最穷但却是最幸福的一个。大多数洛克菲勒家族第四代的子女都摆脱不了金钱、家族、丑闻这几个关键词，许多人因此成了心理诊所的常客。

洛克菲勒家族第四代人有如此心态，极大地偏离了父辈们的期望。不过客观来讲，第四代人整体表现不佳，与第三代人的教育方式也有很大关系。

第三代中的劳伦斯，教育孩子的方法主要是冷嘲热讽。孩子们有时候做错了事情，他就像抓住了他们的小辫子一样，大加嘲讽。在嘲讽声中，大女儿劳拉（生于 1936 年）学会了用诡辩去对抗——那正是劳伦斯的专长。次女马里恩则选择以逃避对抗。而小儿子拉里（即小劳伦斯，生于 1944 年）则因此变得小心翼翼、无所适从。

洛克菲勒家族的第三代人并没有继承祖父"要把更多时间留给

家人"的优良传统，他们大部分时间自己不着家，却试图用堪称严酷的家规遥控子女们的言行。

纳尔逊在教育方面要比其他的兄弟强一些，劳伦斯家的孩子们很喜欢到"纳尔逊叔叔家"，因为那里要比自己家来得温暖，而且也没那么多"清规戒律"。可是，这种自由也是相对的。纳尔逊的儿子史蒂文（生于1936年）回忆说："我们的生活其实是十分有规律的。如果你不准时去吃饭，你就吃不到东西。打铃之后，仅给你5分钟时间，假如你赶不上，那你就只好饿着肚皮了。"纳尔逊的大儿子罗德曼与其他兄弟姐妹接触较少，他是洛克菲勒家族第四代人中的老大，所以他有些高傲。安（生于1934年）是纳尔逊孩子中最文静的，不过他却非常有亲和力，人人都愿意和他接触。孪生的玛丽和迈克尔是最活泼的，他们形影不离，经常一起干一些荒唐事儿。

至于戴维，则一心想要当好一个父亲的角色，而且他还是个家族荣誉感非常强的人，他总是教导第四代人要肩负家族的使命。可令人遗憾的是，他也是个不着家的人，最起码在儿女成长的关键时期，他总是在外边。因为那时候他在大通银行的海外部工作，经常要到国外出差。

老洛克菲勒有一个很好的习惯——记账。甚至有人认为，那个小小的账本是他事业成功的源泉。这么说当然有些夸张，不过在洛克菲勒家族，记账确实是作为一件重要的工作去做的。

到了第四代，劳伦斯和洛克菲勒三世完全不理会孩子们是否记账。纳尔逊则很想把祖父的这种习惯传承下去，但到最后也不过是装装样子罢了。戴维是从事记账的，这是他的父亲和祖父做过的事情，他自己也曾这样做过，因此他也希望儿女们也能这么做。但是，没想到儿女们因此成了弄虚作假的能手。艾比和佩吉（生于1947年）

都是在父亲要检查账本之前，临时编造几个月的每周零花钱账目。她们还在账本里写满奶罩和月经纸开支，为的就是让父亲不好意思查下去。

温思罗普的儿子温·保罗是在母亲的培育下长大的，没有和其他兄弟姐妹住在一起。巴布斯的女儿米茨和玛里琳（生于 1931 年）严格来讲并非洛克菲勒家族的人，所以每当她来到洛克菲勒庄园里的时候，更像是做客而不像是小主人。

## 家族怪圈

洛克菲勒家族第四代中，男性成员占少数，女性成员占多数。但是这些女性知道，自己终究有一天会失去洛克菲勒这一姓氏，因为女人总归是要嫁人的。

从家族对子女们施加的责任压力来看，女性成员的压力显然小一些。但是，由于女性特有的敏感和脆弱，洛克菲勒家族第四代的女性们对于洛克菲勒这一姓氏的反应更加敏感。

由于洛克菲勒家族与政治息息相关，所以这个家族的人过早地被打上了"政治"的标签。

在越南战争期间，戴维的家庭中总是会爆发关于战争正当性的辩论。家长戴维认为战争是正当并正确的，他之所以这么说，很可能是因为这场战争与他在这一地区的利益有关。但他的子女却不这么认为，因为当时美国社会上的反战情绪很高涨，所以子女们不可避免地受到了反战思想的影响。

在辩论中，戴维总是拿出一些"内部消息"作为论据，这些消息是国防部长鲍勃·麦克纳马拉提供的。子女们则用自己在社会上了解的实际情况作为论据。双方唇枪舌剑，你来我往。

熟知辩论规则的读者们应该明白，这完全是两个纬度的辩论，这种辩论是永远不可能得出理性结果的。所以，戴维的家庭辩论通常以子女们的大哭大闹、戴维的大喊大叫为终点。

可能是因为和父亲的政治观点太过于不同，戴维的女儿佩吉一气之下放弃了洛克菲勒这个姓氏。她说："这个姓阻碍了我试图要做的事情。"

佩吉不是第一个放弃洛克菲勒姓氏的人，洛克菲勒三世的长女桑德拉（生于 1935 年）在 1959 年 24 岁时放弃了洛克菲勒的姓氏。她还想过要放弃那笔来自家族的财富，但是在经济社会里，你想改姓没人管你，但是你要放弃一笔财富，就会牵扯出一大堆问题。最后，桑德拉发现，洛克菲勒家族的标签已经牢牢粘在自己身上，挥之不去。（这里涉及非常复杂的银行信托基金原理，不做详细描述。）

若想要逃避一个家族带来的影响，绝非放弃家族的姓氏就可以一劳永逸。事实上，桑德拉用了一生的时间逃避，她搬到坎布里奇，把自己关在深宅大院中足不出户……她的身心饱受折磨，不得不借助心理医生的开导才能安然入睡。

也有很多第四代的女性选择用结婚来逃避家族的影响，劳拉说："我 19 岁结婚，因为这是抛弃这个姓氏的一个好办法。但我失败了。"她失败的最大原因是，结婚对象门不当户不对，她不得不在一种"比男人更有权力的奇怪现实中"（洛克菲勒四世语）生活下去。

身为洛克菲勒家族的女性成员，她们的婚姻大多难以幸福。那就是家族的影响在婚姻里悄悄地发生着一系列负面的"化学反应"。

至于第四代中的男性成员，他们身上背负着家族的责任。这种责任不是振兴家族，而是如何不让家族败落。

从责任的定位上，这些男孩子就被压低了一头。

罗德曼作为纳尔逊的长子，也是第四代中的长子，他最有可能成为洛克菲勒家族的第四位掌门人，他本人也立志于此。

罗德曼与父辈非常相似，他坦然地接受了洛克菲勒这一姓氏，并以此为荣。

16 岁时，罗德曼被送到委内瑞拉的一所农业学校学习了一段时间，大学毕业时的论文为《美国关于国际收支的决议在巴西的影响》。

毕业后，罗德曼在驻西德的美军部队中服役两年。回国后，又进入哥伦比亚商学院。纳尔逊告诉他："加入一个家族机构，并以此作为你个人事业的晋升之阶。"由此可见，纳尔逊确实想把他培养成三叔劳伦斯的接班人。但最后，第三代的五个兄弟一致认为：罗德曼不足以担此大任。于是，罗德曼接受了一个由父亲纳尔逊提出的不能拒绝的职位。

1960 年，罗德曼进入国际基本经济公司当房地产部主任。在这个职位上，他做得很出色。1969 年又被任命为他父亲的公司的总经理，那时他 37 岁。

小戴维是戴维·洛克菲勒的长子，此人精明练达、为人随和。他最初想要成为一个诗人，但是洛克菲勒家族中没有给诗人预留位置，所以他只好去哈佛大学攻读经济学，后又进入法学院学习。毕业之后，他担任波士顿交响乐团协理一职，负责营业和宣传，他很喜欢这个工作，但是又害怕父亲在暗地里责怪他。于是他对父亲振振有词地说："从大通银行内部的人际关系来看，假如我也卷进去，那对我无疑将会是一场灾难。"

作为大通银行的掌舵者，戴维的子女中必须要有一个来子承父业。这时，就只剩下小戴维的胞弟理查特了。

理查特知道父亲对自己的希望，但是他却干脆地拒绝了："我觉得我所受到的重大压力不是直接来自我的父亲，而是来自他左右的同事，他们要我去管理家族办事处或洛克菲勒基金会。做某项事业半瓶醋式的业余爱好者和做某项事业的大有作为者之间是有一条鸿沟的，我扪心自问，我是否有逾越这条鸿沟的本领呢？这种鸿沟可不是能用金钱去逾越的。"

理查特打算写一本研究著作来批判美国的大学，但是却被视为不务正业——在洛克菲勒家族，凡是不属于家族事业范围内的工作都被视为不务正业。

1974年秋，理查特25岁，他向父亲宣布：要到共和党院去攻读。这样的解决办法既巧妙地满足了他个人志趣，能学到一门专业，又符合洛克菲勒的家教传承：有义务为人民服务。关键的是，这也使他摆脱了家族对自己的奢望——进入大通曼哈顿银行、家族办事处或洛克菲勒基金会。

纳尔逊的儿子杰伊·洛克菲勒（洛克菲勒四世），沉稳英俊、姿态优雅。但由于人长得瘦削，所以当他在西弗吉尼亚州从事政治活动时，当地的人都管他叫"竹竿子政客"。有趣的是，出身富豪家族的杰伊·洛克菲勒却没有加入与富裕阶层更为亲密的共和党，他是美国有名的倾向底层民众、与富裕阶层"作对"的民主党参议员。

像许多富家子弟一样，杰伊·洛克菲勒进入哈佛大学，主修远东语言和历史专业。他曾在日本留学三年，还参加了驻菲律宾的"美国和平队"。杰伊·洛克菲勒在日本的这段时间里，大姐桑德拉正试图放弃她那洛克菲勒的姓氏和继承权，而杰伊·洛克菲勒却彻底地接受了属于自己的那一份。

杰伊·洛克菲勒知道叔叔们都想让自己去洛克菲勒家族办事处工作，那意味着他将成为第四代的掌门人。但他从东京归来后却没有立即去纽约，而是来到了坎布里奇。

1962 年，杰伊·洛克菲勒担任了萨金特·施赖弗的特别助理。这是一份非常有前途的工作，杰伊·洛克菲勒说："文书周转得很快，晋升和事业也是前程似锦。自从去日本以来我一直幻想出任第一任美国大使，幻想得多么厉害，以至于我真的相信它就会实现……我离开和平队到了国务院，以便获得一些'真正'的外交事务方面的经验。"

在这个工作岗位上待了两年之后，1964 年，杰伊·洛克菲勒加入"服务美国志愿队"。

20 世纪 60 年代，美国刚刚经历了历史上最快的财富增长期之一，财富积聚之下的贫富差距扩大、劳资关系紧张、环境恶化、福利保障不足等社会矛盾浮现出来。所以，杰伊·洛克菲勒决定做一些能够帮助穷人的工作。

杰伊·洛克菲勒来到了查尔斯顿，从此，他成了一个西弗吉尼亚人。当时，这个州的办公大楼里已为他准备好了一张办公桌。但他却想离普通人更近一些，所以选择到埃蒙斯县工作。他说，该县"256 户人家中，只有 13 户人家没有加入工会，而且不在设备不全的小煤窑中工作或以前不曾在那儿工作过的"。他在这里一干就是两年。两年期间，他到西弗吉尼亚州煤矿小镇埃蒙斯参加反贫困项目。而他的政治生涯也在这里启程，杰伊·洛克菲勒曾在演讲中回忆，当时自己希望找一个能让自己感到充实的工作，"它不需要很复杂，但要足够困难"。

重山锁隔的西弗吉尼亚恰能如其所愿，乡村民谣《乡间路，带我回家》唱的就是那里。该州位于美国东部内陆，是有名的贫穷州。根据美国统计局最新的数据，西弗吉尼亚 GDP 在全美 50 个州排名倒数第十，人均 GDP 倒数第三，仅次于密西西比和爱达荷州。

煤矿业是西弗吉尼亚的经济支柱，贡献了超过 60% 的商业税收。

杰伊·洛克菲勒几乎全部的政治生涯都在为西弗吉尼亚矿工的福利奔走。作为一个富家子弟，他坚信："只有当决策者听见并尊重工人的声音，我们的国家才足够伟大。"

1992 年，他推动通过了惠及 20 万人的《煤矿法案》，为煤矿工人和他们的配偶提供终身医疗保障。他同时推动提升医保框架内对于矽肺病（又称尘肺病）患者的医疗、薪金福利，惠及全美 5 万病患。

就在《煤矿法案》通过的 1992 年，民主党内要求杰伊·洛克菲勒参加总统大选的呼声渐高。在那个日美贸易摩擦频发的时代，能讲流利日语的洛克菲勒显示出独特优势。他曾将丰田的工厂引入西弗吉尼亚，创造了 1200 个工作岗位，并先后吸引了 21 家日本企业在西弗吉尼亚设厂。

他博得了当地人的尊敬，当然，他的滚滚财源也引起了人们的垂涎。杰伊·洛克菲勒为当地人做了不少贡献，当然这些贡献大部分来自他的家族身份。要知道，单凭洛克菲勒这个"姓氏"的魔力，就足以吸引大量的投资和政府拨款。

然而，处于政治生涯巅峰的杰伊·洛克菲勒拒绝了。在新闻发布会上，他坦承自己对总统职位并没有充分的准备和野心。不过，他断言老布什不可能连任，因为他"毫无理性地偏袒富人"，已不得人心了。

在婚姻状况上，1967 年，杰伊·洛克菲勒与伊利诺伊州参议员的千金沙伦·珀西喜结良缘。这位金发美人曾为前众议员约翰·林登工作，他们就在那里相识。

1969 年，沙伦·珀西为杰伊·洛克菲勒生下了一个孩子，这个男婴被命名为约翰。待他长大到 21 岁时，他有权选择"戴维森"和"五世"作为名字。

像杰伊·洛克菲勒、小戴维、理查特这些洛氏堂兄弟，是洛克菲勒家族第四代的顶梁柱。也正是因为他们这些人的存在，洛克菲勒家族才能传承至今。


## 失踪的麦克

正如之前所提到的那样，洛克菲勒家族也出现了不少"隐士"。在上大学期间或大学毕业之后，第四代中的很多人都抽出一段时间来，默默无闻地混迹在穷人、破落阶层、下等人群或穷乡僻壤中。前面讲的马里恩就是典型的例子。

我们可以把这种行为理解成逃避，但或许这也是洛克菲勒家族第四代人寻找自我的一种方式，他们在普通人的生活中，找到了自己的定位。那些经历，让他们不再觉得自己是天生的高高在上，不可一世。

在洛克菲勒家族第四代人按照自己的方式生活时，发生了一件举世震惊的悲剧性事件。

1961 年 11 月 17 日，荷属新几内亚南部附近的阿卡多村，荷兰来登大学教授华盛克领导的一支探险队正在这一区域进行科学研究。在他的探险队里，有一名来头很大的成员，此人名叫麦克·洛克菲勒，他是纳尔逊·洛克菲勒的儿子。1960 年，他以优异的成绩毕业于哈佛大学，在陆军服役半年后，又重回哈佛大学，从事人类学及考古学研究。他此行的目的是为纽约原始人美术馆收集民族学资料，他本人就是这个美术馆的创始人之一。

华盛克教授和麦克雇了两名当地人做助手。一个叫列奥，另一个叫西蒙。之前将近有两个月的时间，麦克一直在周围的村庄里与当地土著人进行交易，他用铁斧、烟草和鱼钩换取代表阿斯马答文化的木雕。而这些土著人就是所谓的食人族，他们有一个传统：凡男子成年之后都要经历一个考验，那就是猎取一颗人头，然后才有资格去求婚。他们认为，没有经历这个过程的男人就不配有后代。虽然这些人不会无缘无故杀死外人，但无疑他们是非常危险的。

有一天，他们4人分别乘小船和一条木筏顺着河水往下游前进，目的地就是被文明世界认为依旧保留着猎头习俗的阿斯马答族居住地——阿锥部落。在1961年11月18日以前，很少有人知道这个原始的民族，但是这一天以后，因为他们和麦克的死关联到了一起，所以变得世人皆知。

中午时分，探险队正要横过一个河口，突然迎面撞上一个大浪，小船进水，马达失灵，急流推着人朝着大海的方向疾速前进。坐在木筏中的两个土著人及时地跳到了水里，而后游到岸上。

没来得及逃走的麦克和华盛克教授试图发动马达，但是未能成功。筋疲力尽的两人默默地对坐在小船上，随波逐流地漂荡着，当船只已经距离有5公里远的时候，两人陷入了绝望。

为了脱离困境，年轻的麦克提出自己游到岸上去搬救兵。他固定好眼镜，在腰带上绑了几个空油桶后，便跳进茫茫的大海。

几个小时后，华盛克教授被荷兰海军发现。教授获救了，然而麦克却没了音讯。

那时，麦克的父亲纳尔逊时任纽约州州长。他要求动员美国和荷兰的军队在失踪地点附近搜救麦克。后来，澳大利亚和加拿大军队也加入到了搜救的队伍中，一场大规模搜索展开了。

搜索总部设立在与麦克失去联系的海岸附近，大量记者蜂拥而至，这个往日里人迹罕至的原始地带瞬间人满为患。

搜索一星期后，荷兰海军在离海岸 36 公里的海面上发现了麦克绑在腰带上的空油桶。第二天另一支搜索部队发现，在渺无人烟的原始森林里，有一股浓烟腾空而起。这很可能是麦克发出的求救信号。所有人员都为这个消息感到兴奋和激动。但是，当人们赶往浓烟升起的地方时，却毫无发现。

麦克罹难 10 天后，荷兰当局停止了搜救工作。他们认为：麦克可能在游向岸边的途中被鲨鱼吃掉，或者被淹死了。

虽然荷兰当局正式发布了放弃搜索的消息，但是在当地活动的白人却并不认同荷兰方面的说法。一位著名的热带医学专家、与麦克很有交情的阿里博士说："麦克是个优秀的游泳健将，而且他身上还绑着油桶，怎么可能被淹死？有人说他被鲨鱼吃掉了，但是我在这里住了这么久，也没听说过有鲨鱼吃人的消息。我相信麦克一定能游到岸边。但是，那一带居住着许多阿斯马答族的土著人，要是真落到这些人手里，麦克可能就没命了。"

照当时麦克游泳的方向来看，他是朝着海岸边的一个小村庄去的，这个村庄里住着当地的土著人。这个村子的村长阿里库也参加了搜索，阿里库说，他们确实曾经杀死过一位白人魔术师，并且砍下了他的头。但是，他否认那个人就是麦克。

1960 年，一支为了拍摄新几内亚土著民族纪录片的法国摄影队来到了当年麦克失踪的地带，他们在土著人部落里发现了一个与土著人一起生活的荷兰籍神父。第二年，也就是在麦克失踪的那一年，这位神父给摄影队队长写了一封信，信中说："去年你们拍摄的那些食人族，最近把一位美国青年杀掉了，而且还吃掉了这个人。此事的起因是因为荷兰军队几天前在当地射杀了一名土著人而引起的。"

神父的信使摄影队的人感到恐惧。在这个食人族部落里，到处可见被插到竹竿上的人头，谁家的茅屋门前如果有一个人头作为装饰物，就会获得莫大的荣耀。不过他们并不经常杀人，只有战斗时才会割下敌人的人头。难道麦克真的是被这些人杀掉了？

还有一些传言认为，麦克的死纯粹是因为他个人的行为不当。

麦克·洛克菲勒不是第一次到这个地区探险，在前几次的探险中，他已经表现出克服困难和遇事不慌的超凡能力。

1961 年年初，麦克·洛克菲勒参加了一个探险队，深入新几内亚中部高原的巴里艾姆地区考察。那次考察中，当地传教士给荷兰政府写信，状告麦克的探险队里有队员教唆当地土著互相械斗，就是为了拍摄原始部落之间械斗的残酷场面。当时议会曾经派出一个委员会调查，最后得出结论：让麦克的探险队进入这一地区是不恰当的。

果然，在探险队来到这里没有多长时间，在研究人员留宿地库鲁卢村周围就发生了大规模的种族冲突，死伤了很多土著人。

当地档案馆中，有一封美拉乌克市的荷兰官员写的文件，文件中称麦克·洛克菲勒为了观察当地人的猎头行为，曾经为土著人提供闻所未闻的高额奖赏——1 颗人头奖赏 10 把铁斧头。在当地，娶一个媳妇下的聘礼也就一把斧头。据说，麦克的悬赏极大地刺激了当地土著猎头的兴趣，各个村的代表纷纷去找省长，恳请批准他们的猎人要求。

由于麦克在当地人眼中是一个神一样的人物（或许就是因为他有很多斧子），于是当地人有了这样的印象：村里的战士只要能弄来麦克的头颅悬挂在家门口，就可以获得空前的力量，战胜所有强大的敌人。

麦克还很粗心，把自己的名字告诉了阿斯马答族人。或许这也为麦克的死埋下了伏笔，因为在当地人的观念里，如果不知道被杀者的名字，猎来的头颅也就不会具有魔力。

荷兰籍传教士扬·斯密特宣称，他是最后一个见到与麦克·洛克菲勒接触的人。当时他正驻扎在离麦克出事的地方不远，他看见了手拿麦克·洛克菲勒衣服的土著人，他们还让他看了似乎是属于年轻美国人的骨头。

而 1962 年 3 月，也就是在搜寻麦克·洛克菲勒 4 个月之后，另一个荷兰籍传教士威廉·赫克曼非常肯定地说，麦克是刚爬上岸就被土著人抓到后杀死了。他还说，这个村庄的居民曾经告诉过他这件事情，并宣称麦克的颅骨在他们手里。

1964 年，有些难民从阿斯马答族人居住地逃到了澳大利亚巴布亚的商业和行政中心达鲁。其中很多人都说，在阿斯马答族人中广泛流传一种说法，说麦克·洛克菲勒是被土著人的战士杀死后煮来吃了。他的颅骨作为一种"法器"被带回了村子里。

对于麦克的死，各种推测不断地被提出来，但是大部分人相信麦克一定还活着。甚至有人拍着胸脯说，他们曾经见过麦克，还说麦克在新几内亚的深山中和当地的土著人一起生活。

1972 年 11 月，澳大利亚贸易商路易·哈根乘坐着私人小船到新几内亚南海岸度假。当时，他在岸上钓鱼，突然看见森林里走出一群土著人。路易警觉地站了起来，那群人都停下了脚步。此时，路易发现，在土著人群中竟然有一个白人！

哈根回忆说："他真的是白人！金色的头发，架着一副眼镜，身子比那些土著人足足高出一个头。土著人全裸着，只有他用布条围着腰下。他注视着我，我清楚地记得他的脸。后来他们默默地离开海岸，我赶忙追上去，但是好几个土著男人回过头来瞪着我，充满仇恨和威胁。因此，我不得不放弃……我之所以认为他是麦克·洛克菲勒，是后来我回到澳大利亚时，发现他的照片跟那张沉默的脸完全一样。"

如果哈根见到的真是麦克，那么为何麦克当时不向他求救？他是否受到了土著人的控制呢？然而哈根却说，那个白人青年和当地的土著快乐地聊着天！是否麦克想脱离富豪的优裕生活而自愿融入土著人的生活中？对他而言，抛弃文明，与原始人生活在一起，是不是他所追求的快乐呢？这一系列问题，都没有确切的答案。直到现在，美国报纸杂志仍然持续报道着麦克·洛克菲勒的行踪，而洛克菲勒家族拿出了优厚的奖金，鼓励和刺激好奇的人们去寻找麦克的下落，但是却一直没有获得准确的答案。

最后要说明的是，麦克在洛克菲勒家族第三代的五兄弟眼中，被认为是最适合于在即将登台的一代人中担任家族领导的角色。如果不是发生了这场意外，或许他才是真正的洛克菲勒四世。

# 家族办事处

洛克菲勒家族办事处，是洛克菲勒家族的最高权力机构。在"二战"以前，这里是小洛克菲勒经营多年的中心机构，一大批亲信职员在此为洛克菲勒家族服务，勤奋努力，鞠躬尽瘁。

第三代的五个兄弟改造了这个总办事处，使它得以更好地容纳他们的事业和理想，发挥出更广的影响。

当洛克菲勒家族第四代长大成人时，办事处已经不再是一个简单的私人产业了，而是一家用流程图表和委员会制进行控管、掌握着重大权力并深知这一官僚机器运作目的的大企业。

大部分人包括华尔街的同行们，都很难想象洛克菲勒家族办事处在做什么，这也大大强化了洛克菲勒王朝那不可思议的神秘感。在 5600 室，洛克菲勒五兄弟和他们的智囊团经常通过讨论做出重要决定，而这些决定往往能够对整个世界的形势产生影响。

当然，极少有人有资格穿越第 5600 室的玻璃门，走过那嵌挂着艺术品的长廊，然后坐进董事会的会议室。能够到这里发表意见的，不是洛克菲勒家族中的重要人物，就是为家族服务的专家学者、政治人士。

家族办事处的神经中枢是丁·理查森·迪尔沃思的私人办公室。迪尔沃思在 1958 年被戴维和劳伦斯从库恩·洛布公司挖过来之后，就成为洛克菲勒家族的"总管家"，其余两人则是约翰·洛克伍德和弗兰克·贾米森。

随着洛克菲勒家族第四代羽翼渐丰，这三个人恐怕也意识到，自己帮助洛克菲勒掌管家务的时代要终结了。就像当初小洛克菲勒替换掉老洛克菲勒的心腹盖茨、五兄弟替换掉托马斯·德比伏伊斯一样，第四代洛克菲勒一定会找到新的利益代言人。

总办事处努力使自己适应于堂兄弟姐妹的需求，他们千方百计地去迁就第四代。

1965 年 12 月，家族办事处来了一位皮肤红润、颇有风度的 34 岁的银行家之子，名叫多纳尔·奥布赖恩。他和洛克菲勒家族第四代人的年龄比较接近，办事处希望通过这个人，来增加与第四代的沟通。

洛克菲勒五兄弟则认为这个家族办事处不适合继续辅佐第四代了，所以他们为子孙成立了"家族基金会"。为了建成这个基金会，戴维捐了 15 万美元，劳伦斯捐了 10 万美元，洛克菲勒三世捐了 2.5 万美元，小洛克菲勒的第二任遗孀马撒·贝尔德·艾伦捐了 2.5 万美元。

"家族基金会"的作用，正如洛克菲勒三世的二女儿艾利达所说的那样，是"一个指导我们如何干的训练机关"。

"家族基金会"在教育、妇女、自然资源保护和艺术等方面进行投资，如此一来，每一个第四代都可以在这个基金会的规划中找到并开展各自喜爱的事业。

除了给第四代找事儿做之外，家族基金会还负责帮他们理财。一位洛克菲勒家族第四代成员就曾经说过这么一件事儿："总办事处的一名会计猛剋了我一顿，因为我积习不改，又花掉了一笔钱。他明明白白地告诉我，这些钱并不是我的，理事们对他们做出的决定要负责，如果他们批准了不该批准的钱，是要承担责任的。"

虽然有了家族基金会来管理第四代人，但是家族办事处仍然掌管着这些孩子的正式文件和重要统计资料，另外档案室还保存着他们的历史记录。

一天，小劳伦斯走进档案室查阅自己的档案，竟然发现了自己很小的时候所写的一封信，那是他祖母艾比去世后他写给"天堂里的奶奶"的。这个发现让小劳伦斯大吃一惊，他没有想到，这些连自己都记不太清楚的东西，竟然被妥善保存着。但是，他并不为此而感动，反倒非常担心，总觉得暗中有一双眼睛盯着自己。

为了让第四代的众多兄弟姐妹能够彼此熟识，办事处还经常组织一些碰头会。碰头会的主持人一般由罗德曼和大姐米茨（女性成员中年纪最大的一个）担任。一开始，洛克菲勒家族第四代的兄弟姐妹们都在这样的聚会中玩闹嬉戏。随着年龄的增长，他们也开始讨论一些严肃的问题了。

1972 年 6 月，第四代召开了一次碰头会，大家对总办事处依然把他们当成孩子的管理方式感到不满。当办事处的工作人员来到洛克菲勒庄园向他们做年度汇报时，遭到了一些不同寻常的盘问，心里暗暗吃惊。

此后，堂兄弟姐妹们要迪尔沃思制定出一部家族指南，写明总办事处的工作范围。在会议中，他们还谈到动用各自资金时的重重阻力。最后，第四代人达成共识，指定四个堂兄弟组成一个投资委员会，与家族办事处一起工作，这个第四代委员会由洛克菲勒四世担任主席。

1972 年秋，第四代总算收到了一份答复，那是长达 36 页的《家族指南》，其中说明了家族办事处的组织形式和应起的作用。这本《家族指南》也可以视作家族办事处对第四代的一个示威，因为上面所写的内容显示：第四代洛克菲勒们要想改造办事处，使之适合他们这一代人的思想感情，是复杂而艰巨的任务。他们开始意识到，这个总办事处威力巨大，父辈所指定的经营方向又过于广阔，要按照他们的理想模式来加以净化，简直难于上青天。

# 第四代的觉醒

1973 年年初，洛克菲勒五兄弟中的温思罗普去世了。当时，第四代中的大部分人都到阿肯色州参加四叔的葬礼。

温思罗普在遗嘱中指定了五个监督处理其遗产的执行人，要他们为他那涉世未深的年轻遗孤安排一条光明平坦的人生道路。其中的两人（他的前首席顾问马克斯·米拉姆和他的密友马里思·伯顿）是他在阿肯色州信得过的伙伴，但大权在握的却是洛克菲勒家族利益的代言人，胞弟戴维·洛克菲勒、家族"总管"迪克·迪尔沃思和家族律师多纳尔·奥布赖恩。

温思罗普只有一个孩子，就是温·保罗。他和其他的家族成员不同，很小就离开了洛克菲勒庄园，跟着母亲一起生活。

父亲死后，保罗立即开始控制他父亲名下的所有产业，并认为自己能够做出一番事业。但是，他父亲的首席顾问马克斯·米拉姆及父亲的生前好友却不是那么好驾驭的。最终，温思罗普的心腹和保罗之间发生了一场战争。

家族办事处对阿肯色州发生的事非常关注，原因是，只有温思罗普的财产没有被瓜分，而是被完整地继承了。如果这个从小就不在洛克菲勒家族中生活的洛克菲勒完全脱离家族，那么将有 1.25 亿美元的信托款项被带走。因此，办事处的人希望能够稳住保罗，让他继续为家族服务。

在保罗与父亲心腹们的斗争中，家族办事处显然是站在保罗一方，这么做的目的就是想要讨取他的欢心。叔叔们则专门为此腾出时间，在各自的度假别墅里亲切接待温·保罗和他的妻儿，给他百般温暖，让他觉得自己始终是洛克菲勒大家族中的一员。

这个方法真的奏效，保罗开始融入家族，并频频出席堂兄弟姐妹们的碰头会。1974 年，保罗 26 岁，他已经完全被改造了，他接受了有关洛克菲勒的神话，并对家族表现出了无与伦比的忠诚。

像保罗这样的家族成员不多，大部分第四代成员明明知道家族在衰退，却不愿意付出努力去挽回。有一部分人认为没必要挽回，家族散伙最好；有一部分人沉迷酒色，只要有钱花就不想太多；还有一部分人倒是希望挽大厦于将倾，但是没有能力。

毕竟，第四代人和前辈们不一样了。老洛克菲勒出身贫寒，挣到的每一分钱都会竭力维护。小洛克菲勒出生于多事之秋，他必须和父亲一道支撑家族的荣誉。五兄弟则是家族荣誉的最大受益人，家族给他们带来的莫大机会，让他们在各自的领域中做出成就，而且五个人的团体还是非常容易形成向心力的。到了第四代，大部分人自小锦衣玉食，除了善于花钱之外就再没什么建设性的想法了。

值得庆幸的是，随着年龄的增长，第四代人逐渐度过了叛逆期，他们开始认可自己的家族。

那个经常和父亲吵架的劳拉姑娘，在成年之后潜心学习。她说："我现在已接受我的家族传给我的大多数价值标准和努力目标了。"劳拉的堂妹佩吉则开始担任堂兄弟姐妹们碰头会的秘书，还自告奋勇，成为家族基金会董事会的有影响成员。

洛克菲勒四世则开始利用家族所带来的便利条件在政治上谋求更好的发展。1972 年，他在州长竞选中花掉了将近 200 万美元，其中一半是自掏腰包，另一半则多数是在家族中筹集的。他也终于相信：自己之所以有今天的地位，与洛克菲勒家族有着密不可分的联系。他曾经对《纽约时报》的一位记者袒露心声："要是我是约翰·D.
史密斯四世，或者是其他任何一个姓氏的成员，我将会在哪儿呢？"

　　戴维的长女艾比更是变化非常大，这位曾经的马克思主义者蜕
变成了一个女资本家。1974年夏，艾比在家族的帮助下，从她的信
托资金和堂兄弟姐妹们那里募集到了足够的资金，开办了"克利弗
斯·默尔杜鲁姆公司"。而艾比·洛克菲勒则经常穿着工人的衣服
在工厂里忙活，这跟10年前浓妆艳抹的她相比简直判若两人。

# 副总统的儿子

　　就在1974年艾比开办公司的同一年，比她大7岁的堂兄、美国
副总统的儿子史蒂文·洛克菲勒也开始在政坛崭露头角。

　　史蒂文出生于1936年，这一年正是老约翰·洛克菲勒去世的前
一年。长大后，史蒂文进入普林斯顿大学，并且向父亲争得了专攻
历史的机会。

　　在纳尔逊1958年参加纽约州州长的选举时，史蒂文也做出了贡
献，他是父亲竞选班子的一员，血气方刚的他负责处理日常的竞选
事宜。最终纳尔逊竞选成功，并四次连任，成为政界的奇闻。

　　当史蒂文快要毕业的时候，家庭发生了一系列变化。首先是他
的父母反目成仇，分道扬镳。与此同时，他父亲和墨菲之间的风流
艳情逐渐浮出水面。而比他小两岁、青春似火的弟弟麦克则离奇失踪。
一系列的打击让史蒂文对父亲充满仇恨，他和大哥罗德曼、二姐安
妮和小妹玛丽联合起来，拒绝参加父亲的无耻婚礼，以抗议这个已
54岁的"花花老子"对可怜、不幸的母亲的遗弃。这一切，都给了

这个原本朝气蓬勃、决心有所作为的年轻人以沉重打击，他痛心疾首地说道："我经历了一段严重的思想混乱时期，变得对自己生来就相信的一切失去了信心；我变得对个人的身份迷惑不解，对上帝也迷离恍惚了。"此后，史蒂文开始频繁地找心理医生，这个过程持续了五年。

史蒂文后来又进入哥伦比亚大学研究生院进修哲学，他的导师是约翰·赫尔曼·兰德尔。在学习过程中，他阅读了大量的哲学著作。三年之后，史蒂文毕业。但是，时间并未磨平他对父亲的仇恨，他开始有意地疏远与家族之间的联系。

1967 年，史蒂文做了一次公开演讲。就在他的父亲和伯叔们都坚定地主张要扩大越南战争的规模时，作为洛克菲勒家族中重要的男性成员、纽约州州长的公子，他大唱反调：

"假如我身在越南，我会给美国政策是否公正明智而搅得六神无主，坐卧不宁……想要通过我们在那里正在进行的战争，谋求我们所面对的国家和人类的真正问题获得任何具有重大意义的胜利，那是不可能的。这个世界渴望过新的生活，希望有一个新生，而我们却把自己的资源花在那可怕的毁灭上。"第二天，就有记者问纳尔逊："对你儿子的演说有何看法？"

纳尔逊非常恼怒地说："这是一个自由的国家。"不满之情溢于言表。

1968 年，黑人牧师马丁·路德·金和罗伯特·肯尼迪被暗杀之后，纳尔逊为了争取共和党总统候选人的提名而四处奔波。他要求史蒂文帮助他建立一个由自由派、少数民族和青年组成的联合阵线，使"全国再度团结起来"。事实上，纳尔逊不是真的需要史蒂文的帮助，而是他想通过这种联系来改善父子的关系。

史蒂文的伯叔们对他的期望很高，他们也将这个年轻人看作洛克菲勒家族未来的希望。史蒂文明白自己的处境，他说道："我是带着这种思想成长起来的，这就是我有责任变成像第三代洛克菲勒老兄弟们那样的人物，即成为家族的一些机构中的一名领袖，然后进入社会，担任整个社会的政治领导角色。"

最初，史蒂文在洛克菲勒中心的出租业办公室担任职务，这也正是他父亲在 30 年前所做过的事情。

在此之间，史蒂文与父亲的关系虽然有所缓和，但他们始终是截然不同的两种人。例如，纳尔逊当年对催租的工作非常感兴趣，认为把洛克菲勒中心空着的办公室出租是一项不可多得的权力，又是施展个人身手的大好机会，因而乐此不疲。可史蒂文却对此兴趣索然。这位公子哥儿说的一段话颇耐人寻味："我发现我自己不得不挨家挨户地去敲门，说一些老掉牙的话：'喂！我是史蒂文·洛克菲勒，是来催缴房租、提高房价的。'这太没意思了。"

父子俩还有一个不同，那就是对待婚姻的态度。洛克菲勒家族的头两代人，对于婚姻是非常严肃的，虽然小洛克菲勒在发妻去世后续弦，但是他们始终都保持着对妻子独有的忠诚。到了第三、第四代，情况就不一样了。

洛克菲勒家族最引人注目的社交界大事共计三桩：一是温思罗普的婚变；二是纳尔逊弃旧恋新的再婚闹剧；三是纳尔逊与前妻玛丽·克拉克生的二子史蒂文导演的"灰姑娘与王子的故事"。

早在 1956 年，纳尔逊家雇用了一个名叫安妮的女佣，这是一个来自挪威小渔村的金发美女，比史蒂文小两岁。她有位叔父通过移民来到美国，向侄女渲染了一番这个强大国家的繁荣和奢华。这位金发美人因此毅然来到美国。由于她不会讲英语，所以在美国根本没有立足之处。这时候，纳尔逊家伸出援手，雇她做女佣。事实上，在所有洛克菲勒们的家里，都宁愿雇用外国人当仆人，由于语言上存在障碍，所以这些仆人不会泄露机密，也不会搬弄是非。

安妮长得非常漂亮，金发如瀑布般散落肩头，拥有异域风情的花容月貌、杏眼俏鼻和丰满、嫩红的樱唇，以及修长的窈窕身姿。当时年仅 20 岁的史蒂文对安妮一见钟情，开始频频私会，安妮则顺水推舟，与史蒂文如胶似漆。

前面我们就说过，洛克菲勒家族在婚姻问题上，一贯讲究门当户对，所以当他们得知史蒂文的女友竟然是个仆人之后，一致反对。

但史蒂文是个不轻易妥协的人，他不顾家族的重重阻挠，于 1956 年与安妮在她的诞生地瑟格尼的一个路德教小教堂秘密结婚。这种生米煮成熟饭的把戏，在任何时候都有用。

虽然有着诸多的不同点，但是随着时间的推移，史蒂文与父亲之间的隔阂逐渐消除了，或者说，他越来越像父亲了。

1969 年，史蒂文在结婚 13 年之后，正式宣布与妻子分居了，他们生养了三个孩子。

婚姻破裂的主要原因，不在史蒂文，而在于安妮。安妮对于自己的生活方式越来越厌烦，她想要改变一种生活方式。1968 年为纳尔逊助选时，她结识了斯堪的纳维亚裔美国人拥护洛克菲勒组织主席、威斯康星州的工业家罗伯特·W.克罗格斯塔德，两人相互倾心。

在她与史蒂文分居后，没过多长时间她就提出了离婚，然后在 1970 年年初与克罗格斯塔德结了婚。对此，史蒂文感到无可奈何，他说："在我们的婚姻中，她同我一样误入了歧途。她出身于一个小岛，却与一个洛克菲勒结了婚，认为她将拥有财富，享受上层社交生活，过着迷人的日子，而这一切却都是我所反对的。"

# 第 **13** 章
## 21 世纪的洛克菲勒家族

到目前为止，富过六代的洛克菲勒家族已显疲态。小洛克菲勒原想向世人表明，他所继承的财富在道义上来说无可非议，到头来却连他的孙辈也持怀疑态度。他旨在建立一个更加亲民的洛克菲勒家族，到头来却扩大了这个传奇家族与普通人之间的鸿沟，而更具讽刺意味的是，这甚至分裂了家族本身。事物的发展总是渐进的，由小到大，再由盛而衰。客观的规律总是不以人们的意志为转移的。所以，无须祭奠，无须怀念。

# 全球慈善家总会

到了 21 世纪，洛克菲勒家族的影响力有所削弱，因为家族第四代、第五代人，再也没有出现像父亲、祖父和曾祖那样的伟大人物。不过，毕竟这个家族有着无与伦比的巨大能量，所以直到现在，洛克菲勒家族的事情还是会频繁地见诸报端。

洛克菲勒家族第四代佩吉，在 2001 年成立了一个全球慈善家总会。

所谓全球慈善家总会，是个俱乐部，成员来自 22 个国家中 68 个最富有的家族。这些家族经营的业务几乎囊括了地球上所有的产业。

全球慈善家总会要求自己的会员放弃对金钱的一味追逐，转而谋求对全球事务有最大的长期影响。

光靠佩吉一个人是没有如此巨大的影响力来成立这样一个俱乐部的。因此，在俱乐部的运作过程中，戴维·洛克菲勒的贡献不容小视。

人们通常也把这个全球慈善家总会视作洛克菲勒家族慈善事业从第三代向第四代传递的标志。

佩吉 50 岁时，意识到慈善事业将会在未来成为一个全球化的事业，美林证券商家研究显示，2010 年全球这些超级富豪共捐助了 285 亿美元。人多钱多，因此需要一个组织使得世界各地的捐赠者能够欢聚一堂，交流思想，研究策略，以便于处理日益复杂的慈善事业。

定期聚会是全球慈善家总会具有吸引力的重要原因，活动往往就安排在洛克菲勒家中。每年夏天，全球慈善家总会会员都会在蒙大拿州 9000 英亩的大牧场里相聚，这里是佩吉·洛克菲勒的私人产业。

聚会的日程还包括在野外进行为期三天的露营。参加这个露营可不是一件享受的事儿，因为参加者要么禁食，要么带一些仅供生存用的水果和坚果。

除了在洛克菲勒家中的定期会议，全球慈善家总会还经常组织一些全球性的活动，包括和英国查尔斯王子一起在他伦敦的家中共进午餐，在喜马拉雅与不丹皇室家族度过下午的时光，或者和墨西哥亿万富翁卡洛斯在他的私人艺术博物馆中共进晚餐。一些商界名人，如泰德·特纳、印度塔塔集团主席拉坦·塔塔、可口可乐主席内维利·伊斯德尔等也经常参加这些活动。

当然，全球慈善家总会不仅仅讨论慈善问题，这些大商业家聚到一起之后，经常会谈及一些商业问题。为了创造有助于促进商业发展的机遇，佩吉也是颇费心机。因此，在慈善家总会的聚会中，经常会有一些震惊商业界的消息传出来。

全球慈善家总会还为 42 岁的乌代和 53 岁的社会投资家乔希提供了类似的服务。乔希是印度 SUN 集团（家族式全球投资机构）的副总裁，佩吉在 2001 年达沃斯论坛上第一次遇到乔希的双亲，论坛期间，佩吉一直宣扬慈善文化。乌代则出自 20 世纪一个实业家家庭，他正在想方设法地组织中东地区的富豪们投身慈善事业。

全球慈善家总会同样能够为成员从外部寻求资金支持提供帮助。它的互助策略帮助南非慈善家 Hyhon Appelbaum 与 Flora 家族基金会实现了合作，他们合作之后共同致力于撒哈拉以南非洲地区的教育和健康事业。从 2002 年开始，这个基金会制作了很多在非洲国家播放的英语、数学和金融教育类电视节目，2003 年开始播放的健康节目还包括了针对医务工作者的互联网视频，以帮助他们提高医疗水平。

早在 1987 年，佩吉就开始了她的第一个非营利项目，创立了希奈戈基金会，这个基金会后来也成了全球慈善家总会的主要机构。

在刚开始做慈善事业的时候，佩吉·洛克菲勒会尽量避免用洛克菲勒家族的影响力展开工作。在她 20 多岁的时候，一位记者悬赏找出在巴西（她当时在那里做志愿者）定居的洛克菲勒家族成员。为了不被记者们打扰，她改了自己中间的名字。但在 20 世纪 80 年代，她参加了一个反种族隔离的活动家和非国大前主席坦博组织的会议。她计划在南非大使馆前示威来支持坦博的事业，而坦博却建议她利用她的关系和名声来做更多的好事。

一个星期后，戴维·洛克菲勒约佩吉一起去巴黎与强生公司总裁共享早餐。但是，佩吉已经与反种族隔离运动的一位领导人事先有约。最后，她决定叫大家一起来吃饭。她说，强生原本有取消在南非的投资计划，经过这次谈话，强生公司做出了利于非洲事业的决策。此时她才深刻地意识到，庞大的家族网是她"所拥有的不寻常的附加价值"。

全球慈善家总会与一般的慈善组织有很大不同，它更侧重连接个人而非团体。自从 2001 年成立以来，这个俱乐部的成员大约有一半是来自美国以外的地区的。

有一次，克林顿全球基金会在其年会中进行了一系列新闻发布，佩吉则想办法使全球慈善家总会的成员能够参加这个活动。最终，这项活动吸引了 1300 多位商界人士、政客、慈善家、歌星、影星以及媒体人。很多全球慈善家总会的会员在活动中当即表示愿意捐助，并且获得了与前总统握手、合影的机会。

与克林顿基金会不同，全球慈善家总会在办年会时，绝不容许轻易向会员募款。在佩吉看来，具体的募捐行为意义不大，重要的是让富人们有做慈善的决心，并找到合理的方式。

# "请对我们征税"

2002 年，洛克菲勒家族再次登上了报纸的头版，原因是他们站出来抗议布什总统取消遗产税的政策。

从 1916 年开始，美国正式征收联邦遗产税，一直持续至今。1999 年的起征点为 65 万美元，税率实行超额累进制，最高税率达 55％。也就是说，富翁如果想把 100 万元资产留给后代，那么最少有 50 万要被政府征收，后代只能得到 50 万元。（当然，可以通过很多方法避税，但遗产税还是在很大程度上限制了富有家庭的代代相传。）

在布什还没有当上美国总统的时候，他就曾经说过："每一个家庭、每一位农场主和每一位商人都应当自由地将其一生的勤劳所得留给他们所爱的后人。因此，美国应当取消遗产税。"

2000 年，布什当政以后，立刻着手取消遗产税。2001 年 2 月 8 日，布什总统向美国国会提交了关于近期内大幅度削减遗产税的提案。不久后，国会众议院、参议院分别通过了该项提案。

2001 年 6 月 7 日，经过布什总统签署，这项法案变成了正式法律，于 2002 年 1 月 15 日起实施。根据这项法律，从 2002 年到 2009 年，美国遗产税的税前综合扣除额将逐步增加：2001 年为 67.5 万美元，2002 年增加到 100 万美元，2004 年增加到 150 万美元，2006 年增加到 200 万美元，2009 年增加到 350 万美元。与此同时，遗产税的最高边际税率也将逐步下降：2001 年为 55％，2002 年降低到 50％，2003 年降低到 49％，2004 年降低到 48％，2005 年降低到 47％，

2006 年降低到 46%，2007 年降低到 45%，2010 年停止征收遗产税 1 年。2011 年将遗产税恢复到 2001 年水平。

大规模、长时间地调整遗产税，在当时的美国国会引起了重大的分歧。共和党议员大部分表示支持布什总统，而民主党议员则绝大多数持反对态度。但是，后来一些反对者都被说服了，转而支持该项法律，最终促成了相关法律的出台。

到了 2002 年和 2003 年，美国国会先后两次审议关于永久取消遗产税的议案。这项议案先后两次在众议院表决的时候获得通过，但在参议院表决的时候搁浅。

对于遗产税的改革有两种截然不同的看法。有人认为，取消"劫富济贫"的遗产税将激发富人们创造财富的动力，拉动经济发展。同时，也有人指责布什总统提出的取消遗产税的计划是向富人献媚。

据传言，在得知取消遗产税的时候，洛克菲勒家族第四代族长史蒂文·洛克菲勒给第三代族长戴维·洛克菲勒打了一个电话，在电话中，史蒂文问戴维："亲爱的叔叔，您对小布什总统逐步取消遗产税的措施怎么看？"

戴维则出人意料地回答说："史蒂文，很高兴接到你的电话。我的看法是，美国经济出问题，挽救的方法一定有，但取消富人税不是最好的办法。事实上，我认为它很糟糕。"

"那么，叔叔有什么建议吗？"

"听说比尔·盖茨的父亲等人在向总统抗议，我认为我们家族也应该做同样的事情。你是家族现任族长，是否要代表家族抗议，取决于你的决定。不过，我将以个人名义给盖茨先生打电话，让他将我列入抗议名单。"

"好的，叔叔，我会代表家族表态，不同意总统减免遗产税。

我相信，爷爷或者太爷爷在，也一定会这样做的。"

2001年2月，当时世界第一富豪比尔·盖茨的父亲威廉·盖茨，世界第二富豪"股神"沃伦·巴菲特，"金融大鳄"索罗斯，还有戴维·洛克菲勒等120名亿万富翁联名向美国国会递交请愿书，反对总统取消遗产税的决议，并在《纽约时报》上刊登广告："Pleasetaxus"（"请对我们征税"）。

这些富豪之所以抗议一个对自己有利的法律，或许正如他们在给美国国会递交的请愿书中所说："取消遗产税将使亿万富翁的孩子不劳而获，使富人永远富有，穷人永远贫穷，这将伤害穷人家庭。"

# 与中国的情结

2007年10月14日，北京协和医学院举行洛克菲勒铜像揭幕仪式，以纪念洛克菲勒基金会资助兴建协和医学院90周年。

这是一次迟到的揭幕仪式。

1913年，摩根去世，他生前收藏了一批中国瓷器，吸引了小洛克菲勒的注意。这是小洛克菲勒第一次关注美轮美奂的中国艺术品。

尽管洛克菲勒家族产的煤油早在20世纪就经过上海、香港进入了中国城市与富裕家庭，但是对于中国的真正面貌，小洛克菲勒似乎知之甚少。这批瓷器让小洛克菲勒开始关注中国，并有了在中国发展慈善事业的念头。

要买中国的瓷器，小洛克菲勒当时没有那么多钱，只好求助于父亲。但老洛克菲勒一贯对艺术品没有多大兴趣，甚至还有些反感，因而毫不犹豫地拒绝了儿子的请求。

不过，小洛克菲勒这次居然一反常态，坚持要父亲给自己一笔钱，来购买这些瓷器。他甚至委屈地向父亲诉苦说，自己一直没有像其他那些家族后代一样浪费金钱，也没有任何奢侈爱好。

在儿子的苦苦哀求下，洛克菲勒才终于掏钱为儿子购买了曾经摆在摩根豪宅中的中国瓷器。

小洛克菲勒对这些来自中国的宝贝爱不释手，经常静静地站在瓷器面前独自欣赏。

1914 年，纽约中华医学会正式成立了，小洛克菲勒将这个医学院并入了洛克菲勒基金会中。1924 年，小洛克菲勒夫妇又来到亚洲旅行，并特意到中国走了一圈。根据在中国的实地观察，他开始改造纽约中华医学会，并于 1928 年改为独立法人，主要是向北京协和医学院提供资助。在他的资助下，协和医学院自 1915 年起开始筹建，1916 年选址动工，1917 年正式建成。

协和医学院将美国当时最先进的约翰斯·霍普金斯医学院的教学计划和办学经验移植到中国来，把培养高质量、高水平的医学人才作为办学宗旨，形成一整套独具特色且行之有效的教学制度和方法，对建立中国医学体系有着非常重要的意义。除协和医学院外，洛克菲勒基金会还资助美国其他组织在中国建立了医学教育机构，如齐鲁医科大学、湘雅医学院等。

北京协和医学院是洛克菲勒基金会在中国最大、最著名的一项投资。1951 年，洛克菲勒基金会停止资助。直到 1980 年，才又开始重新支持中国医学教育。此时，小洛克菲勒已经去世 20 多年了，掌管洛克菲勒基金会的是戴维·洛克菲勒。

除了协和医院外，20 世纪 20 年代到 30 年代，洛克菲勒基金会对中国自然科学的学科创建和发展也给予了很大的关注和资助。如北京周口店原始人的挖掘和考古工作，洛克菲勒基金会从一开始就参与其中；1929 年到 1932 年间，洛克菲勒基金会为中国地质勘探捐款 8 万美元，成立"新生代研究所"；20 世纪 20 年代初，在洛克菲勒基金会和中华教育文化基金会的共同资助下，中国开始建立遗传学，后来又出现了农作物品种改良研究、植物学研究和平民教育运动等。

# 自杀的管家

2009 年 9 月 14 日，詹姆斯·麦克唐纳自杀身亡，洛克菲勒家族再度成为人们关注的焦点。

56 岁的麦克唐纳是洛克菲勒家族的"管家"，而且被誉为洛克菲勒家族有史以来最好的管家。

在历史上，洛克菲勒家族的管家往往都前途无量。有很多管家从洛克菲勒家族出来之后，在政府担任要职。

21 世纪开始时，洛克菲勒家族由于人才凋零，有式微之象。而此时，麦克唐纳的加入为洛克菲勒家族的重振带来希望。

洛克菲勒家族为了将麦克唐纳招致麾下，花了 20 年的时间。

早在麦克唐纳在哈佛读书时，外界就给了他"天才男孩"的美誉。在校期间，他就在摩根史丹利、花旗银行等世界一流金融机构工作过。哈佛毕业之后，许多金融机构竞相聘用他，其中就包括洛克菲勒投资集团。

不过，麦克唐纳并没有选择其中任何一家公司，而是选择去弗吉尼亚大学继续深造法律，并在毕业后与人合伙开办了律师事务所。

1986 年，麦克唐纳正式计划进军投资公司。洛克菲勒投资集团再次向他招手，但麦克唐纳最后却去了一家名不见经传的投资公司做总裁。

1999 年，与麦克唐纳保持密切联系的艾比·洛克菲勒在第一时间得知麦克唐纳将从原公司辞职，于是，洛克菲勒家族第三次向麦克唐纳发出邀请。

这一次，麦克唐纳接受了洛克菲勒的邀请，正式出任洛克菲勒家族投资公司的 CEO。之后，麦克唐纳致力于改变洛克菲勒公司保守狭隘的形象，让人们想起了洛克菲勒家族当年的荣耀。麦克唐纳也表现出一个优秀投资人应有的素养，如他上任之后立即终止互联网投资。此举在当时招致了许多人的不理解，但在网络泡沫破裂后，麦克唐纳却因先知先觉赢得了尊重。

洛克菲勒家族投资公司拥有 30 亿美元的资产，算不上一个一流的投资公司。但是，管理这个公司，不仅是保值增值的投资效益问题，而且更关乎这笔遗产的历史和文化锋芒。从这个意义上讲，麦克唐纳的受聘和其所作所为，体现了洛克菲勒的继承者们实现自我超越的远大目光和开阔胸怀；而这些，正是麦克唐纳之死令全世界关注的原因。

# 慈善晚宴

从 2010 年开始，比尔·盖茨和巴菲特就号召富翁们捐出自己一半的家产用于慈善事业。他们仅仅用三场慈善晚宴，就促使 40 位亿万富翁加入了这次前无古人的慈善事业中。

而第一个收到晚宴邀请函的，不是别人，正是 95 岁高龄的洛克菲勒家族第三代掌门人戴维·洛克菲勒。

当戴维接到比尔·盖茨的邀请之后，当即决定参加晚宴，并成为第一场秘密劝捐晚宴的主持人。

2010 年 6 月 4 日，股神巴菲特在一次电话会议上宣布了这个举世震惊的慈善计划。他说："我和盖茨将亲自劝说《福布斯》排行榜上 400 名美国亿万富翁捐出一半的身家，目前差不多给 70 ~ 80 人打了电话，其中 40 人同意在承诺书上签名，我们有个了不起的开始。"作为此次慈善活动的发起人，比尔·盖茨和洛克菲勒分别做出表率，他们捐出绝大部分个人财富。巴菲特宣布捐出 99% 的个人财富，盖茨则承诺将大部分财富交给自己的慈善基金会。

被媒体称为"巴比计划"的慈善捐赠，在美国甚至是全世界引起了轩然大波，美国商界、慈善界纷纷响应，CNN 创始人特纳，纽约市市长、前彭博通讯社创始人布隆伯格，与比尔·盖茨共同创立了微软公司的保罗·艾伦，传奇风险投资家约翰·杜尔，甲骨文公司创始人拉里·埃里克森，科技新贵 Facebook 的创始人扎克伯格等都宣布参与"巴比计划"。

这可能是人类迄今为止最庞大的慈善计划。根据《福布斯》发布的捐赠者的财产估算，目前已经同意捐出部分财产的捐赠者的净资产值总计超过 2000 亿美元。

而这次计划之所以能大获成功，95 岁的戴维·洛克菲勒也功不可没。正是由于他的加入，让所有参与者感到无上光荣，更让活动发起人巴菲特与盖茨兴奋。作为洛克菲勒最小的孙子、洛克菲勒家族第三代的族长，戴维的承诺既光大了美国富人的慈善传统，也延续了第一慈善家族的光荣历史。

# 退出政坛

2013 年 1 月 11 日，身高 1.99 米，略有点驼背的洛克菲勒四世宣布自己将不再谋求连任："我希望你们可以理解，这是一个纯粹私人的决定，与政治无关。"

从 1966 年当选西弗吉尼亚州众议员以来，洛克菲勒四世一路当选州务卿、州长和联邦参议员，并在参议员的职位上连任超过 28 年。在美国的权力阶梯里，如果不参选总统或进入政府的行政分支，参议员就已经达到了一个政客影响力的顶峰。

尽管已是 76 岁高龄，但洛克菲勒四世的自愿退休仍让人感到意外。美国联邦参议员每任 6 年，并没有任期限制，因此不乏一些年纪很大的"长寿议员"。最资深的联邦参议员罗伯特·伯德曾在这个职位上工作了 52 年之久，直到 92 岁在任期内去世。

如果洛克菲勒四世谋求连任，民主党内根本没有他的对手，而共和党的挑战者对他的威胁也不大。

有人说："无论如何，杰伊·洛克菲勒（洛克菲勒四世）的离开标志着一个时代的终结。在可以预见的未来，洛克菲勒这个名字将不会出现在美国州或联邦一级的政治舞台上。"

杰伊·洛克菲勒宣布退休的当天，奥巴马在书面声明中说："杰伊留下了令人难忘的遗产，包括给孩子更好的校舍，给矿工更安全的工作环境，给退休的长者更多的尊严，给西弗吉尼亚带来了新产业。"

洛克菲勒家族在政治上大都趋于保守，不过在社会、文化议题上又往往偏向自由派，又由于洛克菲勒家族大多是共和党人，所以在美国有"洛克菲勒式共和党人"的概念。

杰伊·洛克菲勒与大部分洛克菲勒家族成员的政治取向不同，他是民主党人，与共和党的亲戚们经常有不同的意见。他曾在1993年以缺乏劳工、环保条款为由对《北美自由贸易协定》投下反对票，而这一协定正是他的叔叔戴维·洛克菲勒大力支持的项目。

1997年，杰伊·洛克菲勒参与启动了"儿童医保项目"，为全美800万儿童提供了基础医疗保障。2010年，他率先支持奥巴马的《患者保护与可负担医疗法案》，当时美国政府经济困难，这个法案遭到了很多人的反对。

"我知道这在西弗吉尼亚州不是特别受欢迎，但没关系。我为支持这项法案而骄傲，因为我知道西弗吉尼亚将会比其他州更能受惠于这项法案。"杰伊·洛克菲勒在演讲中如是说。

在美国政坛，有参政传统的家族很多。在大选中与奥巴马竞选总统的共和党候选人米特·罗姆尼的父亲就曾出任州长，母亲也曾竞选过议员。在参议院，更是1/10的议员有家族政治的背景。

对于杰伊·洛克菲勒来说，家族的财富和权势既带来了便利，也带来了负担。不论是"共济会""光明帮"还是"新世界秩序"，在这些阴谋论调中，洛克菲勒家族始终是主角。

（注：本书之所以未介绍洛克菲勒家族与传说中的"共济会""光明帮""新世界秩序"的联系，是由于缺乏真实有效的证据，所以本书将其视作"野史"而非正史，故不详加介绍。）

阴谋论虽然大多空穴来风，但是因其爆炸性的新闻效果，还是引起了人们的关注。2009 年，YouTube 上一段视频显示，一群年轻的纪录片导演追着拄着双拐的杰伊·洛克菲勒，要求他对一系列阴谋论中的指控做出回应：

"你的家族是否参加了控制世界的阴谋？"

"你家族的实验室是否和希特勒合作研究人种优化的药物？"

"你是不是 9·11 的元凶？"

杰伊·洛克菲勒不置一词，一路苦笑着缓缓走回办公室。快到办公室的时候，他对身后穷追不舍的年轻记者们说："你们胆够壮啊，不如去选议员吧？"

1991 年，在参加共和党总统候选人提名竞争者帕特·布坎南做东的一次晚宴时，面对平民出身的布坎南，杰伊·洛克菲勒用自己的身世开起了玩笑。他说自己与布坎南童年时的经历非常一样：帕特小时候喜欢玩积木，而自己小时候则常常玩街区（英语中"积木"和"街区"都是"Block"），"比如纽约的地标第 48 街、49 街和第五大道"。末了，他还不忘叮嘱布坎南说："要控制全世界啊，帕特！别的咱都不在乎！"

很显然，对于杰伊·洛克菲勒和他的家族来说，现在已经是时候放弃"控制全世界"的想法了。

# 家族尾声

对于洛克菲勒家族的详细描写，到此为止就算是全部终结了。洛克菲勒家族到了第五代和第六代，人数已经多到不能用一本书的篇幅去描绘了。事实上，到目前为止，还没有在任何一项资料里看到现代洛克菲勒家族的具体人数。如果查看家族办事处的档案，可能会得出确切的结论，但那是洛克菲勒家族成员的特权。而且，洛克菲勒家族目前正由他们的第四代掌管着，或许是因为第四代人对家族给孩子带来的不利影响深有体会，所以他们刻意让自己的子女远离聚光灯，以消除影响。所以，我们目前根本无法得知第五代、第六代具体在做什么。但是，最起码有一点可以肯定，那就是洛克菲勒家族虽然不复昔日之荣耀，但仍然是世界上一股不可忽视的力量。

作为家族的第一代人，老洛克菲勒用其精明的头脑为家族赢得了巨大的财富，这也是家族发达的基础所在。

而作为第二代，小洛克菲勒在商业上并无太多建树，最起码与他的父亲相比相差甚远。但是，他的成功之处就在于，他成功地塑造了洛克菲勒家族的正面形象。这也为第三代向政治领域进军打下了良好的基础。如果没有小洛克菲勒，洛克菲勒家族可能还处于社会的敌视当中，想要进入政界难度重重。

不可否认的是，小洛克菲勒所经营的家族计划，其核心部分怀有道义方面的精打细算，通过对慈善事业的虔诚努力，小洛克菲勒成功地洗清了家族财富上的污渍，让洛克菲勒这个姓氏不再是"邪恶"的代名词。

从始至终，小洛克菲勒都"相信父亲是洁白无瑕的"。基于这个理念，他努力地自我辩护，为家族辩护，并取得了成功。这位洛克菲勒家族的第二代毕其一生力图证明的是：他手头保管着的巨额财富，不仅是以正当手段获得的，而且他会用更正当的方式让这些财富发挥积极的作用。小洛克菲勒坚信他接管的这些巨大财富将变成子孙后代的遗产，他们将有责任用这些钱财来"为人类谋福"，就像当年盖茨牧师所倡导的那样。

洛克菲勒第三代老兄弟们，性格各异，发展之路各异，但他们无疑都是非常优秀的人，为家族的中兴做出了贡献。

这些老兄弟无视 20 世纪 50 年代到 60 年代的社会动荡对洛克菲勒第四代的影响，一厢情愿地认为子女们对家族神话的疏远只是暂时的，但是，他们似乎错了。

洛克菲勒家族第四代，如果和他们的父辈祖辈相比，缺少的不仅仅是能力，更是捍卫家族荣誉的决心。

第四代人非常矛盾，他们享受着家族、财富带来的好处，就算有些人始终想要放弃家族的财产，在外人看来，这其实也仅仅是一种非常"矫情"的做法。你能放弃财产，但是放弃不了家族的光环，只要有这个光环在，你就自然能享受家族带来的莫大好处。

随着戴维·洛克菲勒的儿子们陆续离开了大通银行的事业，纷纷进入艺术和医药行业，洛克菲勒家族的辉煌其实就已经淡去了。这不是因为财富的减少，而是因为对世界的影响越来越小了。

权力和财富不一样，有了财富，只要不败家，这些财富就永远存在。但是，权力必须加以经营才能牢牢掌握，而洛克菲勒家族第四代人，缺乏的正是这种才能。

随着洛克菲勒家族的权力越来越小，洛克菲勒基金会也发生了转变。到如今，这个基金会虽然仍叫洛克菲勒基金会，仍继续高居美国财富和权力的中心，但事实上，它已经不再单纯属于家族的势力范围内了。

洛克菲勒家族办事处的工作也越来越少，他们集中精力办理一些赠款和纳税事宜，这是巨大产业的剩余部分所需要处理的两项不可分割的工作。但是，随着家族权力的缩水，这个办事处的权力也逐渐衰弱了，它再也不能吸引那些热衷于在公私权力交叉处向上爬的人士为之出谋划策了。

到目前为止，富过六代的洛克菲勒家族已显疲态。小洛克菲勒原想向世人表明，他所继承的财富在道义上来说无可非议，到头来却连他的孙辈也持怀疑态度。他旨在建立一个更加亲民的洛克菲勒家族，到头来却扩大了这个传奇家族与普通人之间的鸿沟，而更具讽刺意味的是，这甚至分裂了家族本身。

第四代的堂兄弟姐妹们虽也曾试图摆脱家族的重负，重新获得个性的解放，但这种努力不是不够坚定，就是迟疑不决，最终异化成戏剧性的结局：殊途同归，万变不离其宗。不过，可以肯定的是，洛克菲勒王朝毕竟陷入分崩离析的尾声了。

事物的发展总是渐进的，由小到大，再由盛而衰，客观规律总是不以人们的意志为转移的。

# 第 **14** 章
## 洛克菲勒家族的石油遗产

　　当年罗斯福费尽心机，才终于把标准石油打败，并把这只猛兽关进了笼子里。但他没有想到，自己给标准石油编造的"笼子"远不够结实。正是因为政府有效监管的缺失，以及解散后形成的各家公司自身的规模和相互间的紧密联系，使得标准石油能够在解体后重新站起来。百足之虫，死而不僵。

# 死而不僵

洛克菲勒家族如今在石油界的地位，可以用微乎其微来形容。但是，曾经属于这个家族的标准石油帝国却一直存在并统治着世界石油业，这或许是洛克菲勒留给世界最重要的遗产之一。本章将介绍标准石油帝国解体前后，世界石油行业发生的一些大事件，以及行业局势的变动。这些事件与标准石油的发家史结合起来，完全可以看作一部世界石油的发展史。

标准石油托拉斯的直系后代埃克森美孚，到今天已经成为如此庞大的企业，甚至连洛克菲勒家族对它的影响都微乎其微。

2006 年 10 月 27 日，标准石油创始人老洛克菲勒的重孙、来自弗吉尼亚州的三届联邦参议员洛克菲勒四世不得不放下身段，致信埃克森美孚首席执行官，请求他采取行动。信中，洛克菲勒四世对埃克森美孚 20 年来花费数百万美元，企图否认全球变暖现象这一不容置疑的科学共识的行为表示愤怒。他说："埃克森美孚长期以来对伪科学的、未经同行认可的言论给予了大量赞助，这极大地破坏了美国的公信力。你们的目的不是在科学辩论中获得优势，而是在妖言惑众，减少民众对于气候变化的关注。"

持"气候变化否认论"的联盟就是埃克森美孚公司资助的，他们利用金钱、势力和影响力，试图扭转人们关于"温室气体排放致使全球变暖"的这个认识。埃克森美孚这么做，完全是为了维护自己的一己之私，因为他们的产品正是制造温室气体的罪魁祸首。

在电影《终结者 2：审判日》中，施瓦辛格扮演的终结者将大反派打得支离破碎。但他却惊奇地发现，这些散落一地的碎片变成了一摊摊流动的金属，最后慢慢地、准确地组合成了一具人体，对他重新发动了攻击。

标准石油也是如此，20 世纪初期，它被美国政府"打"成了碎片，但如今却再度浴火重生。

照理说，解散后形成的各家公司应该是各不相关的独立体，它们之间应该产生竞争才对。但判决同时规定，这些公司有权依据"合法的理由"彼此签订合同，尽管这种行为要受到政府的审查，但事实上，这种审查根本就是有名无实。也就是说，政府放弃了自己作为监管者的角色。

美国政府不作为导致的后果是，尽管标准石油被拆分成了 37 家小公司，但在随后的很多年里它们基本上仍按一家公司的模式运作。

而且，令人费解的是，标准石油居然也参与其自身解体方案的制订过程。洛克菲勒非常聪明地将标准石油托拉斯的近半数业务保留在一家公司里——新泽西州标准石油公司。如此一来，新泽西标准石油就有机会成为其他公司的控股公司。

1999 年，政府监管者批准标准石油最大的两家后代公司合并，这就形成了一个新的、最大的石油公司：埃克森美孚。事实上，目前美国三大石油公司都是标准石油当年解体后遗留下的产物，它们分别是埃克森美孚、雪佛龙和康菲。而世界上最大的五家私有石油公司，埃克森美孚、壳牌、BP、雪佛龙和康菲，则全部是标准石油的直系后代。

尽管壳牌和 BP 的总部不在美国，一个在海牙一个在伦敦，但它们在美国都有庞大的分公司。BP 美国公司拥有阿拉斯加地区的石油矿藏，是全美最大的油气生产商，也是最大的汽油零售商之一。

壳牌石油公司在美业务也非常广泛。

就如同当年洛克菲勒家族所做的那样，两家公司利用其财富与规模通过赞助政治竞选、游说政府官员以及参与各级决策的方式，对美国政治造成重大的影响。

当年罗斯福费尽心机，才终于把标准石油打败，并把这只"猛兽"关进了笼子里。但他没有想到，自己给标准石油编造的"笼子"远不够结实。正是因为政府有效监管的缺失，以及解散后形成的各家公司自身的规模和相互间的紧密联系，使得标准石油能够在解体后重新站起来。

事实上，多年前就有人看出了这种苗头。伍德罗·威尔逊总统就曾经推出了新的法令，并组建了一个新的政府部门——联邦贸易委员会，为的就是打击美国的托拉斯组织。

标准石油托拉斯解体后，新泽西州标准石油在原标准石油托拉斯的大厦里办公，同一栋楼里还有标准石油第二大后代公司——纽约州标准石油。而其他解体后形成的公司，则大部分退回到各自起家的地方，许多公司依旧沿用了标准石油的称号。一时间，标准石油在美国遍地开花，如肯塔基州标准石油、路易斯安那州标准石油和宾夕法尼亚州标准石油等。

这些公司虽然不属于同一个公司了，但是它们之间的关系却依旧"亲密"，像过去一样，将全国划分为 11 个不同的营销区域，相互之间"互不侵犯"。

联邦贸易委员会通过调查发布了一个报告，报告中宣称："这些公司之间并不存在着价格上的竞争。"

之前我们就说过，对于洛克菲勒而言，标准石油解体未必是坏事，而且在标准石油解体后形成的这些新公司中，他还保留了超过 1/4 的个人股权。他依旧每天召开新泽西州标准石油和纽约州标准石油的管理层会议。同时，当年那些与洛克菲勒一起创建标准石油的元老也还都分布在这些解体后的标准石油后代公司里。

在很多人看来，标准石油的解体有名无实，一位相关研究者就说："的确，原先只有 1 家公司，而现在有 37 家。但是，这 37 家公司仍然为同样的人所持有，由同样的管理人员按照同样的模式管理，这一切与标准石油解体前并无区别。"

摩根大通的一位高级管理人员看出了其中的漏洞，他说："法院怎么能强迫一个人跟他自己竞争呢？"

## 标准石油的"后代"们

解体后，原标准石油全部股份的 43% 留在了新泽西州标准石油公司，也就是后来的埃克森公司。

新泽西州标准石油的掌门人是洛克菲勒的继承人约翰·阿奇博尔德。自 1897 年从洛克菲勒手中接过标准石油的日常管理工作后，阿奇博尔德已经默默无闻地干了十几年（当时洛克菲勒在名义上并未卸任）。

产油区的那些人对阿奇博尔德的憎恨甚至超过了对洛克菲勒的憎恨，这是因为阿奇博尔德曾经是这些人的首领，后来却叛变了。

新泽西州标准石油为标准石油集团内的其他公司提供了许多勘探开发的贷款，事实上扮演着一种"内部银行"的角色，所以这个公司一直以来都是标准石油后代中的"长子"。它还控制着石油运输、炼制和销售。所以，在托拉斯解体后的头十年，新泽西州标准石油公司基本不从事生产或加工，他们只需要从兄弟公司购买原油，然后交给其他兄弟公司生产，最后自己卖掉就好了。

标准石油托拉斯的"次子"是纽约州标准石油，也就是后来的美孚石油公司。

解体时，这个公司持有托拉斯9%的净值，总裁同样是洛克菲勒的亲信。在标准石油时代，美孚公司主要的业务是拓展海外市场（所以中国人知道美孚的比知道标准的人要多）。解体后，纽约州标准石油继续保留了巨大的海外市场。

当汽油取代柴油成为主要的石油产品之后，美国最大的市场是东海岸的繁华都市，而纽约州标准石油的营销网络恰恰覆盖了这个发达地区。1999年，美孚与埃克森合并，成立了埃克森美孚。

在标准石油的"子女"中，加利福尼亚州标准石油，也就是今天的雪佛龙公司可以排名第三。与两位"兄长"不同的是，这个公司一开始并不是标准石油旗下的公司。1876年，当时加利福尼亚建州才25年，南加利福尼亚州的一家独立石油公司就在当地发现了滚滚石油。几年后，这家公司被旧金山的太平洋海岸石油公司收购。1879年，标准石油在加利福尼亚州销售煤油时，洛克菲勒依然瞧不起石油生产这一行当，因此太平洋海岸公司得以暂时保全。但是，随着新世纪的到来，洛克菲勒逐渐开始进军第三产业，所以这家公司就被洛克菲勒收购了，变成了"加利福尼亚州标准石油公司"。

托拉斯解体时，加利福尼亚州标准石油的原油产量超过全世界任何一个国家，世界上每四桶油就有一桶是这个公司生产的。1919年，仅仅加利福尼亚州标准石油一家公司就拥有美国原油总产量的26%，是所有公司中的No.1。

但是，由于高大山脉的阻隔，加利福尼亚州标准石油在其发展初期，无法在美国大部分地区销售，只能将目标锁定在太平洋彼岸的中国。这家公司开始大量收购，例如，合并西海岸的公司，收购海湾公司，兼并德士古公司，吞下加利福尼亚联合石油公司，即尤尼科。（1984 年，当初与洛克菲勒针锋相对的安德鲁·梅隆去世后的第 47 个年头，他生前经营的海湾公司被加利福尼亚标准石油公司收购。梅隆一生都在与洛克菲勒的并购对抗，但最终他的公司还是归了标准石油所有。2001 年，雪佛龙又与德士古合并，形成今天的雪佛龙公司。）

标准石油公司后代中利润率最高的公司是印第安纳州标准石油，因为持有热裂解专利，而且，这家公司还从一家单纯的炼油企业发展成拥有自己的原油储量的公司。

石油公司面临的最大问题就是：蕴藏石油的土地上，往往居住着人。用时下的理解就是：需要搞艰难的拆迁工作了。

新泽西州和纽约州标准石油在托拉斯解体后的近十年里，一直都不从事石油生产，因而需要从包括印第安纳州标准石油在内的兄弟手中购买原油。印第安纳州标准石油在世纪之交开始与泛美石油公司合作，并于 1954 年与其合并。新公司称为"美国石油公司"或"阿莫科"。

1911 年标准石油解体后，加利福尼亚州标准石油公司开始在俄克拉何马州寻找原油。这个州的原油大多储藏在有人居住的土地下，居民主要以印第安部落成员为主。不过，这阻挡不了美国石油公司追寻和占有石油的欲望。他们重新签署了土地协议，将富油区从部落的属地中划分开来。而那些拒绝离开家乡的部落成员，都被贿赂、掠夺、威胁甚至是谋杀。

1929 年，加利福尼亚州标准石油与马兰石油公司合并，定名为"大陆石油公司"，这个公司拥有大量的产油区。

俄亥俄州石油公司是洛克菲勒最早收购的几家石油生产企业之一。1885 年，俄亥俄州西北部发现了石油。两年之后，俄亥俄州石油公司成立。又过了两年，标准石油终于收购了这家公司，但保留了它的名称。

在 19 世纪 90 年代初期，俄亥俄州石油公司的原油产量占到俄亥俄州和印第安纳州的一半。标准石油解体后，它继续向包括新泽西州标准石油在内的兄弟公司输送石油。1962 年，俄亥俄州石油改名为"马拉松石油公司"，1997 年又和阿什兰石油公司合并，成立马拉松阿什兰石油公司，即今天的马拉松。这个阿什兰石油公司本身也可算得上是标准石油公司的后代——它是三家标准石油后代公司合并的产物。

总而言之，标准石油的后代公司在解体之后，联系非常紧密，而且还以各种方法组成新的联盟。

# 反托拉斯的失败

自从标准石油解体后，美国政府一直未能遵循最高法院的判决，即对标准石油的解散实施严格的监管，这一点让民主党总统伍德罗·威尔逊坐立不安。

1912 年，他参加总统选举时称："如今，托拉斯成为我们的主人。但我认为，即使是在仁慈的君主统治下的国家也不能称之为自由，我宁肯生活在完全没有主人的国家。在我的记忆里，政府提出的建议从来就没有被托拉斯采纳过；相反，托拉斯提出的建议政府倒是接受了。"

威尔逊任命布赖恩担任国务卿之后，希望通过添加具体内容来充实《谢尔曼反托拉斯法案》，以求通过设立一家有力的监管机构来确保反托拉斯法令的实施。

最终，威尔逊出台了《克莱顿反托拉斯法案》，并成立联邦贸易委员会。直到今天，这个法案仍与《谢尔曼反托拉斯法案》一同构成美国反公司集中的最重要的工具。

《克莱顿反托拉斯法案》是由亚拉巴马州民主党人、众议院司法委员会主席、国会议员亨利·克莱顿于1914年起草的，这个法案与《谢尔曼反托拉斯法案》最大的不同是，后者旨在打击已经成型的托拉斯组织，而《克莱顿反托拉斯法案》则重在防患于未然，主要打击的是恶意兼并行为。

1914年成立的联邦贸易委员会，主要工作就是针对解体后的标准石油进行深度调查，他们很快就发现了政府在监管上的不足。在1917年到1922年间的系列报告中，这个委员会断定"标准石油仍然控制着美国的石油行业"。

虽然标准石油已经解体了，但竞争仍未形成，他们控制着从油田到炼油厂、从管线到成品油销售的整个市场，和解体前没什么两样，而且它们还是在为"某一利益集团"工作。

委员会做出这个判断的理由是：标准石油虽然分成了几十个公司，但事实上这些公司还是集中在有限的几个大资本家手中，股权相互交叉，金融资源和信贷异常强大。

委员会还警告说："标准石油已重操旧业，开始收购与之竞争的独立石油公司。"他们举例说，1918年，纽约州标准石油收购了得克萨斯州的一家石油公司；第二年，新泽西州标准石油又收购了休斯敦一家石油公司一半的股权。

报告是准确客观的，但却没有人因此做出行动。因为正当美国政府要对此进行整顿的时候，第一次世界大战爆发了。美国政府害怕反托拉斯会影响美国的经济，进而导致战争上的失利，所以除了没有做出任何举动之外，还鼓励美国石油公司增加对原油储量的占有。

第二次反托拉斯中断是 1921 年，这一年沃伦·哈丁当选总统。这个总统是个"资本家总统"，对反托拉斯着实没什么兴趣。

随后的库里奇和胡佛更是修改了威尔逊总统的法令，贸易委员会也变质了，石油怪兽被放了出来。

早在第一次世界大战之后，标准石油的三大后代公司——新泽西州标准石油、纽约州标准石油和加利福尼亚州标准石油，就几乎控制了全世界的石油生产和销售。

1950 年，美国政府又推出鼓励海外石油生产的税收政策，这些公司在国际市场上就越来越嚣张了。在国内没办法组建石油托拉斯，就在国际上组建。从此，他们结成了一个国际性的托拉斯组织。

美国政府对此充耳不闻，因为这符合国家的利益。从解体到再度重组，标准石油用了一个世纪。20 世纪末期，标准石油的重组工作基本完成。当然，他们比洛克菲勒当年所做的还要隐秘。如今，石油巨头的政治实力以及对政府的影响力在历史上也只有那个全盛时期的标准石油可以媲美。我们甚至可以说，标准石油又回来了。

30 年后，当联邦贸易委员会再次回到石油巨头的问题上来的时候，"七姐妹"的时代已经开始了。

在这里，我们不妨也了解一下联邦贸易委员会的发展历程。

联邦贸易委员会刚成立的时候，就开始调查石油行业，并威胁将严厉打击垄断行为。当时，石油巨头正忙着争夺海外石油资产，没有人表示反对，所以美国国内的反托拉斯法律得以强制执行。

几十年中，人们为了限制石油巨头的合并行为，制定出了许多严厉的改革措施，但最终都没能掀起什么风浪。

20 世纪 70 年代，美国政府通过立法来补贴那些规模较小的独立石油公司，倡导能源节约和对替代能源的投入。这些政策从阻止石油巨头们串通一气的角度而言，都是非常有效的。

但是，自里根当上总统，联邦贸易委员会就开始不作为，对公司兼并行为采取了极度纵容的态度。从此，标准石油解体之后的第一波兼并潮上演了。

里根退位之后，继任政府都继承了他对待反托拉斯法案的态度，而且还躲过了民众的监管。正如曾任小布什政府联邦贸易委员会委员的蒂莫西·缪里斯所说的那样："很显然，里根政府对反托拉斯法案进行了革命并取得了胜利。"

在克林顿政府和小布什政府治下，第二次石油公司兼并浪潮开始兴起。在这个时期，美国石油行业几乎成为另一个标准石油。美国国内的政治版图也随之改变。

此情此景，与 100 年前的标准石油是何其相似。

# 石油"七姐妹"

所谓石油"七姐妹",指的是标准石油公司解体后所形成的三家最大的公司和另外四家有国际影响力的大公司。1975年,一位英国记者写了本关于石油历史的书,这本书中提出了seven sisters一词。自此,"七姐妹"成为西方石油工业的代名词,也被称为国际石油卡特尔。

世界石油几乎全都被所谓的"石油七姐妹"控制着。控制了市场之后,他们可以为所欲为了。21世纪初期,他们开始考虑如何减产,因为在他们看来,自己生产的石油太多了,以至于石油价格偏低。于是,他们开始限制产量,结果大家都看到了,国际油价一路飙升,他们从全世界的口袋里掏钱。

就如同当年宾夕法尼亚州的产油者反抗标准石油一样,如今伊拉克、科威特、沙特、墨西哥、伊朗、委内瑞拉、利比亚、尼日利亚、阿尔及利亚和其他国家的产油者也开始纷纷联合起来反抗石油"七姐妹"。到20世纪80年代,这些国家的政府从石油公司手中收回了油田和生产设施的所有权。利润的2/3来自海外,又不需在国内纳税的"七姐妹",至此才遭大难。所以,他们又开始把目光投向了美国市场。

20世纪80年代以后,"七姐妹"开始执行"要么兼并,要么倒闭"的政策(这一政策和当年洛克菲勒的收购政策非常像),他们先是收购美国的独立石油公司,然后开始内部兼并。

我们先来说说"七姐妹"中最大的一个,埃克森美孚石油公司。

曾经有人说过一句话："世界上最大的石油公司是洛克菲勒创建的，但是教会它怎样游泳的却是沃尔特·蒂格尔。"

蒂格尔在 1917 年成为新泽西州标准石油公司总裁，他带领公司跨越了大西洋和太平洋，迈进了 20 世纪。

蒂格尔的父亲就是一个石油人，曾经掌管着宾夕法尼亚州的一家石油公司，后来把自己的公司偷偷卖给了洛克菲勒。蒂格尔先是为父亲做事，算是公司的太子爷，可做着做着却发现自己成了标准石油的员工。无奈之下，他认可了自己的新身份，而这个身份几乎陪伴了他一生。

蒂格尔曾经担任过标准石油托拉斯和新泽西州标准石油的董事，继而又成为后者的总裁。他在新泽西州标准石油总裁的位置上一干就是 20 年，1937 年成为公司董事会主席。

蒂格尔带领公司走过解体初期比较艰难的那段时间，最终让自己的公司成为全球霸主。他迈出的第一步是彻底放弃对石油生产的不屑态度，确立了公司在原油业务上的牢固地位；第二步则是带领公司走向全球。

蒂格尔与一些共和党政府高层的人走得很近，如沃伦·哈丁、卡尔文·库利奇和赫伯特·胡佛。哈丁政府的内务部长艾伯特·福尔由于接受了石油公司的 40 万美元贿赂而被曝光。这些贿赂为两家石油公司换来了对加利福尼亚州和怀俄明州两个地区的公用土地的租赁权，而这两个地区原本是要用作海军石油储备基地的建设用地。这一事件被曝光后，迅速引起了全国的关注，最终导致艾伯特·福尔以及海军部部长埃德温·登比引咎辞职。

1921 年到 1932 年的 11 年间，梅隆家族首领安德鲁·梅隆连任三届政府的财政部部长。他利用职权来为自己的家族和公司谋求私利，根本不考虑这些政策对美国经济带来的负面影响。作为银行业财富的继承者，他拥有海湾石油公司、美国铝业公司、匹兹堡煤炭公司、梅隆银行等企业。在他担任财政部部长的 11 年里，他的个人财产大幅增加。其间梅隆削弱了对公司和富人的税收、规范和监管，并大幅提高"耗损扣除"，而被他改变的这些政策都是威尔逊总统当年所制定的。

在梅隆的关照下，美国石油公司在国内的权力和地位一天比一天稳固，开始走向海外寻求石油资源。美国石油业者中唯一不高兴的恐怕就是洛克菲勒，因为他害怕梅隆家族的发展威胁到自己石油大王的地位。

第一次世界大战从根本上讲是第一次大规模的石油大战：石油是胜利的原因，也是胜利者的奖赏。战争结束时，世界各国都发现自己的石油太少了，于是那些大国在全世界范围内展开了石油资源争夺战。

此时，以新泽西州标准石油、印第安纳州标准石油和海湾石油为首的美国石油公司扩大了在墨西哥和委内瑞拉的勘探和开采活动。在诺贝尔兄弟石油公司的带领下，俄国也积极增产。奥斯曼帝国的衰落使得中东地区的石油成为西方人的囊中之物。

英国本土的石油储量非常低，所以英国人走向全球的步伐要比美国人更快。1908 年时，他们就占有了伊朗（即当时的波斯）的石油资源。伊朗丰富的石油储量奠定了英国·波斯石油公司的基础。这家公司最后分成了三家：英国·伊朗石油公司、英国石油公司和 BP。

第一次世界大战刚开始的时候，当时担任英国皇家海军大臣的丘吉尔向垄断资源的全球石油公司发难。他主张英国政府应该以国家的名义投资石油行业，以摆脱石油公司的控制。议会同意了丘吉尔的建议，于是，英国政府在 1914 年成为英国·波斯石油公司最大的股东。

壳牌公司在 1906 年由英国的壳牌石油公司与荷兰皇家石油公司联合组成，这家荷兰公司得到荷兰皇家颁发的经营许可。在新成立的石油公司中，荷兰皇家石油和英国壳牌分别持有 60% 和 40% 的股份。它通过将大量的石油储量从俄国转移到欧洲而建立了一个石油帝国。

第一次世界大战结束后，中东地区的石油资源被英法两个国家占据，这也是他们在这次战争中最大的收获之一，或许可以把"之一"两个字也去掉。

英国·波斯、壳牌和法国石油公司瓜分了奥斯曼帝国拥有的石油资源；美国人不甘心，也想从中分一杯羹。于是，在美国国务院的支持下，1928 年蒂格尔抛出一份协议，将新泽西州和纽约州的标准石油也带入石油争夺战中。可当这些政府首脑和企业领袖在比利时开会讨论、准备起草瓜分协议时，却发现这些人中没有人知道奥斯曼帝国的疆域在哪里。这时，美国人卡洛斯提·古尔班基安掏出一支红色的铅笔，在地图上大致勾勒出一个他认为的战前奥斯曼帝国的边界。

卡洛斯提是美方的谈判代表之一，也是这个协议的利益相关人。日后被称作"红线协议"的这一安排，几乎瓜分了苏伊士运河和伊朗之间、除科威特外的所有中东地区。这些区域内的石油资源已经不属于当地的人民，而成为这些外国公司的合法财产。这些公司显得很团结，他们承诺在此界线内只以伙伴身份开展合作而避免竞争，并且都保证不在自己区域以外的地区寻找石油。

最后，石油公司还是将伙伴关系延续到了中东之外的地方。

1928 年，蒂格尔在苏格兰召集了另一次秘密会议。这次会议聚集了世界主要石油公司的领导者，如新泽西州标准石油的蒂格尔、壳牌的亨利·德特丁爵士和 BP 的约翰·卡德曼。

蒂格尔召开这次会议的主要目的是试图结束全球石油行业的混乱状态，建立新的秩序。他没有实力收购所有的竞争者，所以只能以这种谈判的方式解决问题。

当时的世界石油行业，由于产量太高，导致石油价格一直在一个很低的水平上。尽管竞争压制了利润，但唯一值得石油人庆幸的是，全球大部分的石油生产被有限的几个公司控制着，所以他们还是很有希望达成一致的。

在这次会议上，蒂格尔、德特丁和卡德曼达成了"安卡那卡协议"。这个协议对各家公司的产量配额和市场进行了分配，使得全球的石油价格保持了稳定。

为了监管各石油公司的行为，他们设立了两家秘书处来监督各家公司的日常运作，后来又邀请了纽约州标准石油、加利福尼亚州标准石油、海湾、德士古和其他几家美国公司加入。这就是我们之前所说的石油卡特尔，标准石油帝国的国际模式。

一年后，蒂格尔登上了《时代》杂志的封面。与精瘦、面无表情的洛克菲勒不同，蒂格尔高大结实、一表人才，他成为美国石油商转型为国际政治家的典型代表。《时代》杂志写道："困扰石油行业的问题是长年的过度生产，继而探讨限制产量的全国计划，其中蒂格尔是起推动作用的先锋。"他与其他石油商希望联邦政府对国内的石油生产做出配额限制，降低市场供应量，以便他们提高汽油、煤油和其他油品的价格。几年之内，他们就如愿以偿了。

1932 年，美国对进口石油进行了配额限制，这么做的目的主要是保护那些较小的石油商人的利益，而非大公司。第二年，新当选的罗斯福总统对各州每月的石油产量进行了限定，每个州根据自己的配额再分配州内的各个公司。

此时，梅隆终于在财政部部长这个位置上坐到了头，因为有越来越多的批评者指责梅隆的"供给学派"经济政策是导致大萧条爆发和持续的罪魁祸首。梅隆的政策使得富人越来越富，大公司变得越来越强，但却没能让社会中其他的阶层分享到财富。

在梅隆政策的指引下，经济崩溃没有给石油巨头们造成任何的负面影响，却让中产阶级损失惨重。1932 年，由得克萨斯州国会议员赖特·帕特曼领导的弹劾梅隆的运动已经浩浩荡荡。梅隆害怕这次运动继续下去，会对自己越来越不利，因此干脆同意从财政部部长的位置上退下来。但在政治上，梅隆依旧没有受到什么重大的影响，之后还被任命为美国驻英国大使。

就任英国大使后不久，梅隆就着手为自己的海湾公司在中东地区的业务展开工作。由于海湾公司不是《红线协议》的成员，所以梅隆就把目光投向了科威特。

科威特处于《红线协议》之外，而且是英国的保护领地。如果没有得到伦敦方面的许可，任何非英公司都不能在科威特从事石油勘探活动。梅隆美国大使的身份，自然为他游说英国政府打开方便之门。海湾公司在梅隆上任后不久就获得了英国的许可，得以在科威特生产石油。1933 年，梅隆以合资公司的方式获得了拥有和控制科威特石油资源的特权，期限是 74 年。

加利福尼亚州标准石油没能进入科威特，也不是《红线协议》的签约方，所以只能依靠自己的力量打开国际市场的大门。

在两年时间里，加利福尼亚州标准石油公司先后在巴林和沙特发现了石油。这家公司的运气极好，他们发现了至今为止世界上最大的油田，也因此跻身世界石油公司之列。几年之后，巴林和沙特的石油产量就不是一家公司可以经营的了。于是，加利福尼亚州标准石油邀请德士古公司与自己一起经营，并共同创立了阿美石油公司（即阿莫科）、巴林石油公司以及加利福尼亚·阿拉伯标准石油公司。加利福尼亚标准石油公司还与德士古成立了一家联合销售公司，专门运输和销售在全球开采的巨量石油。1948 年到 1950 年间，德士古将其石油进口量提高了将近三倍。

纽约州标准石油与新泽西州标准石油也联合起来成立了一家新的石油公司，命名为"Stanvac"，在海外 50 多个国家销售石油。

## 罗斯福的攻势

面对权力集中在少数石油巨头手中的现象，美国和全世界的民众以及各国的政治领袖们都感到了莫大的威胁，世界各地将本国资源收为国有的呼声不绝于耳。在美国经历了大萧条和第二次世界大战结束后的几十年里，政府许多人意图拿石油巨头们开刀，但却纷纷败下阵来。这是因为，石油公司强大的力量足以与美国政府对抗。

罗斯福是第一位尝试从根本上限制美国石油公司海外地位的总统。这个罗斯福并非之前那个与洛克菲勒争斗不止的罗斯福，他的全名为富兰克林·德拉诺·罗斯福。事实上，这个罗斯福在美国的历史地位要比那个罗斯福高很多，因为他带领美国走出了经济大萧条并且打赢了"二战"。一提起罗斯福总统，人们首先想到的就是富兰克林·罗斯福，而非之前的西奥多·罗斯福。

在罗斯福上任以前，石油巨头们就知道这个人可能要扮演石油终结者的角色，他们曾利用强大的财力试图阻止罗斯福当选。美国第一位追踪报道竞选经费问题的路易斯·奥弗拉克教授说："1936年，石油行业在竞选中投入了大量美元，这些金融巨头和石油巨头投入大量的竞选资金，而且做得没有破绽。一旦你的钱是通过某种制度得来的，有朝一日当它需要维护的时候，很自然你会毫不犹豫地站出来。"

1932年当选的罗斯福是12年来首位民主党总统，他背负的责任也很重大——带领美国走出经济大萧条。

为了对付石油巨头，罗斯福采取的办法与其前任者们截然不同。他成功地实施了对石油公司国内业务的监管，但在试图规范国际业务方面却失败了。

罗斯福是个非常理智的人，他虽然想整顿石油行业，但是也完全明白石油对于第二次世界大战的胜利和美国稳定的意义，所以他绝不会令石油行业一蹶不振。

1943年，洛克菲勒宣称，保护沙特"对于捍卫美国来说至关重要"。他之所以这么说，就是因为沙特关系到美国的石油利益。不过，罗斯福认为，如此重要的一种关系不应该由私有公司来维持（当时在沙特最大的石油公司还是沙特阿美石油公司），也不信任沙特人能够胜任。

1946年，参议院战争调查委员会主席、缅因州共和党人欧文·布鲁斯特召开了一次听证会，对沙特阿美进行了猛烈的抨击。他的调查报告显示，沙特阿美公司只顾私利而损害公益，其总结道："石油公司已显示出相当的恶意和对利润的惊人贪欲。为了保留大量的经营许可权，它们不断地寻求美国的庇护和金融援助。"但是，布鲁斯特的这个结论并未给沙特阿美带来任何不利的影响。相反，美国政府在同一年批准该公司大幅扩展业务。

为了控制沙特的石油，罗斯福决定：由美国政府成立一家石油储备公司，来接管沙特阿美100%的权益，这家公司还将在波斯湾开办自己的炼油厂。出任这家公司总裁的是美国内务部长哈罗德·伊克斯，这个人有句名言："在石油行业中，一个诚实谨慎的人就像博物馆里的展品一样珍稀。"

对于罗斯福的霸道行为，各大石油公司恨得咬牙切齿，所以他们纷纷攻击罗斯福的"新政"。最终，在石油巨头们的阻挠下，罗斯福的这个政策并未得到落实。

现在你可知道石油公司有多强大了吧，政府奈何不了它，总统也拿它没办法。

随着《红线协议》之外的中东地区发现越来越多的石油，各签约方决定解除这个协议。从此之后，新泽西州和纽约州标准石油也加入了沙特阿美石油公司，成为加利福尼亚州标准石油和德士古的生意伙伴。

纽约州标准石油的总顾问认为，这可能会引起新一波的反托拉斯浪潮，他致信公司总裁："我不相信政府能够容忍少数几家公司长期控制石油资源而不采取监管措施。"不过事实证明，他错了。这项交易获得了政府的批准，而监管新政也并未出台。

这个时候，"七姐妹"正在肆无忌惮地以卡特尔的形式从事石油经营活动，控制着世界上绝大多数的重要油源。联邦贸易委员会针对石油公司签署的海外协议展开了一次调查，参议院在1952年发表了名为《国际石油卡特尔》的报告，这份文件完整地描述了"七姐妹"们之间的联盟关系。通过调查发现，"七姐妹"除了没能完全控制美国的石油外，其他世界各地的石油都是属于他们的。除了石油之外，他们还控制了所有的外国炼油厂及其专利和技术。这些公司通过私下的串联，瓜分了整个世界市场，他们还共用管线和油轮，随意抬高价格以增加利润。就此，美国司法部决定马上展开行动，针对"七姐妹"中的美国公司提起反托拉斯的诉讼。

不过，这一次反托拉斯行动又遇到了阻力。因为就在当时，美国中央情报局正努力迫使伊朗领袖穆罕默德·摩萨德下台，而且他们还想要在其第一次大规模侵占伊朗的巨额石油财富时，将美国的各大石油公司也拉到自己的阵营中。正如安东尼·桑普森在他的《七姐妹》一书中所说的那样，由彻头彻尾的"冷血战士"迪安·艾奇逊领导的国务院于1953年这样驳斥反托拉斯行动："考虑到现实情况，美国的石油公司是我们在这些国家实施外交政策的重要手段。"

美国检察院总检察长坚持推进针对石油公司的反托拉斯诉讼，他对民众说，如果再继续任由"七姐妹"控制世界石油市场，那么美国的国家安全将会因此受到严重的危害。"世界石油卡特尔是一个独裁者，把持着如此重要的一个行业……在这个时候撤销调查就等于向全世界宣布，我们对垄断的憎恶也好，对卡特尔的限制也好，都不会触及这个世界上最重要的行业。"

但是，当时的美国总统杜鲁门站在艾奇逊的一边，提出只对石油公司提起民事诉讼而非刑事诉讼。

民事诉讼的对象包括新泽西州标准石油、纽约州标准石油、加利福尼亚州标准石油、德士古和海湾石油公司。如同当年美国政府控告标准石油的案子一样，这一案件也拖了好几年，最终的结果是罚款。石油公司根本不缺钱，新泽西州标准石油、德士古和海湾石油公司表示服从判决，纽约州和加利福尼亚州标准石油干脆连钱也不用交，因为政府对他们撤诉了。

1953 年，艾森豪威尔当选总统。之前我们说过，这个总统就是靠大资本家们资助才当上的。所以，他代表的也是大资本家的利益，反托拉斯行动在他手里遭受了致命打击。国务院当时还声称："出于加强美国国防和对共产主义进行斗争的考虑，我们进入伊朗时必须把 5 家美国石油公司也带上。"

伊朗总理摩萨德一生致力于争取民族独立，为了使他的国家既免受苏联共产主义的影响又摆脱英国的帝国主义统治，他跑到美国去，希望美国政府可以帮他；但华盛顿方面对他的恳求置之不理。最终，摩萨德下台，美国石油公司继续在伊朗占据垄断地位。

2003 年诺贝尔和平奖得主希尔琳·艾芭迪在谈到摩萨德下台事件时说："在整整四天时间里，那位备受人民爱戴也饱受疾病困扰的总理躲在地窖里，而见利忘义的小人重新掌权……这一刻对伊朗人来说堪称奇耻大辱。他们眼睁睁地看着美国人干涉伊朗内政，就好像伊朗是美国的后花园一样，而伊朗领袖的废与立也都由美国总统及中情局的顾问说了算。"

# 金点子

早在 1950 年，国务院和沙特阿美石油公司共同发明了"金点子"来解决海外石油生产的税收问题。

他们之所以要这么做，是因为沙特国王要求对美国从沙特运出的大量原油多征收 50% 的税费。石油公司不能拒绝沙特皇室的要求，但又不想损失利润，于是他们找到了杜鲁门总统，向他求救。总统答应石油巨头们，石油公司缴纳的这一部分费用可以计算在美国的海外收入所得税之内。这意味着，石油巨头们虽然给沙特缴了税，但回到国内就不用再缴税了。交给沙特多少钱，美国政府就免他们多少钱的税。

"金点子"为石油公司扩大海外生产提供了新动力。当时的石油巨头们已经完全控制了中东，1960 年时，海湾地区 2/3 的石油出口都掌握在美国公司的手中。

除此之外，"七姐妹"还将业务拓展到了安哥拉、尼日利亚、厄瓜多尔、秘鲁、印度尼西亚、加拿大等地。

在各自国家的支持下，"七姐妹"的国际势力越来越大。他们看准了哪个国家的石油，就要这个国家把石油给他们。如若不从，政府就会想方设法地颠覆这个国家的政权。要知道，"七姐妹"所在的国家都是世界上的一流强国，那些小国根本不是对手，只好任其摆布。

在美国国内，这些石油公司则为了确保新当选的政府会继续支持他们的经营活动，不惜花费重金支持他们"选中"的总统候选人。

与石油公司合作，就有可能当上总统；与石油公司作对，想当总统比登天还难。在这样的局势下，一届又一届的美国政府都和石油公司保持着一种暧昧关系，对它们在国际石油集团中明显违反反托拉斯法的行为不闻不问。

由于美国的石油巨头把战略中心转移到了国际市场，所以美国国内的石油生产和炼制就交给了那些小石油公司去做，如宾夕法尼亚州石油公司。

在国内，美国政府倒还比较积极地进行着反托拉斯行动。那些小型石油公司为了巩固自己在国内市场的地位，避免石油巨头哪天一个不高兴把自己灭了，成功地游说了艾森豪威尔总统对原油进口实行更为严格的配额限制。

由此可见，美国人是非常精明的。他们的公司在世界上违法，破坏其他国家的利益，他们不管。但是，如果这些公司破坏了国内的利益，那就对不起了。

尽管"七姐妹"的财源主要是来自国际市场，但对于国内市场，他们还未完全放弃野心。

标准石油解体后，它的后代公司已经没有权力在全国范围内以"标准石油"的品牌进行营销，所以要统治国内市场还真不太容易。

20世纪60年代，随着美国高速公路网、电视和现代广告技术的出现，这些公司找到了新的契机，对国内市场跃跃欲试。一场更名换姓的风潮就此开始了。

1966年，纽约州标准石油改名为"美孚"，取"流动"之意；1971年，新泽西州标准石油改名为"埃克森"；1984年，加利福尼亚州标准石油改名为"雪佛龙"，这个词是中世纪在英国使用的法语，意思是"V形臂章"，往往是军队的象征。

# 美孚石油公司

美孚石油一直希望成为"七姐妹"中最"老谋深算、行事科学"的公司。1971 年，它开始赞助 PBS 新推出的电视节目《经典剧场》。同时，它也资助了《纽约时报》每周二社论版的"广告社论"。这种广告社论就是现代"软广告"的开端，看起来是社论，其实是广告。

在国内，美孚石油采取了文明的竞争方式。但到了国外，他们可就不愿意用这么麻烦的手段了。几乎与美孚赞助《经典剧场》同步，美孚开始在印度尼西亚拓展业务。它与印尼政府签订了协议，得到了在亚齐地区从事石油的勘探和开发的权利。

30 年后，有人对美孚提起诉讼，控告美孚和埃克森美孚先后控制下的"私人军队"对当地人进行了惨无人道的虐待行为。这些士兵经常实施"严重伤害人权的行为，包括种族灭绝、谋杀、折磨、侵犯人权、性暴力和绑架"。

亚齐民众在华盛顿的首席律师说，尽管这些由印尼当地人组成的军队在虐待自己人上有着非常残暴的表现，但美孚却始终雇用他们。

关于虐待和谋杀的报道，经常会出现在媒体上。直到 1998 年，国际特赦组织美国分会开始积极呼吁美孚公司停止对印尼人的虐待，并与美孚展开了对话。

但一向蛮横惯了的美孚对于外界施加的压力毫不在意，他们没有采取任何有效的措施来阻止这类虐待行为。于是，一家位于大华盛顿区的组织——国际劳工权利基金会，于 2001 年代表印尼受害者向哥伦比亚区的美国地方法院提起诉讼。

这个基金会称，埃克森美孚最初对本案的辩护是："这些侵害人权的事情或许真的正在发生，但公司并不想造成这样的后果，因此也不应对此承担责任。"但是，这个理由显然不能成为他们开脱的借口。于是，这场诉讼案持续了数年时间。

在这期间，埃克森美孚想方设法地撤销这起诉讼。但在 2007 年 1 月的一次法庭判决中，它的撤销申请遭到了拒绝。

事实上，埃克森美孚在亚齐地区的恶性案件并不是个例。尼日利亚石油公司，特别是壳牌和雪佛龙之间的冲突，与埃克森美孚的案件非常相似。

1956 年，壳牌在尼日尔三角洲的一个叫奥罗伊比利的村庄发现了石油，并在 1958 年开始投入生产。

两年以后，尼日利亚摆脱了英国统治，成为一个独立国家。但是，自认为获得了自由的尼日利亚人民发现，英国的殖民统治被石油公司的统治取代了，自己还是处于被"殖民"的境地中。壳牌在尼日利亚干涉国家内政，确保只有支持它业务的政府才能够获得权力。随着石油资源开采的增长，尼日利亚经济对石油行业的依赖度越来越大，而曾经繁荣一时的农业则逐渐衰败，尼日利亚的石油出口收入虽然不断增加，但从中获利最多的还是石油公司。而几任政府（基本上都是军事独裁政府）都成为那些扶植他们的石油公司的马前卒，却置本国人民的利益于不顾。

1995 年，壳牌石油对当地民众运动的镇压引起了全世界的关注。

尼日尔三角洲的当地居民奥戈尼人世代生活在自己的土地上，他们原本靠种地和打鱼为生。自打石油公司进来之后，他们赖以生存的自然环境遭到了极大的破坏。1990 年，奥戈尼人组织起来，抵抗壳牌石油在他们的土地上从事石油作业。

为了镇压这些起义的奥戈尼人，壳牌石油勾结尼日利亚本国武装，对他们进行了残酷的镇压。有 30 多个村庄化为废墟，数千名民众伤亡。尼日利亚的一位中校事后声称："是壳牌出钱请我们净化这一地区的。"而壳牌也大方地承认，确实邀请了尼日利亚政府来帮助镇压奥戈尼产油区的"动乱"，但坚称它花钱雇来的那些士兵不是杀害奥戈尼居民的凶手。

美国的另一家石油公司雪佛龙，自 20 世纪 60 年代起就开始在尼日利亚开展业务，如今这个公司在尼日利亚每天能获得 50 多万桶石油。几十年来，尼日利亚人一直都在控告雪佛龙侵犯人权。1999 年，一些尼日利亚人将雪佛龙石油公司告上了美国的法庭。原告律师声称："一些尼日利亚人登上雪佛龙的海上平台，要求公司的管理人员上岸与当地首领就环境保护和侵犯人权等问题对话。这些人并没有携带武器，而且经过三天的谈判，他们也同意于第二天清晨离开海上平台，并将这一决定告诉了雪佛龙。但是，就在 1998 年 5 月 28 日一早，正当这些抗议者准备离开时，雪佛龙租用的直升机满载着士兵和雪佛龙的人来到了海上平台，二话不说就向抗议者开枪，当场造成两人死亡及多人受伤，伤者随后遭遇虐待。"

根据律师所说，雪佛龙公司还没有就此罢手，7 个月后的 1999 年 1 月 4 日，他们似乎是为了报复、警告尼日利亚人，派遣武装直升机向当地两个渔村开火。而雪佛龙租用的渔船也随后赶来，袭击了村庄。在这次突袭中，至少有七人死亡，多人受伤或失踪。两个村庄陷入火海，最后成为一片焦土。

对于律师所描述的事件，雪佛龙并不否认。但他们认为对此负责的应该是雪佛龙在尼日利亚的分公司，而不应是美国总公司，甚至雪佛龙石油公司还说尼日利亚人本来也不是什么省油的灯，并且声称这次袭击是："对一次暴力反抗做出的回应，因为在上一次的事件中，雪佛龙在交火中遭到重创。"

这个案件在 2007 年曾经有过一次审判，美国地区法院的法官找到了雪佛龙直接参与此次袭击的证据，并且还证明，雪佛龙公司在知晓尼日利亚武装力量倾向于过度使用武力的情况下，仍然买通和运送他们参与袭击。这次判决显然对雪佛龙公司很不利，但是却也未伤及他们分毫。

"七姐妹"就这样不择手段地逐个国家、逐个地区地拿下了世界绝大多数的产油区。石油公司在国内出钱帮助总统选举，在国外通过另外一些手段扶植一个政府，然后政府反过来再帮助石油公司在自己的国家获取利益，而被石油公司收买的那些政府，没有一个不以腐败著称。

从经济学的角度而言，石油生产会排挤其他形式的经济发展。我们看看现今世界上的几个主要的石油输出国，他们虽然很富有，但是除了石油产业，就再无其他完善的第二产业了。这种情况对石油公司是有利的，因为如果这些国家的全体人民都指着石油吃饭，那么石油公司就等于控制了他们赖以生存的根本。

埃克森中东地区协调人霍华德·佩奇告诉美国参议院的一家委员会说，对于那些不愿意合作的国家，石油公司就会减少这个国家的石油生产规模。如此一来，该国会马上陷于贫穷。而对于那些积极配合的国家，则会以增产予以奖励。

对于石油生产国而言，他们其实并不太知道这些石油公司在自己的土地上开采了多少石油。因为这些公司拒绝向他们透露其勘探和生产活动的相关数据。

如此一来，世界石油格局变成这样的局势：如果某个石油出产国想要维持经济发展，就必须仰仗石油公司。生产石油的国家有很多，大家都想让这些石油公司来自己的国家投资，所以他们之间形成了竞争。而这些石油公司都是一伙的，他们之间不存在竞争。于是，卖方市场变成了买方市场，客大欺店的情况出现了。所以说，石油公司的权力太大了，他们能扶植起一个政府，能控制一个国家的经济，能决定一个地区的生活水平，简直就是世界的统治者。

只要美国政府继续对石油公司公然违反反托拉斯法案并限制竞争的行为假装看不见，只要资源国还没有能力改变贸易条件，石油公司们创造的秩序就能一直存在下去。

# 反 抗

这些石油生产国并非不想反抗。20 世纪五六十年代，革命运动席卷全球，原先的英法殖民地基本上都获得了独立。这些新兴的独立国家与其他发展中国家联合起来，希望能在地球上争取自己的地位。在第三世界日渐团结的时候，石油公司犯了一个致命的错误。

1960 年，石油公司再一次面临了国际市场供过于求的局面。一向在石油界充当老大的新泽西州标准石油宣布将每桶中东原油的价格调低 10 美分，其他公司见状也纷纷效仿。桑普森在《七姐妹》中写道："这个历史性的决定仅仅是在一家私有公司的董事会上做出的，但它极大地减少了中东主要国家的收入。"

石油公司的决定惹怒了产油国。一个月后，沙特、伊朗、科威特和委内瑞拉的代表在巴格达举办了一次会议，决定成立一个新的卡特尔来与旧的石油卡特尔竞争。他们组建的这个卡特尔就是国际石油输出国组织，它还有个更耳熟能详的名字——欧佩克。欧佩克使得资源国在与国际石油公司的谈判中形成了一个整体，以维护自身利益。但是，石油"七姐妹"拒绝承认欧佩克的合法地位。

不过，欧佩克的成立对于石油公司来讲也有一个好处，就是为他们的公司卡特尔的存在提供了又一个理由。1961年，新任总统肯尼迪就欧佩克问题向约翰·杰伊·麦克洛伊征询意见。这个麦克洛伊曾经在第二次世界大战中担任美国战争部助理部长，之后又担任世界银行和大通银行的行长，而且长期受雇于总统，担任顾问。最为重要的是，他也是一名受聘于"七姐妹"的反托拉斯方面的律师。麦克洛伊对肯尼迪说，欧佩克的成立将使得政府有必要允许石油公司之间维系他们的密切联系。这就等于说，美国政府必须支持石油公司的垄断。

其实，在20世纪60年代欧佩克成立之初，这个组织一点也不可怕，因为成员国尚未在该组织内找准自己的定位，美国政府和石油公司对他们的戒心也就慢慢地消除了。

而且，当时美国国内正陷入维护妇女权益和反战的运动中。林登·约翰逊是得克萨斯州有史以来的第一位总统，石油行业对他非常支持。作为回报，他在美国内外也向该行业提供了长久的支持。

然而，随后发生的三件大事极大地改变了石油业的状况，使得石油公司和美国政府不得不对欧佩克投入更多的关注。1970年，美国本土的石油产量达到了巅峰，但是却仍旧未能满足需求。这就意味着，美国必须进口更多的石油，才能保证国内的石油供应。此外，1970年的石油市场需求甚至也超出了石油公司的预期。于是，欧佩克在成立之后第一次有资格坐到了卖家的位置上，来"帮助"石油公司解决供不应求的问题。在此局面下，利比亚又将本国的石油收为国有，这进一步加剧了石油公司的危机感。

石油行业的变化来势凶猛。随后，欧佩克又增加了 6 个成员国：卡塔尔、阿联酋、阿尔及利亚、印尼、利比亚和尼日利亚。几年后，又有很多国家开始实行石油国有化。全球石油业格局随之彻底改变。到目前为止，欧佩克已经成为国际石油市场上的主导力量，他们开始有能力控制石油产量，甚至也具备足够的协调能力来制定价格，并通过产量配额来确保价格的制定，而石油公司只得接受欧佩克制定的价格。欧佩克随即在 1973 年的阿拉伯—以色列战争中小试牛刀。

战争爆发一周后，欧佩克组织的阿拉伯国家决定对一贯背后支持以色列的美国实施完全的石油禁运。

当年的 12 月，欧佩克制定出 11.65 美元的桶油价格，相比 1970 年上升了将近五倍。禁运严重地打击了美国以至全球的经济，但石油公司没有受到什么影响。特别是在沙特，真正实施禁运的其实就是美国的石油公司。当沙特人要求沙特阿美不能把石油卖到美国时，美国商人们毫不犹豫地答应了。此外，这些石油公司为了挽回损失，又提高了美国国内的石油售价。

有句话说，商人没有祖国，有金钱的地方就是商人的祖国。这话似乎还挺有道理。

从 1973 年 10 月到 1975 年 2 月，美国的汽油价格涨了三成，家庭取暖用油价格涨了四成，而石油公司却从中谋取了巨大的利益。根据美国财政部的统计，全美最大的 22 家石油公司在 1973 年的平均收入超过了之前 10 年间的任何一年。1974 年各家石油公司的利润增长情况为：印第安纳州标准石油增长了 90%，埃克森美孚增长了 29%，美孚增长了 22%，德士古增长了 23%。1974 年 3 月 18 日，禁运在开始仅仅三个月后就随着阿拉伯国家和以色列之间的仇恨降温而结束了。

禁运虽然结束了，但是如何报复一下欧佩克，成了美国政府日思夜想的问题，而出谋划策的主力不是别人，正是洛克菲勒家族的老熟人——基辛格。雷切尔·布朗森在《比石油更黏稠：美国与沙特阿拉伯动荡的伙伴关系》一书中写道："尼克松和福特政府的首要任务都是干掉欧佩克。"

为了完成这个任务，基辛格可谓是三管齐下：军事干预、倡导节能和在欧佩克国家之外的地区寻找石油。

一开始，基辛格建议使用美国的军事力量来夺取沙特、科威特和阿布扎比地区的产油地，但这一计划遭到否决。而后基辛格又开始想办法节约能源，他组建了国际能源机构（IEA）来协调世界主要耗油国之间的合作。1975 年 2 月，这个机构的成员国同意将日耗油量的总数削减 6 万桶。

基辛格的能源节约计划正好与当时比较流行的环境保护运动相吻合，这一运动也催生了《能源政策与节约法案》，这是全世界过去 30 年中最重要的一部环保法律。该法案于 1975 年由福特总统签署生效。法案规定："到 1985 年，所有新出厂汽车的平均燃油利用率必须要在此前的基础上提高一倍。"

此外，美国政府还加大了对公共交通、风能发电和太阳能的投入。为了给全国人民做榜样，卡特总统在"白宫"的屋顶上安装了太阳能，冬天上班也不开电暖器而是选择多穿一件毛衣。诸如此类的节能措施确实有一定的效果：1985 年，美国的能源利用率比 1973 年高出 25%，石油利用率也提高了 32%。

正当基辛格向欧佩克发难时，美国国内民众也找准机会把矛头对准了石油巨头。美国人知道这些石油公司是一切问题的根源所在，所以他们要反抗，要挣扎。

在浩荡的民意面前，美国的石油公司不得不低头了。1974 年，全美最大的石油公司的 7 名管理者站在美国参议院和公众面前，为自己的公司辩护，并说公司是无辜的。他们坚称并没有利用 20 世纪 70 年代的石油危机为自己的公司牟利。那几年，美孚、埃克森、德士古、海湾、加利福尼亚州标准石油、印第安纳州标准石油和壳牌的管理者都成了参议院调查委员会的常客。

民主党委员会主席、华盛顿州参议员亨利·杰克逊在听证会上逐个审问了这些不可一世的管理者。他还推行一项法令，要求对美国石油公司实施"联邦政府许可制"，就是在每一家石油公司的内部都会安排一位政府提名的委员，以确保石油公司的利益不和国家利益产生冲突。参议员阿德莱·史蒂文森三世和国会议员约翰·莫斯共同提出了一项法案，建议成立一家联邦油气公司。如果这项法案通过了，就会成立一家联邦政府拥有的公司，在美国的土地上开展石油业务，这就相当于中国的国企。这家公司对联邦政府租赁出的全部油气资源中的 50% 享有勘探和开发权，剩下的一半则留给那些私有的石油公司。这个公司在价格、供应和运输等方面将向州政府和地方政府以及独立炼厂适度倾斜。

这一系列的大动作，表明美国政府又要拿石油公司开刀了。

# 最后的欢呼

美国联邦贸易委员会在 1973 年开展了一项具有重大历史意义的调查，在这项调查中，委员会控诉全美 8 大石油公司的串通行为。这 8 家公司分别是埃克森、德士古、海湾、加利福尼亚州标准石油、印第安纳州标准石油、壳牌、大西洋富田和美孚。

委员会第一次提出将这八家公司拆分成独立的生产、管线、炼油和销售企业，这比当年肢解标准石油的手段还要狠。

参议院反托拉斯及垄断委员会主席、民主党人菲利普·哈特此时也提出一项法案，与委员会的目的不谋而合，只不过他的法案针对的范围更广，包括了美国最大的 15 家石油公司。

1975 年，参议院外国关系委员会跨国企业部主席、来自爱达荷州的参议员弗兰克·丘奇发表了一封强烈谴责石油公司的报告，报告中说："在一个民主国家，像石油这样的重要商品是工业社会的血液，与外交大计息息相关。不能把它完全交给私有公司去经营，因为这些公司只为私人和一个小圈子里的政府官员的利益服务。"同年，一项调查报告显示，尽管 81% 的美国民众认为政府没有权力控制所有重要的工业部门，但是却有接近半数的人认为政府接管石油和其他自然资源的所有权是一件理所当然的事情。

里根上台执政，对联邦贸易委员会而言意味着一个时代的终结。在新政府成立后的第一个年头，里根政府领导下的联邦贸易委员会撤销了对石油公司的所有起诉。随即又开始"自废武功"——展开了解除自身反托拉斯权力的行动。这一阶段的联邦贸易委员会，只是顺应了石油公司在其海外油气资产被所在国收归国有后急于巩固实力的要求。

自从标准石油成立并开始拓展海外市场以来，国有化就是石油商人的噩梦，也是唯一能够有效改变石油格局的一种政策。在全球范围内，产油国纷纷将自己的石油资源从"七姐妹"手中夺回来。

几乎是在一瞬间，世界上最宝贵的资源就被产油国政府从石油商人们的手中夺走了。从利比亚 1970 年的国有化到伊朗 1979 年革命后的国有化，再到沙特于 20 世纪 80 年代中期完全接管阿美，上面三个重要的产油国，以及伊拉克、尼日利亚、阿尔及利亚、委内瑞拉、科威特和阿联酋等国家，只用了短短 15 年时间，就将石油公司辛辛苦苦、用尽手段才获得的石油资源收入自己麾下。1972 年，"七姐妹"的原油产量占到中东地区总产量的 90% 以上，以及美国、东欧和中国之外市场供应量的 77%。但在 1977 年到 1984 年间，这个数字缩水了 60%。

石油公司一向依靠手中持有的原油资源来赚取巨额的财富，并且不需要为此纳税。现在，原油资源被各国政府收走了，所以他们非常渴望找到新的资源，继续牟取暴利。

但是，此时的石油资源没那么好找了。20 世纪初，石油公司在全世界疯狂地寻找石油，几乎翻遍了地球的每一寸土地，所以短期内他们毫无收获，石油公司的利润开始迅速下降，对金融和政治的影响力也一落千丈。1980 年到 1985 年，德士古石油公司的利润减少 88%，埃克森美孚则减少了 66%。可见石油国有化对石油公司、资源国和世界经济的影响之大。

伊朗每年的 3 月 20 日都要举行盛大的活动来纪念石油国有化。墨西哥的国有化纪念日则定在了 3 月 18 日，到时会举行宴会、游行，以及盛大的歌舞表演和激动人心的演说。世界各地类似的活动一般都是与庆祝摆脱殖民统治直接联系在一起的。的确，对于这些国家来讲，夺回石油资源的意义非常重大，因为这意味着他们在政治和经济上获得了独立，或者说意味着他们摆脱了石油公司的殖民统治。

1979 年 7 月，美国迈阿密州的一位读者写给《时代》杂志的信代表了当时美国人普遍持有的尖锐态度："欧佩克已向西方世界宣战。一小部分人正在导演着全球经济基础的崩溃。按日期分单双号交易不是办法，根本的解决方案是解散欧佩克这一卡特尔，现在就解散。"

1979 年，伊朗革命结束，石油资源国有化和禁运成为常态。而石油禁运，也成了伊朗人对抗美国野心家们的主要手段。如 2012 年 2 月，美国和欧盟决定对伊朗进行新一轮的制裁。而伊朗方面，则采取了相应的反制措施——威胁封锁霍尔木兹海峡。

霍尔木兹海峡连接波斯湾和印度洋，也是进入波斯湾的唯一水道。作为如今全世界最为"忙碌"的水道之一，霍尔木兹海峡被视作地球的"咽喉"，运往西欧、美国、日本等地的石油，全部要从这里经过。因此，伊朗封锁这一地区，目的就是要切断美国的石油供应。

美国方面其实也非常害怕霍尔木兹海峡真的被伊朗封锁，五角大楼新闻发言人乔治·利特就宣称："霍尔木兹海峡事关地区的安全和稳定，是海湾地区的生命线。对霍尔木兹海峡的封锁是不可容忍的举动。"

虽然口气强硬，但是也表明美国政府对伊朗的威胁明显感觉到了压力。以色列的主流媒体《最新新闻报》就披露说："美国政府和伊朗在私下达成协议，如果以伊开战，美国将采取中立态度，为的就是换取美国在中东地区的利益不受损害。"

　　第二次石油危机对美国消费者的影响超过以往任何一次，他们中的许多人至今还记得当年由于石油短缺，不得不排队加油的情景。但是，即便在这一时期，石油公司仍然是有利可图的。1979 年到 1981 年间，桶油价格涨了一倍多，如果按照 2008 年的美元价格衡量，相当于从 44 美元涨到 104 美元。汽油价格则增长了 150%，这个涨幅是前所未有的。

　　事实上，中东地区的石油禁运只让全球的石油供应量减少了不到 5%，真正推动石油价格暴涨的，是石油公司的恐慌性购买。

　　石油公司因担心中东地区的其他国家也会效仿伊朗实施禁运，所以开始囤积石油。而这又进一步降低了全球石油的供应量，引起价格飞速上涨。事实上，1979 年美国石油进口不降反升，比 1978 年提高 8%，汽油库存量也提高了 6%。与此同时，石油公司对市场的石油供给进行了严格的控制。因此，1978 年到 1979 年间，埃克森、美孚、加利福尼亚州标准石油、海湾和德士古的净收入增长了将近 70%，由 66 亿美元提高到 112 亿美元。1980 年是当时石油行业历史上盈利最多的一年。

　　价格上涨之后，石油公司为了赚取更多的钱，开始把自己囤积的石油也拿出来卖，这无疑是个愚蠢的行为，造成了市场上严重的供过于求。再加上第二次石油危机引发全球经济衰退和石油需求下降，石油价格在急升之后又开始急降。20 世纪 80 年代，油气价格达到数十年来的新低，石油公司的利润遭受重挫。不得不说，这些石油公司缺乏的就是像当年洛克菲勒那样有能力的领导者。如果洛克菲勒在，这种情况绝不可能发生。

　　另一点值得注意的是，那些主要的石油产出国将其资源国有化后并没有完全把石油公司拒之门外。通过与国际石油公司签订销售合同来出口原油，它们通过签订服务合同来在需要的地方提供技术服务。只不过，那些国际石油公司因此彻底失去了生产权、价格控制权和资源拥有权。

而资源的拥有权对石油公司来讲非常重要，因为这些石油公司的股票价值主要是由其拥有的石油储量来决定的。为了提升其股票价格、利润以及日渐衰退的政治影响力，石油公司还是需要采取一系列的应对策略。

既然油田买不到了，就买石油公司吧。于是，大石油商人开始在华尔街大肆收购其他石油公司，开始从那些原先对他们来说不值一提、赚钱太少的业务中盈利，比如国内的炼油和销售活动。

但是，石油巨头若想收购，想要在国内盈利，就必须过美国国内反托拉斯法这一关，于是他们只好向政府求助。在 1980 年的总统竞选中，石油公司大力支持里根，击败沃尔特·蒙代尔，并最终使里根成功当选总统。

里根政府采取的经济模式是自从梅隆担任财政部部长后就不曾出现过的，它引发了 20 世纪 80 年代的兼并浪潮。正如《华盛顿邮报》在 1984 年说的那样：“无论你从哪个角度看，说这次兼并浪潮是出于对大众利益的考虑都显得有些牵强。然而，这一浪潮又势不可挡，因为新的反托拉斯观点认为大规模本身并非不可接受。联邦政府在多年以前解散了标准石油，这恐怕是迄今为止它最著名的反托拉斯行动。而如今面对垄断势力重新集结的趋势，它似乎愿意袖手旁观。”

# 托拉斯阴魂不散

在里根上任后的最初几年里，迈克尔·珀库克还留在联邦贸易委员会担任委员。这个和石油商人作了一辈子斗争的政治人物在退位时无奈地说："里根政府下的联邦贸易委员会已经被那些一心想要否认其过去的势力霸占了，他们要否认的不仅仅是委员会近年来的反托拉斯行动，还包括国会通过的反托拉斯和消费者保护法案的基础。"

正如我们之前所说，里根政府下的联邦贸易委员会对企业兼并采取了极度纵容的新态度，这些兼并活动发展成了标准石油解体后石油公司之间第一次大规模的兼并浪潮。正如反托拉斯法教授赫尔曼·施瓦茨说的那样："里根的班子从来就没遇到过一宗他们不喜欢的兼并案。"

"我参与了里根革命，我扮演的角色是一个极端的空想家，"行政与预算办公室主任戴维·斯托克曼在自己的书里写道，"最终我得到一个惨痛的教训：这样的革命根本就不可能成功。"然而，在 1981 年到 1985 年间担任里根政府联邦贸易委员会主席的吉姆·米勒就没有得出这个教训。

米勒和斯托克曼是非常好的朋友。1986 年，斯托克曼因在政治上失去信任、受到排挤又无法翻身时，辞去了里根政府行政与预算办公室主任的职务，取而代之的正是米勒。

在加盟里根政府之前，米勒是一个极端保守的美国企业协会政府监管研究中心的联席主任。在担任主任期间，他倡导将美国的邮政服务私有化，并对工作场所的安全、环境与消费者保护、空中运输以及政府干预的其他行业放松管制。他与斯托克曼一样，是一个彻底私有化的推动者，他成功地在联邦贸易委员会中发动了"里根革命"，而该委员会至今从未完全摆脱这一革命的影响。

联邦贸易委员会中实施反托拉斯行动的部门是竞争局。所以，斯托克曼最想做的事情就是撤销这个竞争局。如此一来，该委员会就不再具有反托拉斯的管辖权。斯托克曼在众议院的一家委员会为自己的行为辩护时说："这是政府改革监管措施的行动中不可或缺的一部分，目的是减少不当的监管行为对美国经济带来的负担。"

里根任命的司法部反托拉斯局局长威廉·巴克斯特不是一个真正的反托拉斯者，不过他对反托拉斯的权力非常看重，他公开表示：只有他的部门才应该是负责反托拉斯行动的唯一政府部门。其实，政府中很多人都像威廉·巴克斯特一样认为，联邦贸易委员会根本就不应该存在。

最终，国会出面制止了这些人的行动，才挽救了竞争局，但吉姆·米勒还是成功地把联邦贸易委员会的预算减少了一半。因此，在他的任期内，政府提出的反托拉斯诉讼的数目开始持续下降，从卡特政府每年平均9.8起降到了里根政府的5.4起。同样，每年备审案件的数目也有所下降，从卡特政府最后一年的50起降到了里根政府最后一年的15起。

米勒是芝加哥大学出身的一位经济学家，他不是反托拉斯的专家，甚至连律师都不是。事实上，在担任联邦贸易委员会主席的所有人当中，他是第一个以经济学家身份而非律师身份当选的。他认为，反托拉斯运动对企业集中的"长期担忧"只不过是因为受了误导，而那些在垄断产生之前就开始打击垄断苗头的做法实际上根本就不起作用。委员会最大的误区是用实用主义代替了民主，消费者被排在竞争者或小企业之前，而"消费者"这个词在他看来仅仅指只对低价感兴趣而不关心产品安全的买家。

米勒的联邦贸易委员会班底由和他观点非常类似、反对反托拉斯行动的人组成。他任命老同事罗伯特·托利森担任委员会经济局主任。托利森描述联邦贸易委员会"允许大量的兼并发生……如果出现了反竞争行为，我们可以收拾摊子……"，这就意味着该委员会允许不健康的兼并先发生，甚至可以容忍工人丢掉工作、投资者损失金钱、竞争者失去盈利，反正政府会以救世者的身份在最后关头出现，并对上述状况进行整顿。

"我们好像一次性地从反面回答了反托拉斯行动究竟是不是解决兼并带来的社会和政治问题的正确手段，不管这些问题是现实存在的还是想象出来的。"美国助理总律师在 1984 年仍然大言不惭地说。至于兼并给消费者、工人和社会带来的影响，这似乎不是他们要考虑的问题。

联邦贸易委员会和司法部随后制定了新的指导方针，对企业兼并表现出极大的容忍度。这些从 1982 年开始实施的方针非常奏效，很快引起了自洛克菲勒标准石油兼并潮以后的第一次兼并浪潮。同时，里根任命了反对反托拉斯行为的人担任全国各地及最高法院的法官，以此确保在反托拉斯领域进行的"里根革命"在未来的几十年里可以得到延续。

在兼并刚开始的时候，圣特菲公司和南太平洋之间价值 51 亿美元的兼并引起了轰动。但是很快，这种数量级的兼并就显得微不足道了，因为接踵而至的是大型石油公司所主导的兼并浪潮。这一时期主要是大石油公司的相互兼并，或者是大石油公司收购独立的小公司。当然，规模最大的还是"七姐妹"之间的第一起兼并：1985 年，雪佛龙以破纪录的 133 亿美元收购了海湾石油公司。另外两起意义重大的兼并发生在德士古与格蒂，以及美孚与超级石油之间。其他的兼并还包括：西方石油收购城市服务公司、美国钢铁收购马拉松和得克萨斯油气、BP 收购俄亥俄州标准石油、阿莫科收购加拿大石油，以及 1989 年埃克森收购德士古加拿大公司。

大公司之间的兼并，可谓是腥风血雨，这也让人们想起当年洛克菲勒所做的事情，难道石油业会再次高度统一？

国会和公共利益集团为了阻止大公司之间的兼并，曾做过多次尝试，但最后都以失败告终。加利福尼亚州对德士古和格蒂的合并展开了司法行动，并取得了一项实实在在的成果，即各州从此有权参与联邦贸易委员会对石油公司兼并的审议。但问题在于，对于接下来的兼并，该委员会无一例外地予以便利和许可。珀库克 1984 年对记者说："那些有兼并意愿的公司现在可以放心了，反兼并的行动对他们而言没有什么作用……石油公司之间的这种兼并仅仅在 5 年前看来还都是不可想象的。"

1984 年，德士古以超过 10 亿美元的价格收购了格蒂石油公司，创下当时美国企业史上的新纪录，但德士古却也差点儿因为这次兼并而破产。

1983 年，德士古是全美第三大石油公司，年营业额为 480 亿美元。但由于它丢掉了在沙特的原油资源，所以陷入了困境当中。《金融时报》指出："如果德士古的原油储量按照现在的速度继续下降，叱咤全球石油行业的七姐妹中极具实力的一家恐怕很快就要破产了。"而格蒂之前则是美国第 14 大石油公司，年收入为 123 亿美元。

格蒂石油本身已经是数次石油公司兼并的产物。它最初的老板是乔治·格蒂。1930 年他去世后，儿子琼·保罗·格蒂接管了父亲的石油公司。1957 年，琼·保罗·格蒂被《财富》杂志评选为美国首富，他的财富大部分来自持有的格蒂石油及其近 200 家下属企业 80% 的股份。在 1976 年去世前，他一直担任格蒂石油的总裁。他去世时，最小的儿子戈登·格蒂继承了公司 13% 的股份。

戈登除了每年从石油公司拿走属于他的 2800 万美元分红外，和公司就再无多大联系。1983 年，他又被《福布斯》评为美国首富。1982 年，格蒂石油的最大控股人突然去世，戈登由此获得公司大部分股权。当时，他并没有想如何振兴家族企业，而是想着把石油公司卖掉。然而，格蒂石油的董事会却不同意他的这种建议。于是，董事会找到了一个同盟，就是戈登的哥哥肖琼·保罗。肖琼和其他家庭成员都反对卖掉公司，全家人甚至想过要弄到一份限制令来阻止戈登卖掉公司。他们还以肖琼·保罗 15 岁的儿子的名义起诉戈登，但这一切努力都是徒劳的。

宾夕法尼亚州石油公司董事长在了解到格蒂公司内部出现了严重问题之后，认定这家公司就是自己的囊中之物了。于是，他联系了戈登，签下了一份 52 亿美元的协议，以每股 112.50 美元的价格联手买下了格蒂公司的全部股份。在经历了许多争吵、掣肘、共谋之后，格蒂公司董事会意识到自己无法与石油巨头作斗争，只能做出让步，对与宾夕法尼亚州石油签署的这份协议原则上予以支持。

宾夕法尼亚州石油公司和戈登的这份协议的墨迹未干，德士古的董事长就听说了宾夕法尼亚州石油的报价，于是赶了过来，给出了更好的报价——每股 125 美元。在一次匆忙召开的电话会议上，董事会批准了这笔出价更高的新交易。于是，德士古就把格蒂石油公司从宾夕法尼亚州石油公司的手中抢了过来，宾夕法尼亚州石油公司也只能败兴而归。

　　宾夕法尼亚州石油对德士古的行为非常不满，他们立即起诉，声称在德士古偷袭之前，自己已与董事会签署了协议，因而董事会应当履行与宾夕法尼亚州石油公司的协议。1985 年，得克萨斯陪审团做出有利于宾夕法尼亚州石油公司的判决，要求德士古赔偿宾夕法尼亚州石油公司 120 亿美元，这是当时美国历史上最大的一笔赔偿金。由于当时德士古公司的总价值只有 135 亿美元，若要赔偿，就得倾家荡产，所以德士古在 1987 年申请了破产。由于评审团并未否定已发生的这一兼并的有效性，德士古与格蒂合并成了一家公司，同时，在破产保护法的保护下，也使德士古免予经济崩溃。

　　德士古从格蒂手中得到了 12 亿桶原油和 6796 万立方米天然气的储量。这一收购立即使德士古拥有的石油储量增加了一倍，使公司的销售额几乎与美孚持平，仅次于埃克森。

　　加利福尼亚总检察长曾经试图阻止这一兼并，在被德士古收购之前，格蒂一直以低价向独立的小炼厂提供原油，这些炼厂又以很低的价格把汽油卖给独立的加油站，加油站卖给机动车司机的汽油价格自然也就大大低于那些大公司所生产的石油。他认为，倘若德士古收购格蒂，那么低价石油就会一去不复返；而德士古对加利福尼亚的石油市场拥有了更大的控制权后，本州的独立石油公司就有可能破产，消费者也会因此支付更高的汽油费用。加利福尼亚最高法院判定，加利福尼亚和其他州都应该有权参与联邦贸易委员会针对兼并事件的决策过程，这个规定是之前没有的。但它和联邦贸易委员会一样都未同意阻止这一兼并的发生。

　　珀库克在担任联邦贸易委员会委员的时候就说："允许德士古与格蒂合并，助长了里根政府违反反托拉斯行为的嚣张气焰，等于从侧面鼓励了大石油公司竞相收购那些拥有丰富储量的小公司。"同时，他非常准确地预测了此类兼并活动的长期影响将是："石油巨头对石油行业的控制越来越紧……而消费者为石油支付的价格越来越高。"

在德士古与格蒂合并后一个月，海湾石油最终也被标准石油收购，收购它的是标准石油的后代公司——雪佛龙。这是"七姐妹"内部的一次残酷兼并，在当时，这也是石油公司史上规模最大的兼并，全美国第 4 大石油公司被全美国第 5 大公司买下。

在石油出产国的国有化运动中，雪佛龙痛失大量的石油储量，因而迫切地需要寻找新的资源。而兼并海湾公司，则使雪佛龙在全球的石油储量一夜之间几乎翻了一倍，天然气储量也提高了 75%。此外，雪佛龙还因此成为全美头号炼油商和汽油零售商，并在全球范围内增加了 34 家炼厂和近 3 万家加油站。

作为对格蒂与德士古、海湾与雪佛龙两场兼并事件的回应，参议员们试图通过实行为期半年的暂停期和其他措施来拖延几家石油公司之间的兼并。参议院司法委员会召开了听证会，众议院也接受了一些反兼并的提案，更有一些措施是专门为了阻止雪佛龙与海湾之间的兼并。"我仍为这个行业感到惋惜，"参议员约翰斯顿在 1984 年说，"在我看来，这些兼并的发生并非出于对国家利益的考虑。在随后的几个月里，马冲出了马厩，鸡蛋散落一地，所有一切都会一发不可收拾。我们现在就应该采取行动阻止这场兼并并遏制这一趋势，否则石油公司将被彻底重组，而重组的结果并不利于国家利益。"然而，里根政府对上述反托拉斯的行动不予支持，甚至威胁使用否决权，这些反兼并的措施最终以失败收场。

此外，这次兼并还有一个重大的意义，那就是洛克菲勒家族终于战胜了梅隆家族。作为标准石油的创始人洛克菲勒家族，此时对标准石油的影响已经非常有限了。但是，相信他们一定会为这次收购感到高兴。因为海湾石油公司一直是梅隆家族用来和洛克菲勒家族在石油行业对抗的工具，当年老洛克菲勒都退休了，还念念不忘告诉孩子们要小心梅隆家族。现在，虽然当年的梅隆和洛克菲勒都不在了，但是他们之间的斗争总算是有了一个结果。

## 家族宿怨

里根上台后不久，美孚石油公司就开始寻找并购机会以提高其原油储量。它尝试了两次恶意收购，一次是1981年针对马拉松的并购，一次是1982年针对大陆石油的并购，这两次并购都因遭遇州内反托拉斯行动的阻挠而失败。但美孚石油不想就此罢手，这一次，他们又把目光投向了休斯敦的超级石油公司。

薇拉梅塔·凯克·戴是超级石油公司创始人威廉·凯克的女儿，她和哥哥霍华德关系非常不好，这直接影响了父亲的超级石油公司的命运：薇拉梅塔总想着卖掉公司，而霍华德则不同意。

威廉·凯克是宾夕法尼亚州一位石油工人的儿子，他十几岁就离开家乡投身到加利福尼亚的"石油浪潮"中。他从最基础的工作做起，最后一步步变成了一名钻井承包商。

1921年，威廉·凯克成立了超级石油公司。得克萨斯州和路易斯安那州发现的大量石油资源，使得整个公司的原油储量大幅增加。

与大部分公司不同的是，威廉·凯克的石油公司经营的是当时还比较少见的海上石油开采。

20 世纪 30 年代，超级石油在墨西哥湾海域发现了第一个具有商业开发价值的海上油田。60 年代初，凯克将公司总部迁至休斯敦。到了 1984 年，超级石油在墨西哥湾的海上石油平台已经有 60 多座。凯克以其公司的独立性而自豪，并且只愿意与其他独立石油公司合作。他经营自己的超级公司 40 多年，终于在 1963 年将公司交给儿子霍华德打理。

从父亲手中接过这家公司后，霍华德又为之辛苦忙碌了 20 多年。但对于薇拉梅塔来说，她与父亲以及父亲的这家公司之间并没有多少感情："我们本来就不是一个关系紧密的家庭，老爷子的一生都给了超级石油。"

在 20 世纪 80 年代初的这次兼并浪潮中，作为美国最大的独立油气生产商，超级石油一直以来都吸引着美孚石油公司的目光。在美孚缺油的时候，超级石油恰好有油，而且是大量的油。如果能够买下超级石油，美孚的储量会增加 10 亿桶。

霍华德竭力避免家族产业被收购的命运，他希望凭借他在董事会中的位置和对公司 20% 的控股权，以及公司管理层的支持能够保留公司。而作为支持出售的一方，尽管薇拉梅塔只拥有公司 3% 的股份，但她却也拥有一个强大的同盟，即梅沙石油公司的老板布恩·皮肯斯。皮肯斯是 20 世纪 80 年代恶意收购的行家，他买下了超级石油很小一部分股份，准备支持薇拉梅塔，并从这笔高达 60 亿美元的并购中获利。

霍华德做了充分的准备，这些措施几乎可以使超级石油面对任何恶意收购都刀枪不入。但是，为了阻止哥哥，薇拉梅塔走到了公众面前。据报道，她花费 200 万美元展开了一场广告大战，包括买下《纽约时报》整个版面，以财富做诱饵教唆股东反对她哥哥。

　　薇拉梅塔解释说："这样做对于我来说是很自然的。我当时在考虑遗产分割的问题，我想在我死掉之前应该有所打算。"事实上，老爷子留给后代的资产相当殷实，16 亿美元的信托基金每年会拿出 10% 分给兄妹二人。

　　最终，赢得斗争的是薇拉梅塔。1984 年，霍华德辞去董事会的职务。如此一来，美孚的收购之路上就再没有敌人了。不久，美孚就以 57 亿美元的价格买下超级石油，霍华德和薇拉梅塔各自分到了 10 亿美元。

　　仅仅一年后，薇拉梅塔去世。她处心积虑地用家族产业兑换金钱，但是这些钱对于她来讲，保质期仅仅只有一年。

　　到此为止，世界石油格局就基本定型，当然这个格局以后肯定还会变，但是万变不离其宗，没有人能逃脱"标准石油的旧梦"。看着这些从洛克菲勒家族脱离出来的、标准石油的下属企业，不禁让人感慨，若是洛克菲勒还在，若是标准石油还在，世界会是什么样子？

　　是更好，抑或是更坏？

# 富过六代的秘诀

作为世界上屈指可数的大家族之一，洛克菲勒家族一度拥有影响世界的能力。

本书洋洋洒洒数十万字，也不过是大体勾勒出了洛克菲勒家族的基本面貌。在将近 200 年的时间里，这个家族实际发生的事情肯定要比这多得多，可谓"一书难尽"。

写洛克菲勒，读洛克菲勒，到底是为了什么？

这个家族最辉煌的那些故事毕竟发生在 100 年前，距今甚远，如果从方法论的角度去考量，他们的成功经历是今天的人所不能复制的，毕竟年代不同，局势不同，而且人心也不同了。

那么，是不是说《洛克菲勒家族传》就仅仅是本供读者了解历史的普及读物，没有现实意义？笔者不这样认为。因为即使事物是瞬息万变的，但是这个世界的基本规则没变，追求成功所需要的基本素养和信念没变，这也正是《洛克菲勒家族传》能给我们带来的收获。

那么，洛克菲勒家族为什么能成功？他们有哪些一般人所不具备的优点？尽管这是个很大的话题，我们也不妨一起来总结一下。

本书中出现的洛克菲勒家族人物，前前后后超过 30 人。这些人性格各异。

如老洛克菲勒，从性格上看，他是个绝对理性、有秩序、强韧的人，这样的性格给人留下的印象就有些绝情、冷漠。

小洛克菲勒和老洛克菲勒很像，但又不完全一样。如果你仔细地观察这个人所做的一切，就会发现，小洛克菲勒从本质上讲，远没有父亲那般刚强，他的性格里有软弱的一面。生在豪门，又不得不面对许多令他感到害怕的东西，尽管不是很幸福，但该面对的还是面对了，小洛克菲勒是个非常负责任的人，他要对他的父亲、他的家族负责。明知不可为而为之，让一个性格软弱的人又有了豪情壮志的一面。

到了第三代五兄弟时期，这五位洛克菲勒家族的传人，从能力和意志力来讲，大部分人要比父亲小洛克菲勒更强一些。但是，这个家族最大的问题就是五兄弟之间的矛盾和争夺，他们与父亲之间的矛盾、纳尔逊与三世之间的矛盾、温思罗普与家族之间的矛盾，都是洛克菲勒家族中的隐忧。君不见，历史上多少皇家贵胄、名门望族，都因为兄弟相残而一蹶不振。

幸好洛克菲勒家族没有上演那样的悲剧。五兄弟虽然相互之间争权夺利，但是总归有个底线——不伤害家族利益。内里明争暗斗，而在拓展家族事业时，却又能精诚合作。所以，五兄弟的不和从未造成实质性的灾难。

是什么原因让五兄弟恪守住了家族利益这条底线？归根结底还是责任。洛克菲勒家的前三代人，始终把维护家族荣誉当成了自己义不容辞的责任。

至此，我们似乎找到了洛克菲勒家族富过六代的第一个秘诀——家族责任。

家族责任是什么？其实很简单，就是以家族的荣誉为出发点去思考问题。

通常来讲，人们认为不重视家族所带来的唯一也是最严重的后果就是不讲孝道。但事实上，家族责任的缺失，除了造成家族关系的冷漠，更严重的后果是人们不能从家族的智慧中吸取成功的经验，致使前人的智慧无法得以传承。

　　而洛克菲勒家族的成功则能很好地给我们上一堂有关家族荣誉、家族责任的培训课，让我们知道，即便是当今社会，我们也有必要维系家族的责任。

　　当一个人开始重视家族责任的时候，他不仅能获得家族的智慧，更不会轻易做出有损道德的事情，因为那样会伤及整个家族的荣誉。

　　责任很重要，但是也很虚化。因为它仅仅给了人做事的动力和契机，但是却不能给人方法。一个有动力而无方法的人，终究还是做不成事情的。

　　洛克菲勒家族成功的方法是什么？老洛克菲勒的一句名言或许可以给出答案："如果你想知道既冒险而又不招致失败的技巧，你只需要记住一句话：大胆筹划，小心实施。"

　　大胆筹划，小心实施。这八个字贯穿于洛克菲勒家族的行事风格中。

　　在了解了洛克菲家族的故事之后，可能会有这样的疑问：这个家族的性格似乎太过于多变，有时候胆大妄为，有时候却又小心翼翼。但这两种相互矛盾的性格怎么会出现在同一个人身上？

　　这确实是个很有趣的问题，正如当年老洛克菲勒在进入石油行业以前，曾经小心翼翼地花了大量时间去考察，又花了大量时间等待一个好机会，简直让人以为他要放弃石油行业了。但是，当他一旦进入之后，却又能甩开大步前行。

　　洛克菲勒为何有如此性格？这种性格给他带来了什么？在思考这个问题的时候，不妨借用一位智者的话——既然选择，就风雨兼程。这句话有两个重点，选择和风雨兼程（执行）。

　　选择是个大问题，人的一生都在选择。有些人在选择的时候太匆忙。从时间成本的角度而言，越是在匆忙中作出的选择，执行的动力越是不足。结果是，风风火火地选择了，却没有实实在在地执行，很轻易地就放弃了当初的选择，转而投入下一个选择中去了。

相反，洛克菲勒在选择上表现出的谨慎和小心，恰恰是尊重选择的表现。他在选择上花了心思，下了功夫，他的选择更理智，在执行的时候也更有激情、更能长久。在洛克菲勒身上，表现出了两种不同的特质——在选择时，有些谨慎；但一旦选定，就立刻充满激情地投入其中。这看似是性格的矛盾，实际是最合适的选择和最正确的做事方式，属于一种高度的理智。

洛克菲勒用自己的成就补充了那句格言——谨慎选择，一旦选择，就风雨兼程。这或许是成功路上最普遍也是最可靠的方法。

关于洛克菲勒的成功秘诀，两百年来，始终有人在研究，得出的结论也是五花八门。

关键是很多他具有的成功者的特质别人也有，为什么却没有一个人能和他一样？

答案是：没有一个人能像洛克菲勒那样，把自己的优点贯彻得如此彻底。

很多聪明的人总是在犯糊涂，很多有远见的人有时候会被蒙蔽双眼，很多细致的人也难免粗心一回。洛克菲勒虽然不是最聪明的那个，但是他却从不犯糊涂；洛克菲勒虽然不是最有远见的，但是他从未短视过；洛克菲勒可能不是最细致的那个，但是他却没有一次粗心。所以，洛克菲勒成功了。

这让人想起木桶理论——最短的那块木板，决定了木桶的容量。有些人聪明一世却糊涂一时，这样的人可能也会有些成就，但当不了第一。洛克菲勒贵在稳定，他始终按照自己的方法和原则在做事情，并且坚持了几十年，所以他成功了。

这就是洛克菲勒给后人最大的启发。很多人厌恶一成不变的生活，没有耐心，见异思迁，往往是设立了一个计划，又亲手将它撕碎。而洛克菲勒这个平凡人（从资质上讲，洛克菲勒也是平凡人），却因为能始终按照自己的计划行事（注意，是真正意义上的、不打折扣的"始终"），从而成就了他不平凡的人生。

关于洛克菲勒家族的终极问题是："现在他们还有钱吗？"在网络上，在朋友间聊天时，这个问题经常会被提出来。

本书给出的答案是：无从知晓。

经过几代人的传承之后，洛克菲勒家族的财富不断地被瓜分，也不断地有新的财富被创造出来。现在，离我们能看到的洛克菲勒家族事业巅峰时期已经过去 70 多年了。物质财富在这 70 年的时间里，足以流通几个来回，钱财总会在时光里聚散不息。事实上，谁都知道洛克菲勒家族的财富不是用金钱来衡量的。

洛克菲勒家族给这个世界带来的最大财富是：

第一，托拉斯。关于托拉斯这种经济体是邪恶的还是合理的，本书不妄加评论。洛克菲勒开创了这种体系，作为商业上的一种复杂的、庞大的实践，托拉斯这个词语值得人们永远铭记。

第二，石油时代。说石油时代是洛克菲勒家族带来的，未免有些偏颇。我们虽然更能认同"内燃机的发明带动了石油时代的到来"这句话，但是我们也同样认同，洛克菲勒家族在某种程度上确立了石油时代的秩序，这也是他们对世界做出的贡献。

# 附录 1

## 洛克菲勒家族图谱

第一代：老约翰·洛克菲勒

第二代：小约翰·洛克菲勒

第三代：大女儿巴布斯（女）、二子约翰·洛克菲勒三世、三子纳尔逊·洛克菲勒、四子劳伦斯·洛克菲勒、五子温思罗普·洛克菲勒、六子戴维·洛克菲勒

第四代：

艾比（女）

桑德拉（女）

罗德曼、纳尔逊、马克、麦克、杰伊、史蒂文、安（女）

劳拉（女）、马里恩（女）、露西（女）、拉里（即小劳伦斯）

温思罗普·保罗

理查特、艾比（女）、佩吉（女）

由于洛克菲勒家族第五代和第六代人的人数过多，在这里我们不再一一列举。

我们将约翰·洛克菲勒视作洛克菲勒家族的第一代人，是因为这个家族由他兴起。事实上，这个家族的历史悠久而坎坷。

在洛克菲勒成名之后，法德两国之间爆出了口角——双方都声称本国才是洛克菲勒祖辈生活的地方！而那些家谱学者千方百计地想为洛克菲勒搞一个高贵出身，对此，洛克菲勒并不领情，他说："我可没有什么攀龙附凤的打算。"

虽然洛克菲勒本人对追根溯源没有兴趣，但是，许多家谱学者还是对他的出身做了很多研究。

有人说，洛克菲勒的祖先是法国的罗克弗伊尔家族。公元 9 世纪时，这个家族生活在法国南部朗格多克的一座城堡里。但是，这种说法的漏洞很多。

一般认为，洛克菲勒的祖先是德国人，17 世纪初期在莱茵河谷定居。在 1723 年左右，磨坊主约翰·彼得·洛克菲勒带着妻子和五个孩子横跨大西洋来到美国费城，先后定居于新泽西的萨默维尔和阿姆韦尔。

彼得赚了不少钱，拥有大量土地。十多年之后，彼得的堂弟代尔·洛克菲勒也来到了美国，在纽约定居。代尔的孙女克丽丝蒂娜嫁给威廉，威廉和克丽丝蒂娜育有一子戈弗雷·洛克菲勒。这个人就是洛克菲勒的祖父，但洛克菲勒家族的人却不愿提及他。戈弗雷在 1806 年迎娶了马萨诸塞州大巴林顿的露西·埃弗里为妻，女方的家人对这桩婚姻不太看好。因为他们是贵族出身，祖先是英国国王艾德，家族里涌现出许多牧师、军人、民权领袖、探险家和商人。独立战争期间，11 位埃弗里家族成员在格罗顿战役中捐躯。而戈弗雷则出身于一般家庭，而且他个头矮小，相貌平平，一事无成，非常潦倒。

露西是浸信会教徒，就连洛克菲勒自己也承认："祖母是个要强的女人，祖父真是不如她。"

露西身体健壮，有 10 个孩子，老三就是 1810 年出生在纽约州格兰杰的威廉·埃弗里·洛克菲勒。

戈弗雷在务农的同时也做生意，但却没有什么生意头脑，总是亏本，害得一家人跟着他遭罪。

19 世纪 30 年代，戈弗雷和露西把家当装到一辆大篷牛车上，奔向了纽约西部。最终，他们来到了克利夫兰附近，并在此定居。

这就是洛克菲勒家族早期的家族史。

# 附录 2

## 洛克菲勒语录

### ◇金钱观◇

我一直财源滚滚，心如天助，这是因为神知道我会把钱返还给社会的。

上帝为我们创造双脚，是要让我们靠自己的双脚走路。

给予是健康生活的奥秘……金钱可以用来做坏事，也可以成为建设社会生活的一种工具。

如果一个人每天醒着的时候把时间全部用在为了挣钱而挣钱上，我真不知道还有没有比这样的人更可鄙、更可怜的了。

财富是意外之物，是勤奋工作的副产品。每个目标的达成都来自勤奋的思考与勤奋的行动，实现财富梦想也依然如此。

打先锋的是笨蛋，不管他们如何吹牛。只有看准时机的后来者才能赚大钱。

如果把我剥得一文不名丢在沙漠的中央，只要有一行驼队经过——我就可以重建整个王朝。

我相信金钱的力量，我主张人人都当然应该去赚钱。

我应该是富翁，我没有权利当穷人。

没有比为了赚钱而赚钱的人更可怜、更可鄙的，我懂得赚钱之道：要让金钱当我的奴隶，而不能让我当金钱的奴隶。我就是这样做的。

## ◇工作观◇

良好的方案往往不是由互相容忍得来的，而是争吵的结果。

如果你视工作为一种乐趣，人生就是天堂；如果你视工作为一种义务，人生就是地狱。

从最底层干起，一点一点地获得成功，我认为这是搞清楚一门生意的基础的最好途径。

想获胜必须了解冒险的价值，而且必须有自己创造运气的远见。风险越高，收益越大。

要取得今天的成功，就要在教育与努力之外再加上这些要素——创造性的、想象力丰富的心灵。

全面检查一次，再决定哪一项计划最好。

我需要强有力的人士，哪怕他是我的对手。

坚强有力的同伴是事业成功的基石。不论哪种行业，你的伙伴既可能把事业推向更高峰，也可能导致集团的分裂。

我定期提醒自己：你比你想象得还要好。成功的人并不是超人。成功不需要超人的智力，不是看运气，也没有什么神秘之处。成功的人只是相信自己、肯定自己所作所为的平凡人。

没有任何力量可以阻止我解禁贪心，因为我追求成功。贪心之下实现的成功并非罪恶，成功是一种高尚的追求，如果能以高尚的行为去获得成功，对人类的贡献会远比贫困时所能做得更多，我做到了！

我最常激励自己的一句话就是：对我来说，第二名跟最后一名没有什么两样。如果你理解了它，你就会认为，我以无可争辩的王者身份统治了石油工业不足为奇。

如果你想知道既冒险而又不招致失败的技巧，你只需要记住一句话：大胆筹划，小心实施。

## ◇世界观◇

知识是外在的，是我们对所见事物的认识；智慧则是内涵的，是我们对无形事物的了解。只有二者兼备，你才能成为一个全面发展的人。

智慧之书的第一章，也是最后一章，是天下没有免费的午餐。

积累的知识越多，成功的希望就越大。

一切事情，你要搞清楚它的来龙去脉，你得亲自去看……盲目下手的人是捞不到好处的。他们都是蠢货。

我从不相信失败是成功之母，我相信信心是成功之父。

相信会有伟大的结果，是所有伟大的事业、书籍、剧本，以及科学新知背后的动力。

每个人都是他思想的产物，想的是小的目标，就可预期成果也是微小的。想到伟大的目标就会赢得重大的成功。

当红色的蔷薇含苞欲放的时候，只有剪除周围的别枝繁叶，才可以在日后一枝独秀，绽放出妩媚艳丽的花朵。

凡事都需要看得远一点。你在迈出第一步的时候，心中必须装着第二步——这几乎是我一生的经验。

## ◇生活观◇

除非你放弃，否则你就不会被打垮。

我总设法把每一桩不幸化为一次机会。

每个人都是他自己命运的设计者和建筑师。

从贫穷通往富裕的道路是畅通的，重要的是你要坚信，我就是我最大的资本。

在我眼里，侮辱一词的词义已经转换，它不再是剥掉我尊严的利刃，而是一股强大的动力。

一旦确定了目标，就应尽一切可能，努力培养达成目标的充分自信。

凡事都得试试，哪怕希望微乎其微。

设计运气，就是设计人生。所以，在等待运气的时候，要知道如何引导运气。我不靠天赐的运气活着，但我靠策划运气而发达。

忍耐并非忍气吞声，也绝非卑躬屈膝。忍耐是一种策略，同时也是一种性格磨炼，它所孕育出的是好胜之心。

首先发现对方的弱点并狠命一击的人，常常是胜者。

与其生活在既不胜利也不失败的黯淡阴郁的心情里，成为既不知欢乐也不知悲伤的懦夫的同类者，倒不如不惜失败，大胆地向目标挑战！

越是认为自己行，你就会变得越高明，积极的心态会创造成功。

任何事情你钻得深，就引人入胜，就越来越重要。

我不知道是不是勇气。一个人往往进入只有一件事可做的局面，并无可供选择的余地。他想逃，可是无路可逃。因此，他只有顺着眼前唯一的道路朝前走，而人们称它为勇气。

装傻是一门学问。

在商场上，成功了的骗术并不是骗术。

做事不抢时间，不求多，稳稳当当地做，就能做许多事情，这有多好！

没有一杆完成的高尔夫比赛，你需要一杆一杆地打下去，你每打出一杆的目的，就是离球洞越近越好，直到把球打进。

你们要专注自己的长处，告诉自己我比我想象得还要好。要有远见，看到未来的发展性，而不单看现况，对自己要有远大的期望。要随时记住这个问题："重要人物会不会这么做呢？"这样就会使你们渐渐变成更成功的大人物。

我们不能阻止他人成为那些无聊的消极分子，却可以不被那些消极人士影响，降低我们的思想水准。你要让他们自然溜过，就像水鸭背后的水一样自然滑过。时时跟随思想积极前进的人，跟着他们一起成长、一起进步。